零距离上岗

高职高专人力资源管理专业系列规划教材

员工薪酬福利管理

吴晓姝　杨　海　◉主编
何　强　戴卫东
　　　刘崇林　　◉副主编
　　　梁宝学　◉主审

（第2版）

电子工业出版社
Publishing House of Electronics Industry
北京·BEIJING

图书在版编目（CIP）数据

员工薪酬福利管理 / 吴晓姝，杨海主编. —2 版. —北京：电子工业出版社，2009.10

（零距离上岗·高职高专人力资源管理专业系列规划教材）

ISBN 978-7-121-09557-3

Ⅰ. 员⋯　Ⅱ. ①吴⋯ ②杨⋯　Ⅲ. ①企业管理：劳动工资管理－高等学校：技术学校－教材 ②企业管理－职工福利－高等学校：技术学校－教材　Ⅳ. F272.92

中国版本图书馆 CIP 数据核字（2009）第 168477 号

责任编辑：杨洪军

印　　刷：北京虎彩文化传播有限公司
装　　订：北京虎彩文化传播有限公司
出版发行：电子工业出版社
　　　　　北京市海淀区万寿路 173 信箱　邮编 100036
开　　本：787×980　1/16　印张：17　字数：381 千字
版　　次：2006 年 5 月第 1 版
　　　　　2009 年 10 月第 2 版
印　　次：2023 年 8 月第16次印刷
定　　价：29.00 元

凡所购买电子工业出版社图书有缺损问题，请向购买书店调换。若书店售缺，请与本社发行部联系，联系及邮购电话：（010）88254888，88258888。

质量投诉请发邮件至 zlts@phei.com.cn，盗版侵权举报请发邮件至 dbqq@phei.com.cn。

本书咨询联系方式：（010）88254199，sjb@phei.com.cn。

高职高专人力资源管理专业系列规划教材（第2版）编委会

第 2 版总序

零距离上岗·高职高专人力资源管理专业系列规划教材，经过三年多教学实践的检验，得到了使用该教材的高职高专院校的普遍认可，也受到了广大师生的好评。但是随着社会的发展、科技的进步和国内外人力资源管理专业学科理论建设的日益完善与创新，尤其是近年来国家颁布实施了一系列相关的新的法律法规，这些客观形势的变化，迫切要求对这套教材进行全方位的修订、更新升级、丰富完善，以满足和适应当前及今后教学的需要。

此次修订，在保持第 1 版主体结构不变的前提下，紧密围绕高职高专人力资源管理专业教学实际需要和零距离上岗这两大主题，有更新、有增加、有精简、有创新，更加重视实践教学环节，加强学生的岗位技能训练，使学生能够更快地适应人力资源管理职业岗位的要求。

修订后的第 2 版教材具有以下几个显著特点：

（1）目标定位准确。本套教材以强化高职高专院校学生实践能力和职业技能为目标，力求实现学生从学校到工作岗位的"零距离"。

（2）内容与时俱进。本套教材的内容融入了人力资源管理理论研究与实践应用的最新成果和国家最新颁布的方针、政策、法律法规。

（3）体例新颖活泼。本套教材在保持第 1 版的"引导案例"、"本章重点概念"、"案例分析"、"调查研讨题"的基础上，增加了"学习导航"、"相关链接"、"自测题"等新栏目，不但使学生对章节结构和知识体系有更加清晰的理解，同时也在一定程度上扩大了学生的知识面，拓宽了学生的视野，并与正文内容产生更好的互动。

本套教材以培养具备人力资源管理及管理学、经济学方面的基本理论和基本知识，熟悉人力资源管理相关法规和政策，具有良好人际沟通能力和组织协调能力，能够在企事业单位和政府机关及其他各种组织中从事人力资源管理和相关研究的专门人才为目标，突出抓好把国内外人力资源管理最新理论、方法同我国人力资源管理实践的结合，侧重于将理论运用于实践这一过程的培养，强化学生对操作技能与方法的掌握，真正做到学以致用，运用自如。

本套教材包括：①《人力资源管理基础（第 2 版）》、②《人力资源规划（第 2 版）》、③《员工薪酬福利管理（第 2 版）》、④《劳动关系管理（第 2 版）》、⑤《人员素质与能力测评（第 2 版）》、⑥《绩效考评（第 2 版）》、⑦《人员招聘与配置（第 2 版）》、⑧《人力资源培训与开发（第 2 版）》、⑨《人力资源管理实用文案（第 2 版）》。

　　本套教材是高职高专学生走向社会、实现零距离上岗不可多得的教科书，同时也适合作为社会力量办学机构与人才培训机构的培训用书，还可供社会各界从事人力资源管理工作的人员参考阅读。

　　在修订过程中，编者借鉴和吸收了国内外专家学者的最新科研成果，同时也参阅了大量相关书籍和资料，在此谨向原作者表示深深的谢意！

　　由于编者水平有限，加之时间仓促，书中疏漏之处在所难免，恳请专家、同行和广大读者批评指正，以便下一次再版时修订完善。

唐　静

零距离上岗·高职高专人力资源管理专业

系列规划教材（第 2 版）编委会主任

第2版前言

本书是零距离上岗·高职高专人力资源管理专业系列规划教材之一，是在第1版的基础上修订而成的。原教材经过三年多教学实践的检验，得到了使用该教材的高职高专院校的普遍认可，也受到了广大师生的好评。近年来，随着改革的进一步深化，在一些法律法规废止的同时，许多新的法律法规实施，国家有关机构和部门也进行了重组，这些客观形势的变化迫切要求对本书内容进行修订与更新，以适应当前及今后教学的需要。

为此，我们适时成立了高职高专人力资源管理专业系列规划教材（第2版）编委会，邀请了有关专家、学者和人力资源管理社会培训机构的资深人士，共同研究修订的具体事宜。大家经过广泛深入的调查研究、反复认真的推敲论证，制定了修订的指导思想、总原则、编写体例、编写格式、具体要求、修订内容、修订方法和注意事项。

此次修订，在保持第1版主体结构不变的前提下，对员工薪酬管理概论、员工薪酬管理的原则和基本程序、员工薪酬制度设计的原则和方法、员工工资制度、员工奖金和津贴、员工福利、员工福利管理、员工薪酬福利统计及计算工具、特殊员工的薪酬福利管理、薪酬福利管理法规等内容，删繁就简、突出重点、弃旧更新、丰富完善。对章后的复习思考题题型进行了较大的改动，由原来单一的简答题，改为判断题、单选题、多选题、简答题和案例分析题，更符合学生课后复习和巩固的需要。

本书由吴晓姝（辽宁经济职业技术学院）、杨海（沈阳职业技术学院）担任主编，何强（辽宁经济职业技术学院）、戴卫东（沈阳工业大学管理学院）、刘崇林（辽宁大学）担任副主编，梁宝学（沈阳师范大学）担任主审。写作分工是：吴晓姝（第1章、第4章），杨海（第5章、第10章），何强（第3章、第7章），戴卫东（第8章、第9章），刘崇林（第2章、第6章）。全书由吴晓姝、杨海统稿。梁宝学对本书进行了认真仔细的审定，对全书的体系架构和内容调整提出了重要的建议。

本书是集体智慧的结晶，是大家共同的劳动成果。在此谨对上述全体人员及其付出的辛苦努力表示衷心的感谢！

在本书的修订过程中，我们拜读了国内外许多专家、学者的著作，并借鉴了其中部分内容，在此谨向他（她）们表示深深的感谢和敬意！

受时间和水平所限，书中难免会有错误和纰漏，敬请专家和读者不吝指正。

编　者

目　录

員工薪酬福利管理（第2版）

第 **1** 章

员工薪酬管理概论

学习目标

- 了解员工薪酬管理的基本理念、历史沿革及发展趋势。
- 熟悉员工薪酬管理的概念、目的、基本内容和基本形式。
- 掌握员工薪酬的本质、构成及相关概念，以及员工薪酬管理的基本职能和影响因素。

学习导航

1.1 员工薪酬概述
1.1.1 员工薪酬的概念与本质
1.1.2 员工薪酬的构成
1.1.3 核心员工的薪酬体系构成
1.1.4 员工薪酬的相关概念

1.2 员工薪酬管理概述
1.2.1 员工薪酬管理的概念、目的与原则
1.2.2 员工薪酬管理的基本内容
1.2.3 员工薪酬制度的基本形式
1.2.4 员工薪酬的基本职能
1.2.5 员工薪酬管理的影响因素

1.3 员工薪酬管理的历史沿革及发展趋势
1.3.1 员工薪酬管理的历史沿革
1.3.2 员工薪酬管理的发展趋势

1.1 员工薪酬概述

引导案例 1-1

为什么员工会对自己的薪酬不满

员工薪酬是企业及员工十分敏感、十分关注、十分重视的问题。多数员工都希望少出力，多挣钱。可是多挣了钱还是不满意。这是为什么呢？因为从理论上讲，只有当员工真实付出与真实回报成正比的时候，员工才会对他的薪酬满意。然而事实上，不论薪酬的发放有多么公正和合理，总是有些员工对自己的薪酬不满意。其主要原因有 4 个方面。

1. 低于个人期望值

当员工的薪酬低于员工个人的期望值（这个期望值只是员工个人的自我定位）时，员工就会对自己的薪酬不满意。一般而言，员工往往过高估计自己在公司中的贡献和价值，自然就有了过高的期望值，所以就会出现有许多员工对自己的薪酬不满的现象。

2. 低于同等人员最高值

如果员工的薪酬低于同等人员的最高值，员工也会产生不满的情绪。相对而言，差距越大，不满程度也就越大。每个人对自己的优点、特长和对公司的贡献都会牢记在心，甚至有些放大，但是往往看不到别人的优点、特长和贡献。有些员工经常会认为别人的工作不如自己，持这种心态的员工，很难对自己和他人做出客观的评价，产生不满情绪也是自然的。

3. 高估他人的薪酬而低估他人的绩效

由于公司员工的薪酬和绩效考评成绩一般是保密的，员工无法从正式渠道得到真实的、详细的信息。出于对别人薪酬及考评的兴趣，员工往往会根据一些道听途说加以猜测。这种猜测往往会高估他人的薪酬而低估他人的绩效，从而对薪酬产生不满的情绪。

4. 高估自己的工作表现成

由于员工对自己的工作胜任感、成就感、责任感、影响力以及个人成长和富有价值的贡献等因素高估，因此，觉得自己付出的努力很大，理应得到相对较高的薪酬。可是事与愿违，得到的薪酬待遇较低，于是，常常发牢骚。譬如，有的员工这样抱怨："我每天要受这么多气，为什么才拿这一点儿工资？"或者说："我的工作这么枯燥和乏味，工资应该高一些吧？"

（资料来源：杨剑等. 激励导向的薪酬设计. 北京：中国纺织出版社，2002）

1.1.1　员工薪酬的概念与本质

1．员工薪酬的概念

员工薪酬的概念有狭义和广义之分。

（1）狭义的员工薪酬是指员工个人获得的工资、奖金等以金钱或实物形式支付的劳动回报。

（2）广义的员工薪酬是指经济性报酬和非经济性报酬的总和。其中经济性报酬是指工资、奖金和福利等，而非经济性报酬则是指员工个人对企业及对工作本身在心理上的一种感受。

此外，还可以从以下两个角度理解员工薪酬的概念。

（1）员工薪酬是指员工所获得的一切有形的（财物形式）和无形的（非财物形式）劳动报酬，包括工资、奖金等现金收入，也包括各种形式的福利和奖励。

（2）员工薪酬是指员工为企业提供劳动而得到的各种货币与实物报酬的总和，包括工资、奖金、津贴、提成工资、劳动分红和福利等。

2．员工薪酬的本质

员工薪酬是员工因向其所在的单位提供劳动或劳务而获得的各种形式的酬劳或答谢，其实质是一种公平的交易或交换关系，用人单位是购买者，员工是出卖者，薪酬是劳动或劳务的价格，是员工在向单位让渡其劳动或劳务使用权后获得的报偿。在这个交换关系中，单位承担的是劳动或劳务的购买者的角色，员工承担的是劳动或劳务的出卖者的角色，员工薪酬是劳动或劳务的价格表现。

1.1.2　员工薪酬的构成

员工薪酬由经济性报酬和非经济性报酬构成。经济性报酬是指以货币形式和以可间接转化为货币的其他形式为支付方式的劳动报酬，主要包括工资、奖金、福利、津贴和股权等具体形式。非经济性报酬是指员工个人对企业及对工作本身在心理上的一种感受，主要包括对工作的责任感、成就感等。员工薪酬的构成具体如表 1-1 所示。

表 1-1　员工薪酬构成内容一览表

经济性报酬			非经济性报酬		
直接的	间接的	其　他	工　作	企　业	其　他
● 基本工资	● 公共福利	● 带薪假期	● 有兴趣	● 社会地位	● 友谊
● 加班工资	● 保险	● 休息日	● 挑战性	● 个人成长	● 关怀
● 奖金	● 退休金	● 病、事假	● 责任感	● 个人价值的实现	● 舒适的工作环境
● 津贴	● 培训		● 成就感		● 便利的条件
	● 住房				
	● 餐饮				

1.1.3　核心员工的薪酬体系构成

1．年薪制

这种薪酬制度适用于企业的高层管理者，主要是按照其以往的表现，以年为单位支付固定的薪水。实际是一种固定工资，它将高层管理者业绩的非直接性和长期性考虑进去。固定的薪水、比较稳定的环境和保障以有利于他们的工作。在西方发达国家有广泛的应用，近年来传入我国，在许多大中型企业试用后效果不错。

2．项目承包收入制

这种制度与我国在改革开放初期实行的企业个人承包制有很大不同。企业承包制是在与承包人订立合同的基础上，在一定期限内将企业的经营权给予承包人，承包人保证交纳足够合同规定的利润。由于容易引发短期效应等问题，这种制度已经基本废止了；而这里的项目承包收入制是针对技术开发人员和部分项目经理而言的，他们所承包的项目也仅仅是企业的部分业务。在实践中，很多企业对这部分核心员工已经取消了基本月薪或仅保留了很少一部分，而将他们的收入与所负责的技改开发项目相挂钩。这样，产品开发的速度快，市场效益好，自己的收入就高；反之，则可能颗粒无收，从而调动技术类核心员工的积极性。应当说，项目承包收入普遍要比原来的固定收入要高。

3．奖金制

奖金制在我国企业中的应用极为广泛，工资加奖金即构成员工的主要现金收入。通过月度奖金、年度奖金的发放将绩效考评结果及时反馈给员工，就可以为员工整体间的竞争创造好的氛围。但是，在实际操作中，为了获得奖金，核心员工往往更注重短期效应而忽视企业长远发展。而且按照绩效标准给核心员工发放奖金数量一般太大，不但会引起一般员工的不满，更重要的是吞噬了企业宝贵的现金流，对于处于企业生涯前期的新兴企业来说更是这样。所以，从国内外的发展趋势来看，奖金这种即时、短期的激励措施，已逐步被长期性的激励方式所代替。

4．佣金制

一般说来，佣金制主要用于销售类核心员工。佣金一般等于销售量（或销售率）与佣金率的乘积。可以是以销售量（额）作为基础，也可以用较前一段时间销售量的相对增长率或一定时间内建立新客户的数目为基础。如果考虑到客观经济因素的影响，佣金制则可能设计为佣金仅仅构成销售人员收入的一部分，而另外部分以底薪（基本薪）的形式存在，还可能是以销售额（量）中扣除定额后的部分作为计算基础。

5．员工持股计划和股票期权制

员工持股计划是目前公认的解决委托代理机制最为有效的途径之一。简单来说，就是根据职位、能力、所负责任等因素的差别，企业中的大多数员工都持有数量不等的本企业股份的一种长期的激励计划。而股票期权制是主要以高级经理人、技术骨干等核心员工为对象的薪酬激励制度。据统计，在全球前 500 家大工业企业中有 89%的公司已经对经营者实行了股票期权制，而其中推行员工持股计划的也不在少数。这两种激励方式使企业中的员工得到了公司的股份（经营者还可得到相应的股票购买期权），这样就增强了企业与员工间的利益联系，员工不再单纯是被雇佣者，而是有了所有者的身份，这有利于员工队伍的稳定和工作效率的提高。另外，期限较长的股票期权计划还有利于促使核心员工放弃眼前的短期效应，真正致力于公司的长远发展和持续增值。

6．福利计划

企业的福利计划主要有生活性福利、保障性福利、教育培训性福利等方式。其中，生活性福利和保障性福利是满足企业员工基本生活和安全保障需要的，一般与员工的级别和职位关系不大。其具体形式有：交通性补贴或福利、医疗保健福利、国家有关规定以外的商业保险及其他生活性福利（洗澡、理发津贴，降温、取暖津贴等）。而与前者相比，教育培训性福利更具有激励性质，对于高级经理人更为明显。教育培训性福利主要包括企业内在职或脱产培训、企业外公费进修、报刊订阅补贴、专业书籍购买补贴等。这一方面满足了高级经理人渴望进一步提高的需求；另一方面提高了的员工能力反过来应用于本企业，又会对企业的生产和管理效率产生积极的影响。

1.1.4 员工薪酬的相关概念

在实际工作中存在一些概念，有的内涵与员工薪酬概念相关，有的外延与员工薪酬概念相关，容易产生混淆。为了区分这些概念，下面从两个方面做具体的阐述。

1. 员工薪酬内涵的相关概念

（1）员工工资。一般意义上讲，人们常常把员工工资与员工薪酬看做是等价的，但实际上，二者是存在差异的。员工工资一般是货币形式或可以转化为货币形式的报酬，薪酬则还包括一些非货币形式的报酬，如终生雇用的承诺（职业保障）、安全舒适的办公条件、免费的午餐、参与决策的机会、反映个人兴趣和爱好的工作内容等；工资指单位耗费一定的经济资源支付给员工的报酬，而薪酬则还包括员工从工作本身所得到的报酬。

（2）实物工资、货币工资与实际工资。实物工资是单位以实物计算和支付给劳动者的工资；货币工资是单位以货币计算和支付给劳动者的工资。以实物支付工资盛行于商品经济不发达的时期，现代社会一般都以货币形式支付。

相对于实际工资来说，货币工资也称名义工资。实际工资是指在消除居民消费价格上涨和捐税加重等因素以后实际得到的工资，也可以理解为货币工资购买商品和劳务的能力。如果货币工资提高，而食品、衣着、住房和其他消费品价格稳定，实际工资就增高；如果货币工资提高，但食品、衣着、住房和其他消费品价格提高得更多，实际工资就会下降。实际工资可用货币工资除以消费价格指数求得。

（3）工资率、应得工资与实得工资。工资率亦称工资标准，是按单位时间支付的工资数据。工资率可以按小时、日、周、月、年分别规定。应得工资是单位应支付给员工的全部货币性工资收入，是根据劳动者的工资率和他提供的劳动数量计算而得到的工资。实得工资亦称实发工资，是指员工工资收入中扣除法规规定的个人统一缴费项目（如个人所得税、社会保险金等费用）后所剩下的货币工资额。只有实得工资才归员工任意使用，所以又称为可支配工资。

（4）绝对工资与相对工资。绝对工资是指员工所得到工资的绝对额，在企业中绝对工资往往表现为员工的工资标准或工资水平。现代的一些经济学家对相对工资的概念进行了新的阐释。他们提出，相对工资是指工作或职位在工作体系中的相对价值（相对位置），通过"岗位评价"来确定工作的相对价值，从而确定工资标准。在企业中，员工的相对工资构成企业的工资结构。

（5）员工福利。员工福利是指用人单位支付给员工的除工资或薪金之外的劳动报酬，往往不以货币形式直接支付，而多以实物或服务的形式支付，如社会保险（医疗保险、失业保险、养老保险等）、带薪休假、廉价住房、单位提供的子女入托服务、工伤事故补偿、免费午餐、免费交通等。从支付对象上看，福利可分为全员性福利和只供某一特殊群体享受的特种福利和特困福利。全员福利是所有员工都能享受的待遇。特种福利是针对单位中的高级人才设计的，如高层经营管理人员或具有专门技能的高级专业人员等。这种福利的依据实际上是贡献率，是对这类人员的特殊贡献的回报。常见的特种福利有高档轿车服务、出差时高级宾馆及饭店服务、股票优惠购买权、高级住宅津贴等。特困福利是为有特殊困难的员工（如工伤残疾、重病患者）提供的，这种福利的依据是需要率。

员工福利不是雇主的恩惠，它同工资或薪金一样是员工劳动所得，属于劳动报酬的范畴。但是它不属于工资，因为工资是按劳动付酬，员工之间工资存在差别，而员工福利是根据用人单位工作和员工的需要支付，员工之间福利差别不大；工资是直接的劳动力再生产费用，而员工福利是间接的劳动力生产费用；工资金额与岗位需求和劳动素质相关，而员工福利则与之无关；工资作为人工成本随工作时间的变化而发生变化，员工福利作为人工成本则随人数而非工作时间发生变化，有些福利项目从利润中支付，不列入成本；工资具有个别性、稳定性，而员工福利则具有集体性和随机性。

2．员工薪酬外延的相关概念

（1）人力资源价格。如果说工资涵盖的内容没有薪酬丰富，那么薪酬的外延比起人力资源价格来又显得狭窄一些。工资理论（尤其是早期的工资理论）一般认为，只有那些在单位中处于被雇用地位的人力资源，其在社会生产过程中的使用为其所有者带来的报酬，可以称之为工资；那些在单位中处于雇主地位的人力资源，其在生产过程中所获得的收入，则应归于利润范畴。薪酬理论所讨论的薪酬，也是指员工从单位那里所获得的报酬，一般来说也不包括那些处于雇主地位的人力资源在生产过程中的所得。人力资源价格是指生产过程中运用的所有人力资源为其所有者带来的报酬，既包括处于雇员地位的人力资源的报酬，也包括处于雇主地位的人力资源的报酬。

（2）工资总额与工资成本费用。工资总额是指各单位在一定时期内直接支付给本单位全部员工的劳动报酬，不论是计入成本的还是不计入成本的，不论是以货币形式支付的还是以实物形式支付的。按照 1990 年国家统计局的规定，工资总额由计时工资、计件工资、奖金、津贴和补贴、加班加点工资以及特殊情况下支付的工资组成。工资成本费用是指企业在生产经营活动中支付并列入成本的工资费用。如果企业在利润中支付一部分工资，那么工资成本费用则小于工资总额。

（3）人工费用与人工成本费用。人工费用是指企业在生产经营活动中支付并列入成本的工资费用。人工成本费用亦称劳动成本，是指雇主因雇用劳动力而发生的列入成本的费用。按我国目前的统计标准，人工成本费用应包括工资总额、员工福利费、教育经费、社会保险费、失业保险费和劳动保护费。如果在利润中列支部分人工费用，那么人工费用将大于人工成本费用。按照国际惯例，人工费用与人工成本费用是一致的。

对大多数企业来说，员工薪酬是企业总成本的重要组成部分，一些企业的员工薪酬占总成本的30%或更多。员工薪酬是能够为企业带来预期收益的资本，是用来交换劳动者或劳动的一种手段。员工薪酬作为企业生产成本，是资本的投入，企业期望获得一定的资本回报。因此，如何设计和管理员工薪酬的整个分配和运作过程——评价员工的工作绩效，促进劳动数量和质量的提高，激励员工的劳动积极性，使企业获得最大限度的回报，成为管理者的重要职责。对员工来讲，员工薪酬是他们从企业获得相对满足的过程，是维持生活、提高生活质量的重要前提。据权威机构近20年的研究资料显示：在所有的工作分类中，员工一直都将工资收入视为重要的工作指标。因此工资能极大地影响员工行为和工作绩效。

1.2 员工薪酬管理概述

引导案例 1-2

"人才荒"与薪酬杠杆

S公司地处南京市珠江路电子一条街，从事计算机销售、系统集成、软件开发等业务。员工主要由软件人员、系统集成项目人员、营销人员、行政人员和财务人员组成。

在创业之初，公司力图通过降低人工成本来提高产品的竞争力。各类人员的薪酬定位处在当地同行薪酬区间的下限，员工往往干上半年左右就走人，更谈不上招到有经验的人才。2007年秋天，当公司承接大批新型通信软件产品订单时，因严重缺乏一批软件开发人员，公司不得不到人才市场突击招人，但远水解不了近渴，以至于严重影响了项目的完成。公司一度甚至靠刚毕业的大学生和打工仔维持局面。

为了摆脱困境，S公司在2008年把员工薪酬调整到珠江路同类企业的平均水平，吸引了一批有经验的技术人员和管理人员，员工离职周期延长，技术人员年流失率降至15%以下。此时，公司运营逐步稳定，产销量日益增加。尽管如此，公司仍然未吸引到业务发展急需的一流的软件工程师、项目经理。此外，由于薪酬计划随行就市，变动频繁，内部工资结构关系开始紊乱，公司在处理分配问题上比较被动、滞后，造成不少员工对薪酬分配发生争议、攀比，有一些骨干也因此离开了公司。

2009 年下半年，公司经营形势一片大好。为了尽快网罗业内一流人才，抓住有利时机迅速发展壮大公司，S 公司决定以领先于当地同类企业的薪酬水平来调整公司的薪酬方案。例如，软件工程师月薪定在 6 000～8 000 元。实行新的薪酬标准后，公司对高素质人才的吸引力明显增强，每次对外招聘时应聘者云集，一个普通的岗位，也常常会有十几人来应聘。企业的形象和知名度提高，离职率降至 8%以下，员工素质和结构大为改善。

然而，这一策略在实行一段时间后，又出现新的棘手问题。一是公司在产品市场上竞争者众多，对员工实行高薪并未带来经营利润的同步高增长，人工成本的大幅增加给企业造成了持续压力。二是由于员工的起薪水平，现金支付量大，公司设置的加薪频率和幅度较小。三是同岗位人员的薪水差别不大，上升的空间小，随着时间的推移，其他公司的员工薪酬水平不断增长，逐渐赶上 S 公司的薪酬水平，一些紧俏人才的离职倾向又开始抬头。四是由于按岗位定薪，薪酬水平较高，人才的流动率大大降低，过去靠人员自然流动就能解决的人员更替和人员优化工作难以为继，出现了"想让走的人不愿走，不想让走的人却要走"的尴尬局面，一些有能力、有潜力却没有重要职位的中青年骨干不断离开公司。

（资料来源：马新建. 员工流动调控与薪酬定位策略. 人力资源开发与管理）

1.2.1　员工薪酬管理的概念、目的与原则

1. 员工薪酬管理的概念

员工薪酬管理是企业管理者对本企业员工报酬的支付标准、发放水平、影响要素进行确定、分配和调整的过程。

传统员工薪酬管理仅具有物质报酬分配的性质，而对被管理者的行为特征考虑较少，其着眼点是物质报酬。现代企业员工薪酬管理理念发生了很大的变化，薪酬管理的着眼点转移到了人。企业经营首先要树立目标，企业目标的实现有赖于对员工的激励，激励分为外部和内部两种。按照传统划分，工资、奖金、福利等物质报酬是外部激励要素；而岗位的多样化、从事挑战性的工作、取得成就、得到认可、承担责任、获取新技能和事业发展的机会等则是内部激励要素。现代员工薪酬管理将物质报酬的管理过程与员工激励过程紧密结合起来，成为一个有机的整体。

2．员工薪酬管理的目的

（1）保证员工薪酬在劳动力市场上具有竞争性，吸引优秀人才。

（2）对员工的贡献给予相应的回报，激励并留住员工。

（3）通过员工薪酬机制，将短、中、长期经济利益结合，促进公司员工结成利益共同体。

（4）合理控制人工成本，保证企业产品竞争力。

3．企业员工薪酬管理的原则

（1）对外具有竞争力原则。

（2）对内具有公正性原则。

（3）对员工具有激励性原则。

（4）对成本具有控制性原则。

1.2.2　员工薪酬管理的基本内容

1．工资总额管理

工资总额管理不仅包括工资总额的计划与控制，还包括工资总额调整的计划与控制。国家统计局对于工资总额的组成有明确的界定，确定工资总额的组成是：

工资总额=计时工资+计件工资+奖金+津贴和补贴+加班加点工资+特殊情况下支付的工资

事实上，对于国家来说，工资总额的准确统计是国家从宏观上了解人民的收入、员工的生活水平，计算离退休金、有关保险金和经济补偿金的重要依据；对于企业来说，工资总额是人工成本的一部分，是企业掌握人工成本的主要信息来源，是企业进行人工成本控制的重要方面。因此，必须充分认识工资总额统计核算的重要性。

由于工资总额的各项组成均与企业经济效益等因素直接相关，工资总额的调整在所难免，因此，确定工资总额调整的幅度也是十分重要的。

工资总额的管理方法，首先应确定制定合理的工资总额需要考虑的因素，如企业支付能力、员工的生活费用、市场薪酬水平以及员工现有薪酬状况等，然后计算合理的工资总额，可以采用工资总额与销售额的方法推算合理的工资总额，或采用盈亏平衡点方法推算合理的工资总额，还可以采用工资总额占附加值比例的方法来推算合理的工资总额。

2．企业内部各类员工薪酬水平的管理

要明确界定各类员工的薪酬水平，以实现劳动力与企业之间公平的价值交换，这是薪酬

管理的重要内容。正确的做法是，哪类员工对企业的贡献大，他们的薪酬就高；哪类员工对企业的贡献小，他们的薪酬就低。

3．企业日常员工薪酬管理

（1）制定员工薪酬计划。一个好的员工薪酬计划是企业员工薪酬政策的具体化。所谓员工薪酬计划，就是企业预计要实施的员工薪酬支付水平、支付结构及薪酬管理重点等。企业在制定员工薪酬计划时，要通盘考虑，同时要把握以下两个原则。

1）与企业目标管理相协调原则。在企业人力资源管理非规范化阶段，员工的薪酬管理也缺乏科学性。例如，一些企业不是根据企业自身发展的需要选择工资制度和薪酬标准，而是在很大程度上模仿其他企业。事实上，并不存在一个对任何企业都适用的薪酬模式。对此，一些企业明确指出，企业薪酬计划应该与企业的经营计划相结合。例如，在工资支付水平上，很多企业都不再单纯考虑与同行业工资率的攀比，而主要取决于三个要素的综合考虑：第一，该水平是否能够留住和吸引来企业需要的优秀人才；第二，企业的支付能力；第三，该水平是否符合企业的发展目标。

2）增强企业竞争力原则。工资是企业的成本支出，压低工资有利于提高企业的竞争能力，但是过低的工资又导致激励的弱化。所以企业既要根据其外部环境的变化，也要从内部管理的角度，选择和调整适合企业经营发展的工资计划。任何工资计划都不是固定的，必须在实施过程中根据需要随时调整。

（2）调整薪酬结构。薪酬结构是指企业员工之间的各种薪酬比例及其构成，主要包括企业工资成本在不同员工之间的分配，职务和岗位工资率的确定，员工基本、辅助和浮动工资的比例以及基本工资及奖励工资的调整等。

对薪酬结构的确定和调整主要掌握一个原则，即给予员工最大激励的原则。公平付薪是企业管理的法则之一。要避免员工报酬不是给得过多，就是给得太少的现象。给多了会造成不称职员工不努力工作；给少了会造成高素质的人才外流。同时，对薪酬结构的确定还必须与企业的人力资源结构相一致。如果企业中高级员工占的比重较大，那么这一块的工资成本就高。

除制定员工薪酬计划和调整薪酬结构之外，日常薪酬管理还包括开展薪酬调查、统计分析调查结果、适时计算、统计员工的薪酬等。

4．企业薪酬制度设计与完善

企业薪酬制度设计与完善包括工资结构设计与完善，还包括工作等级标准设计、薪酬支付形式设计。

1.2.3　员工薪酬制度的基本形式

在计划经济时期，企业、事业单位及政府机关薪酬制度都是由国家统一规定的。如今市场经济环境下，企业已获得内部自主分配权，可以在国家宏观调控的范围内，根据自身情况，选择最适合的薪酬制度。经过 20 多年的改革，形成了许多新的薪酬制度，归纳起来有绩效薪酬制、能力薪酬制、工作薪酬制和结构薪酬制 4 种形式。

1.　绩效薪酬制

绩效薪酬制的主要特点是：员工的薪酬根据其近期劳动绩效来决定，员工的薪酬随劳动绩效量的不同而变化，并不是处于同一职务（或岗位）或者技能等级的员工能保证拿到相同数额的薪酬。绩效薪酬，有利于员工工资与可量化的业绩挂钩，将激励机制融于企业目标和个人业绩的联系之中；有利于工资向业绩优秀者倾斜，提高企业效率和节省工资成本；有利于突出团队精神和企业形象，增大激励力度和企业的凝聚力。

绩效薪酬制的不完善之处和负面影响主要是：容易导致对绩优者奖励有方、对绩劣者约束欠缺的现象，而且在对绩优者奖励幅度过大的情况下，容易造成一些雇员虚报业绩的行为。因此，对雇员业绩的准确评估和有效监督是绩效薪酬实施的关键，计件工资、销售提成工资、效益工资等的薪酬结构都属于绩效薪酬制。

2.　能力薪酬制

能力薪酬制的主要特点是：根据员工本人所具有的综合能力（不限于本职工作能力），确定员工的薪酬等级和标准工资。先要通过考核，对员工的能力大小及提高程度进行评价审定，然后再确定薪酬等级和工资标准或增资幅度。

能力薪酬制的适用范围是：对工作的技能要求和对员工的劳动熟练程度要求比较高以及工作内容不固定的单位，或者产品繁杂、员工人数不多、工作内容变动频繁的中小型单位，如机器维修厂、专业分工不细的制造厂等。职能工资、能力资格工资及我国过去工人实行的技术等级工资的薪酬结构都属于能力薪酬制。

3.　工作薪酬制

工作薪酬制的主要特点是：员工的标准工资是由其所担任的工作（职务、岗位）本身对其文化、技术（业务）、智力、体力等方面的要求，以及劳动环境对员工的影响决定的，即根据工作的劳动复杂程度、繁重程度、责任大小、精确程度以及劳动条件等因素确定各工作之间的相对顺序（等级），并规定相应的工资标准。员工从事什么工作就领取什么工资，不考虑其具有的超出本职要求的工作能力。这是它与能力薪酬制最显著的区别。

实行工作薪酬制，必须先要对各种工作进行评价和划分等级。在评价工作时，要严守"只对工作（职务、岗位）不对人"的原则。员工管理部门在确定员工的工资等级和标准工资时，既要根据其所担任的工作，又要考虑其任职能力。薪酬随着职务（或岗位）的变化而变化，岗位工作制、职务工资制等的薪酬结构都属于工作薪酬制。

4．结构薪酬制

结构薪酬制的特点是：将薪酬分解成几个组成部分，分别依据绩效、技术和培训水平、职务（或岗位）、年龄和工龄等因素确定薪酬额。结构薪酬制使员工在各个方面的劳动付出都有与之对应的薪酬，某员工只要在某一个因素上比别人出色，都能在薪酬上反映出来。

结构薪酬制的设计吸收了能力薪酬制和工作薪酬制的优点，以充分发挥工资的补偿、激励和调节三大职能。它是将构成工资标准的诸因素，分别规定工资额，然后组合成标准工资。现在国内外许多企业都采用这一类型的薪酬制度，只是名称和组合形式不同而已。

结构薪酬制既适用于公司中层和高层管理人员，也适用于一般人员；既适用于专业化程度高、分工细的行业，也适用于技术要求低、分工粗的行业。但是，各部门、各单位在具体运用时侧重点应有所不同。

由于结构薪酬制汲取了能力薪酬制、工作薪酬制、绩效薪酬制的优点，并剔除了它们的缺点，因此它具有较灵活的调节作用，有利于合理安排各单位员工构成中各类员工的工资关系，能够调动员工的劳动积极性，充分发挥工资的职能作用。岗位技能工资制、薪点工资制、岗位效益工资制以及目前我国公务员实行的职务工资制等的薪酬结构都属于结构薪酬制。

1.2.4　员工薪酬的基本职能

1．补偿职能

劳动者因为在工作中消耗了大量的体力和脑力，所以需要恢复与补充，以便以后继续从事劳动。劳动者的这种能力与体力的恢复过程，必须建立在一定的物质基础之上，这一物质基础来自劳动者提供劳动而得到的物质报酬。薪酬的这一补偿职能是以劳动为前提的，只有在进行了劳动并消耗了劳动力之后，才能得到薪酬作为补偿，而且是多劳多得，少劳少得，不劳不得，充分地体现按劳分配的原则。

2．激励职能

劳动作为人们主要的谋生手段，其中追求物质酬劳是不可或缺的一个方面。涉及物质酬劳，就会有多少、好坏以及喜好程度的高低之分。薪酬中不仅含有量的概念，而且还有可供选择的不同种类。根据劳动者个人需求的不同，薪酬的数量和种类就会对劳动者产生不同的强化与激励作用。劳动效率高的劳动者就会得到更多的薪酬，从而激励他们继续保持良好的业绩；而劳动效率低的员工，为了追求较高的薪酬水平，必须努力提高自身的劳动能力，这便反映了薪酬的激励作用。

3．调节职能

工资的调节职能主要表现在两方面，即劳动力的合理配置和劳动力素质结构的合理调整。在我国加入 WTO 后的初级阶段，客观上仍存在着地区之间、部门之间、企业之间、职业之间的工作环境、劳动轻重、劳动难易以及收入多少的差别，也存在着劳动力稀缺程度的差别。人们总是在物质利益的驱动下愿意到工资高、环境好的地方（部门、企业）就业。因此，可以通过科学地运用工资这个劳动力市场运行的经济杠杆来引导劳动者向合理的方向流动，从而达到劳动力资源的合理配置。同时，由于产品结构、技术结构和产业结构的变化，对劳动力的素质（技能）结构的适应性提出了越来越广泛的要求，并且不断变化。因此，劳动力素质（技能）结构方面的供求失衡是经常的现象。在这种情况下，工资关系的调整就能从供求两个方面来调节劳动力素质（技能）结构，使供求达到相对平衡。对那些社会需求大、对国民经济发展有重要作用的专业（工种）规定较高的工资，以引导新的劳动者学习这方面的知识和技能；对那些供大于求的专业（工种）规定较低的工资，引导现有人员学习社会需求的知识和技能（包括转岗培训），从而使得劳动力素质结构合理化，符合社会发展需要。

4．效益职能

工资的投入是资本金投入的特定形式，是活劳动这一生产要素的货币表现。由此可见，工资就是必要劳动，员工不仅创造必要劳动价值，也创造剩余劳动价值。因此，从表面上看，似乎工资能够增值，给雇主带来经济效益。虽然这是假象（因为实际上是劳动者的劳动所创造的），但是正因为如此，雇主才愿意以工资的形式来进行投资，从中获利，如果雇主投入的工资量与员工付出的劳动是相等的，他就不愿投资，就一定会停止雇用劳动者。所以，从雇主的角度来看，工资具有效益职能，是投资的动力。

5．战略职能

一个良好的并具有导向性的薪酬制度应当与企业发展战略相适应，并且支持着企业战略的实现。毕竟，薪酬制度有力地传达了这样的信息：在组织中什么是最重要的。薪酬制度越是支持公司战略的关键因素，员工们就越能够更好地理解和评价公司的战略。

海尔集团在其发展过程中经历了三个战略阶段，公司也根据不同的发展阶段调整薪酬制度。第一阶段，是海尔的名牌战略阶段，公司的主要工作放在产品的质量管理上，相应的薪酬制度也是以质量为主要内容，把工资考核制度的重点放在产品质量上，规定谁出了质量问题，就按照考核规定扣谁的工资。以质量为主的薪酬制度改变了员工的质量观念，从根本上推动了企业的全面质量管理。第二阶段，是海尔的多元化发展阶段，公司实行分层、分类的多种薪酬制度和灵活的分配形式。科技人员实行科研承包制，营销人员实行年薪制和提成工资制，生产人员实行计件工资制，辅助人员实行"薪点工资制"。人人的工资都公开透明，只按效果，不论资历，由"同岗同酬"观念转变为"同效同酬"观念。这种工资模式真正体现了人才的价值，极大地调动了员工的积极性。第三阶段，是海尔的国际化战略阶段，公司树立市场和服务的观念，通过提高服务质量而获得报酬的。市场化的观念增强了企业的市场竞争力。

1.2.5　员工薪酬管理的影响因素

员工薪酬管理的影响因素，主要是指影响员工薪酬设计和薪酬调整的因素，一般分为企业内部因素、企业外部因素及员工个人因素。

1. 企业内部因素

（1）企业的支付能力。在企业中，员工薪酬水平受制于公司的利润与财务资源，而企业的支付能力取决于员工的生产率，企业经济效益的好坏直接决定了员工个人收入水平。薪酬是劳动力的价格和价值的表现形式，它和其他劳动要素成本的价格一样，随着企业效益的变动而变动。如果企业支付能力强，则员工的薪酬水平高且稳定；如果薪酬支付超过了企业的承受能力，就会造成企业严重亏损、停业甚至破产。

（2）薪酬战略与发展阶段。在企业的不同发展阶段，企业的经营战略不同，企业的薪酬战略也不同，企业薪酬战略应与企业战略相适应。

1）处于初创阶段的企业薪酬策略关注的是操作性和激励性，表现出非常个人化的随机性报酬，在薪酬评价上以主观为主，总裁拥有90%以上的决策权。

2）处于迅速成长阶段的企业经营战略是以投资来促进公司的成长。为了与经营战略保持一致，薪酬战略应该注重刺激因素的运用，以利于形成一个创业型的管理群体。因此，企业应该着重使高额薪酬与中、高等程度的刺激和鼓励相结合（风险越大，薪酬越高）。

3）处于成熟阶段的企业经营战略基本上以保持利润和保护市场为目标。要做到这一点，则应使平均薪酬水平与中等程度的刺激、鼓励以及标准福利水平相结合。

4）处于衰退阶段的企业最恰当的战略是获得利润并向别处投资。要实现这样的战略目标，就必须使标准福利与低于中等水平工资相结合，并使适当的刺激和鼓励直接与成本控制联系在一起。

总之，企业各阶段的薪酬战略不同，也会使员工薪酬水平不同，如表1-2所示。

表1-2　企业各阶段发展战略表

组织特征	企业发展战略			
	初创阶段	成长阶段	成熟阶段	衰退阶段
经营战略	投资发展	以投资促发展	保持利润与保护市场	收获利润并开展新领域投资
风险水平	高	中	低	中、高
薪酬战略	个人激励	个人—集体激励	个人—集团激励	奖励成本控制
短期激励	股票激励	现金激励	利润分享、现金奖励	
长期激励	股票期权（全面参与）	股票期权（有限参与）	股票购买	
基本工资	低于市场平均水平	等于市场平均水平	高于市场平均水平	低于或等于市场平均水平
福利	低于市场平均水平	低于市场平均水平	高于或低于市场平均水平	低于或等于市场平均水平

（3）企业的工作文化。企业的工作文化一般有4种：功能型工作文化、时效型工作文化、流程型工作文化和网络型工作文化。

1）功能型工作文化强调严密的自上而下的行政管理体系、清晰的责任制度、专业化分工等，在设计薪酬时一般以职务工资制为主，对职务高的员工有利。

2）时效型工作文化的特点是集中资源，抓住机会，迅速把产品和服务推向市场，强调高增长和新市场进入、项目驱动、权力取决于对资源的控制、跨部门团队包括高水平的专家等。这种工作文化的企业在设计薪酬时主要考虑时效和速度因素，同时考虑工作质量因素，一般以绩效工资制为主。对工作高效质优的员工有利。

3）流程型工作文化的特点是以客户满意度为导向来确定价值链；基于团队和相互学习的工作关系，共同承担责任，围绕流程和供应链来设计部门等。现在很多企业的工作文化都开始向流程型进行转变。这种工作文化的企业在设计薪酬时主要以客户、市场为导向，一般以职能工资制为主。对工作职务高、能力强的员工薪酬水平提高有利。

4）网络型工作文化没有严密的层级关系，承认个人的特殊贡献，强调战略合作伙伴，以合伙人方式分配权力，强调对公司总体目标的贡献；以"合同"方式形成工作网络。典型的有律师事务所、会计师事务所、某些咨询公司等。这种工作文化的企业在设计薪酬时主要强调利益共享、风险共担。对工作贡献大、善协作、勇担风险的员工薪酬增长有利。

　　（4）薪酬政策与人才价值观。薪酬政策是企业分配机制的直接表现，薪酬政策直接影响着企业利润积累和薪酬分配的关系。一部分企业注重高利润积累，一部分企业注重二者之间的平衡关系，所有这些差别会直接导致企业薪酬水平的不同。

　　人才价值观的不同会直接导致薪酬水平的不同。比如，对问题"是否只有支付高薪才能吸引最优秀的人才"、"是否要重奖优秀的人才"的回答不同，薪酬水平是完全不一样的。因为有什么的人才价值观，就会产生什么样的薪酬政策，二者是统一的。

　　（5）公司变革与领导态度。在企业运行的过程中，企业总会进行各种各样的经营变革。企业的变革也总会遇到各种各样的困难，而在这个时候，公司高层领导必须做出正确的决策，对薪酬制度做适当的调整，以推动公司的变革。例如，事业单位企业化管理，要求变职务岗位工资制为岗位绩效工资制，使原来的员工薪酬水平大为改变。在薪酬管理策略的选择与设计上很大程度也是由企业领导的态度决定的。他们对整个形势的判断与理解，对于薪酬问题的理解和重视程度，对于吸引高质量的员工、降低离职率、改善员工的生产水平的种种愿望、对员工本身的认识态度等，都会对企业的薪酬水平和薪酬策略产生影响。例如，有的企业鼓励个人奋斗，因此薪酬差别很大；有的企业提倡集体合作，因此薪酬差别较小；有的企业提倡冒险，因此工资很高，但福利较差；有的企业提倡安全、稳定，因此工资较低，但福利较好。

2. 企业外部因素

　　（1）劳动力市场的供求状况。劳动力市场上的供求状况的变化，决定企业对员工成本的投入，从而影响企业员工薪酬水平的变化。当市场上对企业产品的需求增加时，企业将扩大市场规模，增加对劳动力的需求，此时企业为找到数量足够、质量合格的劳动力，将提高工资水平；当产品需求下降，在其他条件不变的情况下，企业将会降低工资，停业招收新员工，甚至对原有员工进行裁减。

　　（2）经济发展状况与劳动生产率。经济发展水平和劳动生产率是影响企业薪酬水平的重要因素。一般来说，当地的经济发展处在一个较高水平且劳动生产率较高时，企业员工的薪酬会较高；反之，企业员工的薪酬会较低。在我国，目前经济发达的沿海地区与经济不发达的西北地区之间的薪酬就存在着较大差异。如东北振兴，辽宁先行；辽宁振兴，大连、沈阳、锦州先行，这就促成了环渤海经济圈的出现，这一地区经济发展了，劳动生产率提高了，处于该地区的企业员工薪酬近几年来就相对提高很多。

　　（3）国家政策和法律。在市场经济条件下，我国政府对企业薪酬水平的干预，主要表现为以培育、发现和完善劳动力市场为中心，用宏观经济政策调节劳动力供求关系、引导市场。政府对企业员工的薪酬水平的干预包括直接调节与间接调节。直接调节是政府通过立法来规范企业的分配行为，从而直接调节企业的薪酬水平。如《劳动保障监督条例》的实施，通过规范企业的薪酬分配，从而维护企业员工的合法权益。间接调节是指政府不是专门调节薪酬变化，而是通过调节其他经济行为和社会行为的政策，从而对企业薪酬水平产生影响。如国家实施的"三农"政策，财政政策，调整粮食、石油、煤炭、钢铁价格的政策，以及对东北振兴的税率政策等。

（4）物价变化与生活水平。企业所在地区的生活水平从两个层面影响企业的薪酬政策。一方面，生活水平高了，员工对个人生活的期望也高，对企业薪酬水平的压力就大；另一方面，生活水平高也可能意味着物价指数持续上涨，为了保证员工生活水平不降低或购买力不下降，企业就要给员工增加薪酬。

（5）行业薪酬水平的变化。行业薪酬水平的变化主要取决于行业产品的市场需求和行业生产率两个因素。当产品需求上升时，薪酬水平可以有所提高；当行业劳动生产率上升时，薪酬水平也可以在企业效益上升的范围之内按比例提高。如我国的煤炭行业，2000年以前不太景气，2000年以后煤炭市场供不应求，国有煤矿多数采用机械化采煤，提高了煤炭行业生产率，所以煤炭企业的员工薪酬水平大幅度增长。

随着薪酬管理市场化的推进，某一地区某一行业的薪酬水平，往往是商会（业主或经理的联合）与工会谈判的结果。商会影响力大，薪酬可能被压低，工会影响力大，工资可能会提高。

3．员工个人因素

（1）工作表现。员工的薪酬是由个人的工作表现决定的，因此在同等条件下，高薪也来自员工个人工作的高绩效。

（2）资历水平。通常资历高的员工比资历低的员工的薪酬要高，主要的原因是要补偿员工在学习时所耗费的时间、体能、金钱和机会，甚至是心理上的压力等直接成本，以及因学习而减少收入所造成的机会成本，而且还带有激励作用，即促进员工愿意不断地学习新技术，提高生产力水平。

（3）工作技能。如今科技进步，资讯发达，企业竞争已从传统的产品战演变成为营销战、策略战等全面性竞争。企业之间是人才之争，掌握关键技能的人，已成为企业竞争的利器。这类人才成为企业高薪聘请的对象。激烈的竞争使得企业愿意付高薪给两种人：第一种是掌握关键技术的专才，第二种则是阅历丰富的通才。阅历丰富的通才，可以有效地整合企业内高度分工的各项资源，形成综合效应。

（4）工作年限。工龄长的员工薪酬通常高一些，主要是为了补偿员工过去的投资并减少人员流动。连续计算员工工龄工资的企业，通常能通过工龄工资起到稳定员工队伍、降低流动成本的作用。

（5）工作质量。不管按时计酬、按件计酬还是按绩效计酬，通常工作量较大、质量较高时，相应薪资水平也较高；相反工作量较低、质量较高，或工作量较高、质量较差时，相应薪资水平也较低。

（6）岗位及职务差别。职务既包含着权力，同时也负有相应的责任。权力是以承担相应的责任为基础的，责任是由判断力或决定能力而产生的。通常情况下，职务高的人权力大，责任也较重，因此其薪资水平相对也较高。

1.3　员工薪酬管理的历史沿革及发展趋势

引导案例 1-3

宽带薪酬，能否颠覆传统

一位出色的专业技术人员的薪酬可以与科技部部长平起平坐；一位最优秀的员工甚至可以拿到副总经理级的高薪，这样一种全新的薪酬分配模式——宽带薪酬，目前不仅正在个别外资企业中尝试运作，而且正在被援引到国有企业。在中国传统薪酬制度中，"定人定岗，定岗定薪"已经成为一条不成文的规矩。要想突破原先工资的级别，只有提级，而这样带来的一个直接弊端就是在固定岗位上，员工干得再好，也不可能得到大幅度的加薪，唯一的奖励只有以奖金形式发放的补贴。在这种薪酬体系的激励下，员工们所受到的激励就是，不遗余力地"往上爬"，无论他最终爬上去的这个岗位是否真的适合他去做。同时，企业也一厢情愿地认为，在低一级职位上干得好的员工，在高一级职位上必然也会干得很出色，于是，晋升就成了许多企业对优秀员工的一种最主要的激励方式。

所谓"宽带薪酬设计"，就是企业将原来二三十甚至四五十个薪酬等级压缩成几个级别，但将每一个薪酬级别所对应的薪酬浮动范围拉大，从而形成一种新的薪酬管理系统及操作流程。

与企业传统的薪酬结构相比，宽带薪酬具有以下几个方面的特征和作用：

1. 支持扁平型组织结构

20 世纪 90 年代以后，企业界兴起了一场以扁平型组织取代官僚层级型组织的运动，而宽带薪酬结构可以说正是为配合扁平型组织结构而量身定做的，它的最大特点就是打破了传统薪酬结构所维护和强化的那种严格的等级制，有利于企业提高效率以及创造参与型和学习型的企业文化，同时对于企业保持自身组织结构的灵活性以及迎接外部竞争都有着积极的意义。

2．能引导员工重视个人技能的增长和能力的提高

在宽带薪酬结构设计下，即使是在同一个薪酬宽带内，企业为员工所提供的薪酬变动范围比员工在原来的 5 个甚至更多的薪酬等级中可能获得的薪酬范围还要大，这样，员工就不需要为薪酬的增长而斤斤计较职位晋升等方面的问题，而只要注意发展企业所需要的那些技术和能力，做好公司着重强调的那些有价值的事情就行了。

3．有利于职位的轮换

由于宽带薪酬结构减少了薪酬等级数量，将过去处于不同薪酬等级之中的大量职位纳入到现在的同一薪酬等级当中，甚至上级监督者和他们的下属也常常会被放到同一个薪酬宽带当中，这样，在对员工进行横向甚至向下调动时所遇到的阻力就小多了。

4．能密切配合劳动力市场上的供求变化

宽带薪酬结构是以市场为导向的，它使员工从注重内部公平转向为更为注重个人发展以及自身在外部劳动力市场上的价值。在宽带型的薪酬结构中，薪酬水平是以市场薪酬调查的数据以及企业的薪酬定位为基础确定的，因此，薪酬水平的定期审查与调整使企业更能把握其在市场上的竞争力；同时有利于企业相应地做好薪酬成本控制工作。

5．有利于管理人员以及人力资源专业人员的角色转变

实行宽带薪酬结构设计，即使是在同一薪酬宽带当中，由于薪酬区间的最高值和最低值之间的变动比率至少有 100%，因此，对于员工薪酬水平的界定留有很大空间。在这种情况下，部门经理就可以在薪酬决策方面拥有更多的权力和责任，可以对下属的薪酬定位提出更多的意见和建议。这种做法不仅充分体现了大人力资源管理的思想，有利于促使直线部门的经理人员切实承担起自己的人力资源管理职责；同时也有利于人力资源专业人员从一些附加价值不高的事务性工作中脱身，转而更多地关注对企业更有价值的其他一些高级管理活动以及充分扮演好直线部门的战略伙伴和咨询顾问的角色。

6．有利于推动良好的工作绩效

在宽带薪酬结构中，上级对有稳定突出业绩表现的下级员工可以拥有较大的加薪影响力，而不像在传统的薪酬体制下，直线管理人员即使知道哪些员工的能力强，业绩好，也无法向这些员工提供薪酬方面的倾斜。因为那时的加薪主要是通过晋升来实现的，而晋升的机会和实践却不会那么灵活。此外，宽带薪酬结构不仅通过弱化头衔、等级、过于具体的职位描述以及单一的向上流动方式向员工传递一种个人绩效文化，而且还通过弱化员工之间的晋升竞争而更多地强调员工们之间的合作和知识共享、共同进步，以此来帮助企业培育积极的

团队绩效文化，而这对于企业整体业绩的提升无疑是非常重要的一种力量。

（资料来源：陈庆. 宽带，能否颠覆传统. 人力资源开发与管理）

1.3.1　员工薪酬管理的历史沿革

薪酬管理大致经历了 4 个发展阶段，即专制阶段、"温情主义"阶段、科学管理阶段和现代管理阶段。

1．专制阶段

在薪酬管理历史上，这种专制管理维持时间最长。当时企业管理者与所有者基本上是合一的。在观念上，管理者对薪酬的激励作用认识不足。在管理风格上是管理者单方说了算，企业员工没有参与企业薪酬管理的权力，即使有意见、发牢骚，甚至罢工，也无法改变企业管理者决定员工薪酬的地位。政府与企业是一致的，只有宏观调控。员工的薪酬水平往往被压到极限。员工们要求改善工作条件，改与不改，改到什么程度，都是由雇主单方来决定。有的雇主无端地延长员工的工作时间，甚至动用粗暴的手段对员工进行管束，他们没有意识到人格上的平等在薪酬管理中的作用。对员工来说，一般人都会把工作看做谋生的手段，为了生计而被动地付出代价。

2．"温情主义"阶段

这一阶段发生在古典市场经济时期。在西欧，约在 19 世纪的后半叶，这一阶段虽然企业管理者与所有者基本上合一，但在薪酬管理中产生了"温情主义"。其原因是经济发展，受雇员工越来越多，雇员与雇主的摩擦也愈演愈烈。为减少摩擦、化解矛盾，企业管理者不得不对薪酬管理的理念、风格，及由之决定的管理方式方法做出必要的让步和理性化的调整。政府也推出了一些保护员工某些利益的法律或法规，员工的工作条件在一定程度上得到了改善，工作时间的延长得到了一定的节制，雇主对员工的暴力性管束也在一定程度上有所收敛。与薪酬管理的专制阶段比较，有了一定进步，雇主对员工推出了一些优惠的薪酬措施。在货币形式的薪酬外，又加进了福利等非货币形式的薪酬。

3．科学管理阶段

薪酬实现科学管理的时间大约是 20 世纪上半叶。其原因有三：其一，泰罗的企业管理革命，形成了科学管理论，并得到广泛的应用。其二，员工关心薪酬的力量，已经形成有组织性的要求提高薪酬水平的行为，并且声势高涨。其三，公司革命，出现经营权和所有权发生分离现象。

在薪酬管理中，企业管理者发现克扣员工的薪酬实属不明智之举，薪酬是激发员工潜力的杠杆。由此产生新的理念：支付给员工的较高薪酬有可能使企业得到更多的回报。所以在实践上有些企业管理者开始建立企业员工的薪酬提高与企业发展良性循环的互动机制。经过科学的薪酬管理，不仅改善员工的工作条件，相对提高他们的薪酬水平和福利待遇，而且更进一步地减少了人力资源的摩擦性耗费。

4．现代管理阶段

现代薪酬管理阶段产生的原因也有三个：一是人们生活水平的提高和多样化，需要的多层次性表现突出。二是管理科学的细化，由行为科学和管理心理学及企业管理学交融产生了人力资源管理理论，使得企业员工薪酬管理理论更完善，人们对薪酬激励作用认识更加深刻。三是企业管理者更加提倡"人道"的薪酬管理，许多企业产生了"福利国家"的理念和实践。

现代薪酬管理阶段，企业出现三个显著标志：第一，一些发达的市场经济国家的企业，薪酬水平提高惊人。第二，企业员工薪酬形式实现了多元化。第三，管理者认识到金钱的作用是有限的，因而对员工的内在薪酬有了较多的关注，他们深信"工作的报酬就是工作本身"的薪酬管理哲学。

1.3.2　员工薪酬管理的发展趋势

自 20 世纪末以来，悄然兴起的新经济逐渐对现代企业人力资源管理，尤其是薪酬管理提出了更高的要求。经济全球化在增加适应、创新和竞争力方面，对人才管理产生了深刻的影响。专门知识的价值被确认，并融入组织和日常管理以应对上述影响；智力资本作为独特的生产要素，取代人力资本，排在产业资本、金融资本之前。所有这些都将给企业的薪酬管理带来根本性的变革，主要体现在如下几个方面。

1．企业的人才竞争和知识激励使人力成本逐步上升

根据"80/20 定律"，企业 20%的人才为企业创造 80%的效益。企业管理者越来越认识到人才创造财富的重要性和知识对企业员工的重要性。企业的竞争实质是人才的竞争和新知识的竞争。人才竞争，使得企业愿意付高薪给"专才"和"通才"；知识竞争，使得企业愿意给

员工学习知识的机会和资金投入。这样就导致人力资源的价格滚动攀升。

2．薪酬制定的依据将更多地反映市场而不是工作本身的价值

传统的工作价值论将逐渐向市场价值论过渡，依靠工作分析计算工作价值的传统做法将向更高层次发展，薪酬将更多地反映知识市场化的要求，薪酬管理将形成动态的分析机制，以适应市场变化的需求。

3．薪酬福利设计更富弹性并走向多轨化

薪酬福利设计方面，弹性设计和多轨制将更加流行，其中蕴涵的规则将更加复杂，"分化"现象将更加普遍。在薪酬管理中，人文化设计色彩将更加浓厚，心理学原理而不是经济学原理将起更重要的作用。在主要基于脑力劳动的知识经济时代，薪酬不仅是纯粹经济学的计算问题，而更主要是人的心理学问题。薪酬的含义更加注重人的价值而不是工作的经济价值。

4．薪酬分配形式由货币主导型向资本主导型过渡

以股票期权为主要形式的资本分配在未来人们薪酬中的比重会不断扩大，并成为主导型分配方式。近来甚至有人提出以自然资本包括环境、生态等非货币化方式作为奖励的手段。

5．薪酬支付方式将呈现多样化

网上考核和网上支付模式将被一部分企业所推崇。随着互联网、宽频、无线通信技术的发展，人们的工作模式、员工的概念和企业的运作模式将发生很大的变化。工作家庭化、弹性工作制和虚拟企业将成为一种新潮，被一部分企业所追随，网上考核和网上支付将被很多企业广泛采用。

6．从原来注重岗位薪酬转变为注重绩效薪酬

原先是在什么样的岗位拿什么样的薪酬，岗位变化薪酬随之变化，更加注重的是岗位概念。现在采取的宽带薪酬，更注重的是绩效概念，职级减少，很多岗位被归类到同一个职级当中，带宽拉大，员工薪水有了更加灵活的升降幅度。这样带来的一个直接后果就是一个能力强的业务员可能收入高于市场部经理，一个普通技师的薪水可能让高级工程师瞠目结舌，有许多企业采用了宽带薪酬制，最大限度地调动了员工的工作积极性。

📖 本章重点概念

员工薪酬　　员工福利　　员工工资　　人力资源价格　　工资总额　　工资成本费用
人工成本费用　　员工薪酬管理　　员工薪酬政策　　薪酬结构

 ## 自测题

一、判断题

1. 广义的员工薪酬是指员工个人获得的工资、奖金等以金钱或实物形式支付的劳动回报。（　　）

2. 非经济性报酬是指员工个人对企业及对工作本身在心理上的一种感受，主要包括对工作的责任感、成就感等。（　　）

3. 薪酬一般是货币形式或可以转化为货币形式的报酬，工资则还包括一些非货币形式的报酬，如终生雇用的承诺（职业保障）、安全舒适的办公条件、免费的午餐、参与决策的机会、反映个人兴趣和爱好的工作内容等。（　　）

4. 在薪酬管理历史上，科学管理阶段维持时间最长。（　　）

5. 我们可以将薪酬划分为基本薪酬，可变薪酬和间接薪酬（福利与服务）三大部分。（　　）

二、单选题

1. 员工薪酬是员工因向其所在的单位提供劳动或劳务而获得的各种形式的酬劳或答谢，其实质是（　　）。

A. 一种文明的交易或交换关系　　　　　　B. 一种公平的交易或交换关系
C. 一种平等的交易或交换关系　　　　　　D. 一种优质的交易或交换关系

2. （　　）是指以货币形式和以间接转化为货币的其他形式为支付方式的劳动报酬。

A. 员工工资　　　　B. 员工福利　　　　C. 非经济性报酬　　　　D. 经济性报酬

3. （　　）制度适用于企业的高层管理者。

A. 项目承包收入制　　B. 奖金制　　　　C. 佣金制　　　　　D. 年薪制

4. （　　）主要有生活性福利、保障性福利、教育培训性福利等方式。

A. 企业的福利计划　　　　　　　　　　　B. 股票期权制和员工持股计划
C. 佣金制　　　　　　　　　　　　　　　D. 以上都不是

5. （　　）是指各单位在一定时期内直接支付给本单位全部员工的劳动报酬。

A. 人工成本费用　　　B. 人力资源价格　　　C. 工资总额　　　D. 福利总额

三、多选题

1. 企业员工薪酬管理的基本原则包括（　　　）。
A. 对外具有竞争力原则　　　　　　　　B. 对内具有公正性原则
C. 对员工具有激励性原则　　　　　　　D. 对成本具有控制性原则
E. 对企业文化具有指导性原则
2. 薪酬一般具有的基本职能包括（　　　）。
A. 补偿职能　　　　B. 激励职能　　　　C. 调节职能
D. 效益职能　　　　E. 战略职能
3. 员工薪酬管理的企业外部影响因素包括（　　　）。
A. 物价变化与生活水平　　　　　　　　B. 国家政策和法律
C. 经济发展状况与劳动生产率　　　　　D. 劳动力市场的供求状况
E. 行业薪酬水平的变化
4. 员工薪酬制度的基本形式有（　　　）。
A. 绩效薪酬制　　　B. 能力薪酬制　　　C. 工作薪酬制
D. 结构薪酬制　　　E. 级别薪酬制
5. 企业薪酬制度设计与完善包括（　　　）。
A. 工资结构设计与完善　　　　　　　　B. 工作等级标准设计
C. 薪酬支付形式设计　　　　　　　　　D. 管理理念的设计
E. 企业文化的确定

四、简答题

1. 员工福利与员工工资有什么异同？
2. 通常资历高的员工比资历低的员工的薪酬要高，为什么？
3. 员工薪酬制度的基本形式及特点是什么？
4. 影响员工薪酬的因素有哪些？
5. 兔死狗烹在薪酬管理上的寓意是什么？

 ## 调查研讨题

调查并分析外资企业员工薪酬分配的趋势。

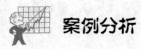 **案例分析**

IBM 公司的工资管理

IBM 有一句拗口的话：加薪非必然！IBM 的工资水平在外企中不是最高的，也不是最低的，但 IBM 有一个让所有员工坚信不疑的游戏规则：干得好加薪是必然的。为了使每位员工的独特个性及潜力得到足够尊重，IBM 一直致力于工资与福利制度的完善。

1. 激励文化

激励文化，对员工基本上没有惩罚的方式，全是激励，工作干得好，在薪资上就有体现，否则就没有体现。这样就出现了一种阐述惩罚的新话语：如果你没有涨工资或晋升，就是被惩罚。这种激励文化是建立在高素质员工的基础上的，员工的自我认同感很强，高淘汰率使大部分人都积极要求进步。如果自己的工作一直没有得到激励，就意味着自己存在的价值受到忽视，许多员工会在这种情况下主动调整自己，或者更加努力工作，或者辞职另谋发展。

2. 薪资与职务重要性、难度相称

每年年初 IBM 的员工特别关心自己的工资卡，自己去年干得如何，通过工资涨幅可以体现得有零有整。IBM 的薪资构成很复杂，员工的薪资跟员工的岗位、职务重要性、工作难度、工作表现和工作业绩有直接关系，工作时间长短和学历高低与薪资没有必然关系。

3. 薪资充分反映员工的成绩

每位员工都有进行年度总结和与他的上级面对面讨论年终总结的权利。上级在评定时往往与做类似工作或工作内容相同的其他员工相比较，根据其成绩是否突出而定。评价大体上分十到二十个项目进行，这些项目从客观上都是可以取得一致的。例如，"在简单的指示下，理解是否快，处理是否得当。"

对营业部门或技术部门进行评价是比较简单的，但对凭感觉评价的部门如秘书、宣传、人力资源及总务等部门怎么办呢？IBM 公司设法把感觉换算成数字，以宣传为例，他们把考核期内在报刊上刊载的关于 IBM 的报道加以搜集整理，把有利报道与不利报道进行比较，以便作为衡量一定时期宣传工作的尺度。

评价工作全部结束，就在每个部门甚至全公司进行平衡，分成几个等级。例如，A 等级的员工是大幅度定期晋升者，B 等是既无功也无过者，C 等是需要努力的，D 等则是生病或因其他原因达不到标准的。

从历史上看，65% ~ 75% 的 IBM 公司员工每年都能超额完成任务，只有 5% ~ 10% 的员工不能完成定额。那些没有完成任务的员工中只有少数员工真正遇到麻烦，大多数员工都能在

下一年完成任务，并且干得不错。

4．薪资要等于或高于一流企业

IBM 公司认为，所谓一流公司，就应付给员工一流公司的薪资。这样才算一流公司，员工也会以身为一流公司的员工而自豪，从而转化为热爱公司的精神和对工作充满热情。

为确保比其他公司拥有更多的优秀人才，IBM 在确定薪资标准时，首先就某些项目对其他企业进行调查，确切掌握同行业其他公司的标准，并注意在同行业中经常保持领先地位。

❓ 案例思考题

1．IBM 公司工资管理的特点和优势体现在哪里？
2．工资要充分反映每个人的成绩，如何才能做到？

第 2 章

员工薪酬管理的原则和基本程序

学习目标

- 了解员工薪酬管理的原则、政策。
- 掌握员工薪酬管理的基本程序以及各环节的操作技巧。

学习导航

```
2.1      员工薪酬管理的原则及政策
2.1.1    员工薪酬管理原则与政策的确定
2.1.2    员工薪酬管理的原则
2.1.3    员工薪酬管理的政策
```

```
2.2     员工薪酬管理的基本程序
2.2.1    明确企业薪酬政策与目标
2.2.2    进行工作岗位分析与评价
2.2.3    实施具体的企业薪酬调查
2.2.4    确定企业薪酬制度结构
2.2.5    设定薪酬等级与薪酬标准
2.2.6    执行、控制和调整薪酬制度
```

2.1　员工薪酬管理的原则及政策

引导案例 2-1

按劳分配

近日深圳市政府下发了《进一步推行按劳分配与按生产要素分配相结合分配制度的指导意见》，推行按劳分配与按生产要素分配相结合制度，这是深圳在分配制度改革上的一次重大突破。

《指导意见》明确提出了关于国有企业资本、管理和技术等要素参与分配的若干政策性意见。强调放开员工持股的比例和行业限制。对经政府部门批准的国有资本退出的企业，取消原来的 35%～50%持股比例限制。扩大员工购股的资金来源，除个人现金出资外，还可以采取向公司股东借款、银行贷款、公益金划转购股等方式。员工持股的公司中，国有股可采取优先股的办法，在保证国有股份配权的前提下，不参与企业的决策和生产经营，以充分调动员工的经营积极性。

另外，对获得超额垄断利润的政策垄断性企业的工资分配加强调控，实施"国家工资控制线"，防止过度增长。对供电、供水、公交等影响国计民生的公益性企业，实行"员工平均工资不低于社会平均工资"；对高新技术企业，允许其工资水平高于一般企业的工资水平。

市劳动局工资处负责人称，一个即将成立的由政府、工会、企业协会等代表组成的全市性收入分配协调小组将为改革提供组织保障。同时，近期内，劳动、财政、审计、人民银行、国资办等有关部门组成的检查小组，将对一些工资水平高的垄断性行业进行检查。

（资料来源：深圳特区报，2000-08-21）

岗位分析是确定员工薪酬管理原则与政策的重要依据，要实施员工有效薪酬管理，必须通过一定的程序确定相应的原则与政策。

2.1.1　员工薪酬管理原则与政策的确定

1. 企业员工薪酬调查

确定员工薪酬管理原则和政策时要做到保持一个合理的度，既要考虑到企业的承担程度，又要考虑到企业发展的速度及企业改革的力度，保持对企业发展所需的人力资源薪酬的合理支付，从而达到对内具有凝聚力、对外具有竞争力的目的。要做到这点，企业必须进行员工薪酬调查，了解市场薪酬的 25%点处、50%点处、75%点处和 90%点处的薪酬水平。也就是说，假如有 100 家公司（或职位）参与薪酬调查的话，薪酬水平按照由低到高排名，它们分别代表着第 25 位排名（低价值）、第 50 位排名（中价值）、第 75 位排名（较高价值）、第 90 位排名（高价值）。一个企业采用哪个点位水平的薪酬策略，应根据本企业经济实力和实际需要而决定。一个公司如果采用 75%策略，则需要雄厚的财力、完善的管理、过硬的产品相支撑。因为薪酬是刚性的，降薪几乎不可能，一旦企业的市场前景不妙，将会使企业的留人措施变得难以实施。薪酬调查的结果，是根据调查数据绘制的薪酬曲线，如图 2-1 所示。

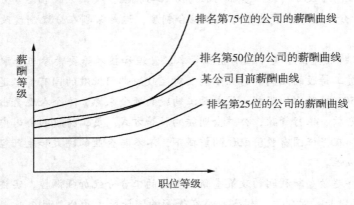

图 2-1　薪酬曲线

2．岗位分析和评价

岗位分析是对企业岗位的设置目的、性质、任务、职责、权利、隶属关系、工作条件、工作环境以及承担该职务所需的资格条件等进行系统分析和研究，并制定出岗位规范和工作说明书等文件的过程。

岗位评价是制定员工薪酬管理原则的重要手段。岗位评价是在岗位分析的基础上，对企业所设的岗位的难易程度、责任大小及相对价值的多少进行评价。岗位评价有两个目的：一是比较企业内部各个岗位的相对重要性，得出岗位等级序列；二是为外部薪酬调查建立统一的岗位评价标准。

3．了解相关情况

制定员工薪酬管理原则的相关情况包括企业内部的相关情况和企业外部的相关情况，如表 2-1 所示。

表 2-1　制定员工薪酬管理原则相关的情况表

企业内部相关情况				企业外部相关情况			
企业战略目标和计划	企业价值观	企业财力状况	企业经营特点及员工特点	劳动力需求关系	竞争对手的人工成本	政府宏观调控政策	地方工资指导线

4．确定薪酬管理的原则和政策

企业应根据企业战略、企业价值观对员工的要求，以及企业生产经营特点和员工特点，考虑竞争对手的人才竞争策略以及劳动市场上的人才的供求状况，在保证企业财力能够支付的前提下确定薪酬管理的原则。比如，通用电气公司的薪酬分配原则是把薪酬中的一大部分与工作表现直接挂钩，公司按实际绩效付酬，不把薪酬与职位联系在一起，让员工更清楚地理解薪酬制度等。

企业薪酬政策的内容涉及薪酬体系、薪酬结构、福利和保险政策。薪酬调查报告可以清楚地显示目前本地区不同性质的企业、不同行业的企业所执行的薪酬政策。例如，有的薪酬调查报告表明，当前市场中通行的薪资体系有年工资体系、职务工资体系和职务职能工资体系。薪酬结构呈现多元化倾向，有基本工资+奖金+福利，有基本工资+奖金+福利+业绩提成，有基本工资+奖金+福利+内部股权等。企业应根据自己的基本管理模式、行业经营特点以及企业发展需要，确定最适合自己的薪酬政策。

2.1.2　员工薪酬管理的原则

员工薪酬管理的常用原则如表 2-2 所示。只有坚持这些原则，才能实现员工薪酬的有效管理。

表 2-2　员工薪酬管理的常用原则

原　则	操作内容
公平性	员工应享受的待遇、平台相同，同岗同工同酬，多劳多得，奖罚分明，与绩效挂钩。薪酬标准公平是总体上公平
适度性	薪酬的等级有上限和下限，但差距不易设计过大，一般为 30 元、50 元或 100 元
认可性	薪酬系统应由企业管理层和员工共同制定，只有使广大员工和企业决策层人员都认可，才能更好地起到激励作用。当然也要符合法律规定

续表

原　则	操作内容
安全性	在薪酬系统中应有正常的等级制度和晋级制度，保持薪酬制度和政策的相对稳定性，使员工感到安全。变动重要内容要慎重，权衡利弊
成本性	制定薪酬水平、提高员工待遇时，薪酬管理层要考虑企业薪酬的支付能力，不能突破企业薪酬的总额，适当地控制薪酬的增长幅度
平衡性	薪酬系统诸方面要平衡，注意直接薪酬和非直接薪酬的均衡，注意金钱薪酬和非金钱奖励的均衡，从而达到各阶层员工薪酬大体合理、平衡
交换性	一个企业的薪酬系统与外部市场应有可交换性的内容，主要的东西应该一样，不能自行一套，我行我素，甚至人为地降低员工的收入
激励性	一个企业的薪酬系统对员工要有强烈的激励作用，促进员工努力工作，拿到目标薪酬，使员工有成就感、责任感和奋发动力

2.1.3　员工薪酬管理的政策

员工薪酬管理不仅要坚持原则，还要制定相应的政策进行调节。它是薪酬管理工作的生命，常见的政策有下述几个方面。

1．业绩优先与表现优先

业绩优先是指企业主要根据员工业绩的优劣来支付薪酬；而表现优先是指企业主要根据员工努力与否来支付薪酬。操作时应分阶段进行，各有侧重。

2．工龄优先与能力优先

在企业中，如果工龄在薪酬系统中的权重比能力大，则称之为工龄优先，反之则称为能力优先。相似地，还有学历优先与能力优先、性别优先与能力优先等。操作时要注意权重的倾向性，因企业需要而定。

3．工资优先与福利优先

如果一个企业中工资很优厚，而福利较差，称之为工资优先；而福利相当好，工资一般称之为福利优先。操作时要注意员工对象和资质。

4．需要优先与成本优先

在企业制定薪酬系统时，主要考虑企业的需要，而忽视成本控制的称之为需要优先。反之，主要考虑成本控制，而忽视企业需要的称之为成本优先。操作时，要注意企业的改革的力度、发展的速度和承受的程度相统一。

5．物质优先与精神优先

在薪酬系统中强调金钱薪酬，而忽视非金钱奖励的称之为物质优先。在薪酬系统中较重视非金钱奖励，不强调金钱薪酬的称之为精神优先。后者的理论依据在于玫琳凯·艾施的一句话："人们对鼓励与赞美的渴求，远超过金钱。"

6．公开化与隐蔽化

员工之间相互知道薪酬多少的称之为公开化；反之，员工之间不提倡相互了解薪酬多少的称之为隐蔽化。两种政策各有利弊，有的企业将二者结合起来使用，扬长避短。其效果证明"选一个独特的方式去花一块钱，比采用平凡的方式花五十块钱效果要好得多"。

2.2　员工薪酬管理的基本程序

引导案例 2-1

H 公司薪酬管理的整改基本程序

H 公司是国内一家大型的食品销售公司，公司经过 5 年的飞速发展，其规模达到一个稳定水平，公司管理和组织架构也逐步成熟起来，于是内部薪酬体系和人员管理的问题日益突显，原有的薪酬体系已不能适合公司发展的需要。

比如，公司薪酬采用一岗一薪原则，导致整个薪酬体系显得过于简单和刚性。公司薪酬结构也十分单一，各个不同职能序列部门的人员浮动比例都一样，都是结合公司年终目标完成情况设置的相同比例，结果销售人员认为比例低，没有动力，职能部门人员觉得比例高，收入没保障，所以积极性低。同时由于公司组织体系和人员配备的完善，同层级中的优秀人员缺少必要的上升空间，这时，一些优秀的销售人员由于已经没有更大的上升空间而离职，留下的优秀人员业绩表现也开始下降。面对这些状况，公司制定了薪酬管理的改革方案，力争通过改革实现薪酬体系与公司目前发展状况相匹配。

1．成立小组调查分析，找出根本原因

面对公司现状，公司成立了薪酬管理整改小组。通过对公司各部门进行调查分析，整改小组找出出现上述问题的根本原因：① 公司的薪酬体系过于简单，没有可调整空间，没有给员工创造一个有更大收益和更高发展目标的舞台；② 公司过于强调简单管理，反而导致内部公平性降低；③ 公司薪酬也没有针对各个职能序列做出整体的长远规划。

2．归纳职能序列

分析各个职能部门的特点，将所有岗位归纳为四大类职能序列，如表2-3所示。

表2-3　H公司职能序列

岗位分类	销售业务类		营销支持类		职能服务类		市场类	
	销售部业务人员		销售部文员、市场部文员、物流		财务部、人力资源部		市场部	
	经理以上层	主管以下员工	主管以上层	基层员工	主管以上层	基层员工	主管以上层	基层员工
总部岗位	销售部总监		销售部运营副总监	销售支持文员	人力综合部总监	业绩管理专员	市场总监	
	重点客户经理	重点客户专员	销售支持经理		人事薪酬经理	培训专员	市场研究经理	研究专员
	重点客户经理	重点客户专员	物流经理		财务部总监	行政助理兼前台	媒体传播经理	媒体传播专员
					会计经理	薪酬专员	广告经理	广告专员
						总经理秘书		
区域岗位	区域经理		储运主管	储运助理	财务主管	会计	大区市场经理	
	区域经理助理			销售文员	人力综合主管	出纳	大区市场经理助理	大区市场部文员
	地区经理	销售主管（分销）			人力综合主管	综合行政助理	市场主管	市场专员
	渠道经理	销售主管（直销）						

3．确定各岗位价值

根据市场薪酬数据标准值，给岗位薪酬分为四个薪酬档次，确定各岗位价值。

依据公司薪酬曲线的市场定位，结合市场调研数据确定各岗位的市场薪酬数据的标准值，并以此建立宽带薪酬区间，在此区间中，将岗位薪酬分为四个薪酬档次，从而形成薪酬可调整空间，使优秀员工随着业绩和能力的增长，薪酬也能得到不断的提高，从而为员工的成长提供了广阔的空间。

4．进行薪酬策略细化

针对销售序列进行薪酬策略细化，调动员工工作积极性，控制公司总薪酬成本。

宏远公司作为一家销售公司，销售序列中的员工所占比例最大。公司领导针对该序列进行薪酬策略细化，依据销售员工的特点，通过完善业绩管理体系（比如增加浮动比例和增加过程考评指示）对不同的员工予以有效激励。对于众多销售员工只是简单依据经验积累、历史销售业绩表现、公司工作年限等几个方面做了粗略分类，更多的工作集中在针对不同的产品设置销售人员的浮动工资比例。当然基本的前提是销售人员浮动比例都得到提高，浮动比例基本集中在 50%～70%，这样一来，大大提高了销售人员的积极性，使销售人员获得比较满意的公平感。同时通过建立完善的制度，将员工薪酬档次的提升和公司的业绩紧密结合起来，公司薪酬成本得到了有效控制。

（资料来源：常涛. 让钱在员工眼里更值钱. 人力资源开发与管理，

2005（5）：32）

薪酬管理是有序的管理和科学的管理。尽管影响薪酬管理的因素有许多，如内部因素有企业的竞争力、支付能力和企业制定的薪酬原则与策略，外部因素有地区、行业薪酬水平的差异和政府的宏观调控政策等，但是为了实现企业薪酬的有效管理，在实践中，不同的企业都在探索企业薪酬管理环节的合理性、有效性和创新性。经专家们反复研究，科学筛选归纳，得出六大管理环节，形成了企业薪酬管理的基本程序，如图 2-2 所示。

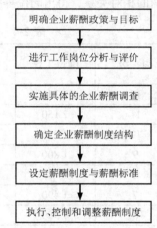

图 2-2　企业薪酬管理的基本程序图

2.2.1　明确企业薪酬政策与目标

企业薪酬管理首先要解决两个问题：一是采用什么薪酬政策和策略，如工资优先还是福利优先、业绩优先还是表现优先、工龄优先还是能力优先、需要优先还是成本优先等必须明确；二是确立合理的薪酬目标，如企业的薪酬水平与市场的薪酬水平相比，确定在低点（25%）处、中点（50%）处，还是高点（75%～90%）处，也必须明确，否则就无法进行下一步工作。值得注意的是，企业薪酬政策必须与企业的总体人力资源策略相匹配，薪酬的目标必须与企业的支付能力相适应。

2.2.2　进行工作岗位分析与评价

工作岗位分析与评价是制定科学合理的薪酬制度的前提和依据。工作岗位分析，即对岗位工作的性质及其内容进行分析。采用一定的技术方法全面地分析组织中各职位的工作任务、职责情况，并在这一基础上对各种工作的性质及特征做出描述，对担任各种工作需具备的资格条件做出规定，这为工资奖酬的决策奠定了基础。

工作评价是在设立企业内部各项工作共同付酬因素的基础上，根据一定的评价方法，按每项工作对企业贡献的大小，确定其具体价值的过程。工作评价是确保薪酬系统达成公平性的重要手段，工作评价的主要目的在于衡量企业内部每一项工作的价值，并建立各项工作价值间的相对关系，得出岗位等级序列，如表2-4所示。

表2-4　某公司管理、技术、生产操作岗位薪酬序列表　　　　单位：元/月

岗　级	岗位工资	管理类职务	技术类职务	生产操作类职务	
				岗　级	岗位工资
12	2 340	总经理		1	450
11	2 150	副总经理	研究员级工程师	2	470
10	1 970	中心主任		3	500
9	1 800	中心副主任	高级工程师	4	540
8	1 640	部门经理		5	590
7	1 490	部门副经理	工程师	6	650
6	1 350	科长		7	720
5	1 220	副科长	助理工程师	8	800
4	1 100	主管		9	890
3	990	管理员	技术员	10	990
2	890	办事员		11	1 100
1	800	实习员	实习员	12	1 220
				13	1 350
				14	1 490
				15	1 640

2.2.3　实施具体的企业薪酬调查

　　实施具体的企业薪酬的市场调查，目的是了解和掌握企业内外部影响薪酬的各种因素，建立或完善企业的薪酬制度。影响企业薪酬的内在因素主要有劳动差别因素、工资形式、企业经济效益、报酬政策；外在因素主要有相关的劳动法规、劳动市场、物价、工会、社会保障水平和经济发展状况等。通过调查，以确保企业的薪酬制度对外具有竞争力，对内具有凝聚力。特别要注意的是对企业薪酬策略实施效果影响很大的因素，如劳动力市场和同行业薪酬水平及地区物价生活指数等，如表 2-5 所示。它能作为企业拟定薪酬制度时的参考依据。

表 2-5　2008 年某企业对我国四个城市企业雇员薪酬情况的调查　　　　单位：元/月

序　号	薪酬级别	广　州	上　海	天　津	大　连
9	经理	6 230	9 550	5 700	5 920
8	副经理	4 790	7 190	4 400	4 550
7	主任	3 690	5 530	3 400	3 510
6	副主任	2 830	4 250	2 600	2 690
5	一般职员	2 270	3 400	2 100	2 160
4	一般职员	1 820	2 720	1 650	1 730
3	一般职员	1 460	2 190	1 350	1 390
2	一般职员	1 170	1 750	1 100	1 110
1	一般职员	930	1 390	850	890

2.2.4　确定企业薪酬制度结构

　　企业应根据工作岗位分析与评价的分值和薪酬调查的结果，结合企业的支付能力，确定本企业各级员工的薪酬结构，规定各个职级的薪幅、起薪点和顶薪点等硬性指标，明确各岗位的相对价值与实付薪酬对应的数值关系，这种关系如图2-3 所示。显而易见，工资结构线的斜率越大，各等级之间薪酬差距越大。

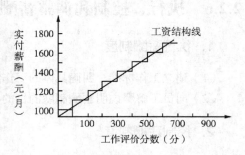

图 2-3　某企业的工资结构线

2.2.5 设定薪酬等级与薪酬标准

通过工资分级，将根据工作评价得到的相对价值相近的一组职务编入同一等级。图 2-4 是工资分级的范例，其中经评分法所评出的分数，每隔100分的一个区间便成为一个职务等级，同一等级中的职务将付给相同的工资，因而有的吃点亏，有的占点便宜，不尽合理。但因差别不大，大大简化了管理，所以是切实可行的。职级划分的区间宽窄及职级数多少的确定，则主要根据工资结构的斜率、职务总数的多少及企业的工资管理政策和晋升政策等确定。由图 2-4 可知，各薪酬等级的薪酬范围，变化幅度不一定相同，属于不同薪酬等级的岗位其实付薪酬可能不同。

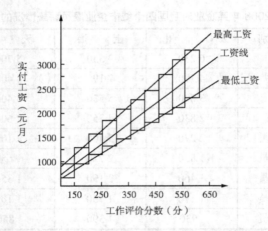

图 2-4 某企业薪酬等级划分、薪幅和实付薪酬

2.2.6 执行、控制和调整薪酬制度

1. 执行薪酬制度

（1）建立工作标准，明确具体的工作流程及环节。
（2）向员工解释说明薪酬制度的目的、意义、计算方法和结算方式。

2. 控制薪酬制度

（1）建立员工绩效管理体系，做好员工业绩的动态考评。

（2）通过有效激励机制和薪酬福利计划，做好表彰和激励工作。但是不能突破薪酬福利预算总额，要考虑企业的支付能力和战略规划，原则上按制度计划办事。

3. 调整薪酬制度

在执行中如果遇到问题，如部门之间待遇不公平，薪酬总水平较低或过高，物价指数上升影响员工实际收入等，这就需要调整原来的薪酬福利水平或调整分配标准等。总之薪酬制度的调整是需要每隔一定时期不断修正的工作，用以保持薪酬福利制度的功能，不断发挥员工的工作积极性和创造性，为企业多创价值。

📖 本章重点概念

员工薪酬管理原则　　员工薪酬管理政策　　员工薪酬管理基本程序　　员工薪酬调查

自测题

一、判断题

1. 岗位评价是制定员工薪酬管理原则的重要手段。（　　）
2. 业绩优先是指企业主要根据员工努力与否来支付薪酬。（　　）
3. 如果一个企业中工资很优厚，而福利较差，称之为工资优先；而福利相当好，工资一般称之为福利优先。（　　）
4. 工作岗位分析与评价是制定科学合理的薪酬制度的前提和依据。（　　）
5. 薪酬制度的调整不需要修正，以便有一个稳定的薪酬标准。（　　）

二、单选题

1. 岗位评价是在（　　）的基础上，对企业所设的岗位的难易程度、责任大小及相对价值的多少进行评价。
   A. 岗位设置　　　B. 岗位分析　　　C. 职员素质　　　D. 岗位评估
2. 在薪酬系统中强调金钱薪酬，而忽视非金钱奖励的称之为（　　）。
   A. 业绩优先　　　B. 福利优先　　　C. 工资优先　　　D. 物质优先
3. 实施具体的企业薪酬的市场调查，目的是了解和掌握企业（　　）的各种因素，建立或完善企业的薪酬制度。
   A. 外部影响薪酬　B. 内部影响薪酬　C. 内外部影响薪酬　　D. 不确定

4. 通过（　　），将根据工作评价得到的相对价值相近的一组职务编入同一等级。

A. 工资分级　　　　　　B. 岗位分级　　　　C. 福利分级　　　　D. 都需要

5. 员工之间相互知道薪酬多少的称之为（　　）。

A. 公开化　　　　　　　B. 开放化　　　　　C. 公平化　　　　　D. 平等化

三、多选题

1. 员工薪酬管理的常用原则包括（　　）。

A. 公平性　　　　　　　B. 认可性　　　　　C. 安全性

D. 激励性　　　　　　　E. 平等性

2. 员工薪酬管理的政策有（　　）。

A. 业绩优先与表现优先　　　　　　　B. 工龄优先与能力优先

C. 工资优先与福利优先　　　　　　　D. 需要优先与成本优先

E. 文化优先与效益优先

3. 影响薪酬管理的外部因素有（　　）。

A. 企业的竞争力　　　　　　　　　　B. 地区、行业薪酬水平的差异

C. 企业制定的薪酬原则与策略　　　　D. 政府的宏观调控政策

E. 国家法律法规

4. 影响企业薪酬的内在因素主要有（　　）。

A. 劳动差别因素　　　　B. 工资形式　　　　C. 企业经济效益

D. 报酬政策　　　　　　E. 国家宏观政策

5. 岗位评价的两个目的是（　　）。

A. 比较企业内部各个岗位的相对重要性　　B. 实现企业的经济效益

C. 发展企业文化　　　　　　　　　　　　D. 为外部薪酬调查建立统一的岗位评价标准

E. 综合分析员工的工作能力

四、简答题

1. 制定员工薪酬管理原则需要了解哪些相关情况？

2. 工作分析与岗位评价有什么区别和联系？

3. 依据员工薪酬管理的基本程序，思考如何制定员工单项薪酬管理的工作程序。

 ## 调查研讨题

1. 试调查分析目前我国国企员工薪酬改革的模式及问题。

2. 试以某国有企业为例，分析国有股减持给员工薪酬管理带来的挑战和机遇。

 案例分析

某公司的工资管理

某公司由于发展受阻，员工积极性不高，于是决定对技术人员和中层管理人员实行额外津贴制度以激励骨干人员，标准为：一定级别的管理干部享受一定的津贴，技术人员按照 20% 的比例享受一定的津贴。此政策宣布后，立刻在公司技术人员中掀起轩然大波，技术人员纷纷表示不满，并将矛头直指公司领导，表示若不能享受津贴，就让获得津贴的人干活。经过一段时间后，公司不得不宣布调整对技术人员的津贴政策——按助工、工程师和高级工程师三个档次发放津贴。于是，公司的津贴激励制度变成了人人有分的大锅饭制度，钱花了，却收不到预期效果，反而引发一连串的麻烦。

该公司的一线生产为连续性生产，有大量倒班工人，他们知道此事后，都认为干部和工程师都涨工资了，他们的工资不涨，这不公平。于是他们决定推选一些不上班的工人向公司某领导集中反映意见，连续几个上午，公司总部办公楼被工人团团围住，要求增加津贴。一段时间后，公司宣布增加倒班工人津贴。

此事才平，又起一事。公司经过政府有关部门批准，决定在市内购买数千套期房作为福利房分售给员工。此事办得极为迅速，约半个月就和房地产开发商签订合同，并交了订金。然后按照公司拟订的条件，展开了分售房行动。数千户工龄较长、职务较高的员工获得了高值商品房。这时，一部分居住于市内的员工决心也要获得此优惠房，为此决定联合起来闹房。又是采用和前一次相同的手段，同样如愿以偿。

一系列的事件使人们形成了印象：不管有理无理，只要找公司闹，终会得到满足。公司还会有麻烦。

? 案例思考题

1. 本案例集中反映了人力资源管理中的哪一项管理活动？
2. 公司所遇到的闹事麻烦的原因是什么？
3. 结合本案例，你认为薪酬系统至少应包括哪些部分？薪酬管理应坚持哪些原则？

第 **3** 章

员工薪酬制度设计的原则和方法

学习目标

- 了解员工薪酬制度设计的原则。
- 掌握岗位评价法、薪酬调查方法的内容及工作程序。
- 认真分析本章案例，了解员工薪酬制度设计调查表和员工薪酬制度设计的内容。

学习导航

3.1 员工薪酬制度设计的原则

引导案例 3-1

SM 公司员工薪酬制度设计调查问卷

SM 公司是东北地区一家煤炭有限责任公司，近几年公司煤炭生产和销售状况良好，公司董事会决定进行薪酬制度的改革，提高本企业员工的薪酬福利待遇，要求公司人力资源部和劳动社会保障部联合设计本次薪酬制度改革方案。两部门第一次联合会议决定进行本公司内外部薪酬福利情况调查，因为只有调查才能掌握第一手资料，才能决定本次薪酬制度设计落实什么政策、坚持什么原则、采用什么方法、设计什么样的薪酬制度，于是两部门共同起草了员工薪酬制度设计调查问卷，该问卷属于本公司薪酬制度设计的外部调查，其内容如下。

员工薪酬制度设计调查问卷

————：

根据我们的电话预约，现将我们的调查问卷随同已经写好地址和贴好邮票的信封给您寄去，感谢您在百忙之中填写此调查问卷。

本调查问卷共分三部分：组织薪酬政策、员工福利及员工工资。您对组织政策部分的填写将有助于我们对不同的组织之间的薪酬差别进行分析。由于员工福利的重要性及其成本的不断增长，许多组织中员工福利已经越来越重要。工资的调查是本次调查的核心，如果您在配比职位时对我们所描述的职位有什么不清楚的地方，请在页边空白处填写您的建议。或者，在获得同意的情况下，附赠一份您所在企业的职位描述的复印件，我们将不胜感激。我们承诺不会列出贵公司的名称。我们已将每份调查问卷编号，以便于对有误的数据进行核对。

在对调查数据汇总和分析后，每家参与调查的企业将收到一份调查报告。如果您还需要更多有关本次调查的信息和详细情况，请致电××××××××与我们联系。

1. 组织薪酬政策
员工人数_____。
员工每周正常工作多少小时_____。
午饭时间是几点_____。
工作中间休息几次_____；每次休息多长时间_____。
员工每周是五个工作日吗？是_____，不是_____。

员工中有没有倒班的？有_____，没有_____。

如果有的话，请回答下列问题：

晚上（第二班）倒班小时数_____，倒班工资（%）_____；

深夜（第三班）倒班小时数_____，倒班工资（%）_____；

其他_____。

贵公司有弹性工作制吗（可以使得员工自由的选择工作时间）？

有_____，没有_____。如果有，请具体说明_____。

2．员工福利

（1）探亲假。

什么样的探亲假是被允许的？_____。

没用完的探亲假时间可不可以推移到下一年？可以_____，不可以_____。

如果可以，可以推移多少天？_____。

（2）带薪假期。

贵公司有多少天带薪假期？_____。

新年_____，春节_____，劳动节_____，国庆节_____，清明节_____，端午节_____，中秋节_____。

其他：节日名称_____，天数_____。

（3）病假。

贵公司有没有正式的病假扣薪规定？有_____，没有_____。

贵公司规定最多可以请多少天病假？_____。

有没有关于将享受的病假转做他用的规定？有_____，没有_____。

如果有，请填写相应的转换：_____

（4）保险福利。

贵公司有没有团体的全部或部分的医疗保险？有_____，没有_____。

如果有，公司支付医疗费的比例是多少？_____。

除了常规保险外，有没有一个主要的辅助保险？有_____，没有_____。

如果有，最高可支付多少医疗费？_____。

如果按照国家规定参加医疗保险计划，则员工自己需要支付多少钱？_____。

贵公司有没有团体人寿保险计划？有_____，没有_____。

如果有，公司交纳的比例为多少？_____。

保险额是不是年薪的一定百分比？是_____，不是_____。

（5）退休金计划。

贵公司有没有退休金计划？有＿＿＿＿＿＿＿，没有＿＿＿＿＿＿＿。

该退休金计划是否包括所有员工？是＿＿＿＿＿＿＿，不是＿＿＿＿＿＿＿。

该退休金计划是否与社会保障结合在一起？是＿＿＿＿＿＿＿，不是＿＿＿＿＿＿＿。

贵公司职员正常的退休年龄是多大？（请在相近的数字上画圈）

女：45，50，55，60；男：50，55，60，65。

（6）其他。

贵公司有没有为员工提供餐厅？有＿＿＿＿＿＿＿，没有＿＿＿＿＿＿＿。

如果有，公司对此有没有补贴？有＿＿＿＿＿＿＿，没有＿＿＿＿＿＿＿。

贵公司有没有受教育补偿计划？有＿＿＿＿＿＿＿，没有＿＿＿＿＿＿＿。

如果有，补偿多少比例的学费？（请在相近的数字上画圈）50%，75%，100%，其他＿＿＿＿＿＿＿。

3．员工工资

如果每周的正常工作时间为 40 小时的话，对于员工超过正常工作时间的这段时间是否支付工资？支付＿＿＿＿＿＿＿，不支付＿＿＿＿＿＿＿。

如果贵公司有一些员工的每周工作时间少于 40 小时，请将他们的职务列出：

职务＿＿＿＿＿＿＿＿＿＿＿＿，工作小时数＿＿＿＿＿＿＿＿＿＿＿＿。

对一个谋求贵公司非技术类职务的修满两年大专的毕业生来说，贵公司支付他们的平均起始工资是多少＿＿＿＿＿＿＿。

对获得经济类、管理类、会计财务类学士学位、谋求贵公司非技术类岗位的大学毕业生，贵公司支付他们的平均起始工资是多少＿＿＿＿＿＿＿。

对获得工程学、数学、统计学等学士学位、谋求贵公司技术类岗位的大学毕业生，贵公司支付他们的平均起始工资是多少＿＿＿＿＿＿＿。

4．填写人职位信息

职位名称＿＿＿＿＿＿＿＿＿＿＿＿。

职位的简要描述＿＿＿＿＿＿＿＿＿＿＿＿＿＿＿＿＿＿＿＿＿＿＿＿＿＿＿＿＿＿＿。

职位名称与职位的适合程度（1——不适合，5——完全适合）＿＿＿＿＿＿＿。

该职位最低工资（或新员工工资）＿＿＿＿＿＿＿。

该职位最高工资（或工龄最长的员工工资）＿＿＿＿＿＿＿。

（资料来源：王玺. 最新企业薪酬体系. 北京：中国纺织出版社，2004）

一个科学合理的薪酬制度是如何设计出来的呢？设计薪酬制度需要遵循哪些原则呢？为什么一些企业的薪酬制度让人无可挑剔，而另一些企业的薪酬制度却让人抱怨不止呢？表3-1 展示了一个科学合理的薪酬制度在设计时必须遵循的原则。

表 3-1　薪酬制度设计的原则

原则	公平原则					竞争原则			激励原则			经济原则			合法原则	
内容	内部公平	外部公平	过程公平	结果公平	个人公平	薪酬水平领先	薪酬价值取向	薪酬结构多元	个人能力激励	团队责任激励	企业绩业激励	薪酬总额控制	利润合理积累	劳动力价值平衡	法律法规	企业制度

3.1.1　公平原则

公平是指按照一定的社会标准（法律、道德、政策等）和正当的秩序合理地待人处事，是制度、系统、重要活动的重要道德品质。在薪酬制度设计中公平主要包括内部公平、外部公平、过程公平、结果公平和个人公平 5 个方面。

1．内部公平

内部公平是企业内部员工的一种心理感受，企业的薪酬制度制定以后，首先要让企业内部员工对其表示认可，让他们觉得与企业内部其他员工相比，薪酬是公平的。为了做到这一点，管理者必须经常了解员工对公司薪酬体系的意见，并适时地进行调整。

2．外部公平

外部公平是指与同行业其他企业，特别是带有竞争性质的企业相比，企业所提供的薪酬是具有竞争力的，只有这样才能保证在人才市场上招聘到优秀的人才，也才能留住现在的优秀员工。为了达到外部公平，管理者往往要进行各种形式的薪酬调查。国外的管理者比较注重正式的薪酬调查，国内管理者比较习惯于通过与同行业其他企业管理者的交流，或者通过公共就业机构获取薪酬资料，这种非正式的薪酬调查方式成本低廉，但信息准确度也较低。

3．过程公平

过程公平是指员工对企业薪酬制度执行过程的严格性、公正性和公开性表示认可的感受。

4．结果公平

结果公平是指员工对自己最终所获得的薪酬多少产生的公平感受。

5．个人公平

个人公平是指员工将个人付出与所得薪酬相比较所产生的公平感受。

3.1.2 竞争原则

1．薪酬水平领先

高薪对于优秀人才具有不可替代的吸引力，因此企业在人才市场上提供较高的薪资水平，无疑会增加企业对人才的吸引力。但是企业的薪酬标准在市场上应处于一个什么位置，要视企业的财力、所需人才的可获得性等具体条件而定。竞争力是一个综合指标，有的企业凭借企业良好的声誉和社会形象，在薪酬方面只要满足公平性的要求也能吸引一部分优秀人才。

2．薪酬价值取向

目前，我国劳动力市场的供求状况总的趋势是供大于求，但就某种类型的人才来说，可能会出现供不应求的情形，如高层管理人员与专业技术骨干人员，尚属稀缺人才。从正确的薪酬价值取向看，这两类人才不仅有较高的货币性要求，而且有较高非货币性要求。所以在制定一套对人才具有吸引力并在行业中具有竞争力的薪酬制度时，要考虑他们全方位的要求。

3．薪资结构多元

单一的工资制是没有前途的，令人向往并能让人超水平发挥潜能的是多元化的分配机制。因为企业薪酬管理者不是在为一个人的工作岗位付钱，而是在为一个人的工作价值付钱。实践证明，灵活、多元化的薪酬结构也越来越引起人们的兴趣，是企业员工薪酬的竞争性要素。

3.1.3 激励原则

激励，就是组织通过设计适当的外部奖酬形式和工作环境，以一定的行为规范和惩罚性措施，借助信息沟通，来激发、引导、保持和归范组织成员的行为，以有效地实现组织及其成员个人目标的系统活动。

1．个人能力激励

不同的员工能力是有差别的，因而贡献也是不一样的。如果贡献大者与贡献小者得到的报酬一样，表面上平等但实际上是不公平的，因此要真正解决内在公平问题，就要根据员工的能力和贡献大小适当拉开收入差距，让贡献大者获得较高的薪酬，以充分调动他们的积极性。

2．团队责任激励

简单的高薪并不能有效地激励员工，一个能让团队有效发挥能力和责任的机制、一个努力得越多回报就越多的机制，才能起到团队责任激励的作用。

3．企业业绩激励

企业业绩的好坏对员工有直接的激励作用，但更重要的是一个能让企业业绩在员工努力之下变得欣欣向荣的机制、一个不努力就只有很少回报甚至没有回报的机制、一个按"绩效"分配而不是按"劳动"分配的机制，在此基础上建立的薪酬系统，才能真正解决企业的激励问题。

3.1.4　经济原则

1．薪酬总额控制

薪酬总额是指各单位在一定时期内直接支付给本单位全部职工的劳动报酬总额。企业薪酬总额管理包括企业薪酬总额的确定、使用、宏观调控和检查监督。虽然企业有自主分配权，但是要坚持企业薪酬总额的增长幅度低于经济效益增长幅度、职工实际平均薪酬增长幅度低于劳动生产率（依据不变价格的人均净产值计算）增长幅度的原则。

2．利润合理积累

当竞争原则、激励原则及经济原则同时作用于企业的薪酬系统时，竞争原则和激励原则就受到经济原则的制约。这时企业管理者考虑这种制约因素，就不仅仅是企业承受能力的大小，更重要的是企业利润合理积累问题。因为利润积累过高，影响员工的薪酬水平的增长；利润积累过低，又影响企业的可持续性发展，所以要科学合理地进行利润积累。

3．劳动力价值平衡

经济原则的另一个方面是要合理地配置劳动力资源，劳动力资源数量过剩或配置过高，都会导致企业薪酬的浪费（见图 3-1）。所以达到劳动力价值平衡才是最经济的。假设对劳动力资源的数量需求为 A_1，对劳动力资源的学历、技能等要求为 E_1。对劳动力资源的数量配置为 A_2，对劳动力资源的学历、技能配置为 E_2。那么就可能有如图 3-1 所示的 3 种关系。

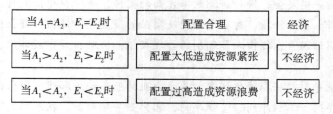

图 3-1　劳动力价值平衡

3.1.5　合法原则

1．法律法规

设计薪酬制度时，应当遵守国家法律和法规，尤其是国家的相关强制性规定，在薪酬设计中企业是不能违反的，如国家有关最低工资的规定、有关员工加班加点的工资支付问题等，企业必须遵守。因此有人在对人力资源岗位进行工作分析时，对人力资源管理者特别是薪酬管理者的资格要求，加入了必须接受国家有关法律法规，特别是劳动法律法规的培训，这是有一定道理的。

2．企业制度

企业的薪酬制度不仅要符合现行的国家政策和法律法规，也要符合本企业的管理制度。例如，通用电气在构建自身的薪酬体系时，一个关键原则是：薪酬中的大部分比例与工作表现直接挂钩。

3.2　员工薪酬制度设计的方法

引导案例 3-2

"国企薪酬设计十步法"

（1）薪酬规划及启动宣贯。在薪酬改革初期，与国企高层、上级主管单位进行沟通和交流，对中基层干部和员工开展访谈和问卷调查，对企业内、外部薪酬数据进行收集和研究，在与公司各层级充分沟通的基础上，明确本次薪酬改革的目标、策略和要点。同时，指导企业建立薪酬改革指导委员会，进行薪酬改革方面的宣传，争取获得广大员工的认同。

（2）工作分析。在此阶段，对公司部门及岗位的设置进行评估，提出优化建议，同时，基于业务规模等驱动因素，提出人员编制的合理数值，协助公司完成部门、岗位的调整与人员的匹配工作。

（3）建立职位序列与任职资格标准。基于企业的业务特点和现有岗位情况，建立职务序列，如行政管理序列、工程序列、营销序列、客户服务序列等，在序列之下再规划不同的二级序列，同时，组织公司各方面的资深人员，开发各序列的任职资格标准，即：针对各序列不同层级的知识、经验、技能、素质等方面的要求。上述任职资格体系的建设，也就是职业通道的规划和阶梯标准的建设，这一体系的设计，从长远来说解决了员工的职业发展通道问题，从短期来看，在员工薪酬代入的过程中也是一套比较具有操作性的评价标准。

（4）岗位价值评估。岗位价值评估是薪酬设计中的关键步骤，解决岗位的价值定位问题。在国有企业，为了使得上述工作更加具有公信力，一般都会组织数量较多的人员参与评估，包括企业的主要管理人员、中层骨干、工会及员工代表，这样可以使得结果更加为大家所认可和接受。

（5）外部薪酬调查。国有企业的外部薪酬调查，不是完全意义上的市场化的薪酬调查，在调查的过程中，既要对所在区域、所在行业的典型岗位进行调查，又要对该企业的上级公司、兄弟公司的薪酬状况进行了解，因为这些企业往往是本企业员工直接对比的对象。

（6）设计薪酬结构和薪酬等级。在薪酬结构的设计方面应当注意，国有企业的薪酬构成往往比较复杂，各项福利、福利性补贴比较多，因此，在薪酬结构设计的过程中一定要明确：上述福利在新的薪酬体系执行之后是否保留，事实上，上述福利特别是货币性福利往往是员工薪酬构成中很大的一部分内容，保留、取消都要经过周密的论证，方能获得管理层及员工的认可。在薪酬的等级设计方面，一般情况下，等级要尽可能多，级差可以小，也就是我们所说的"小步慢跑"，这样的方式将给予企业更大的灵活性，无论岗位之间拉开差距或保持现状都可以操作，在人员代入的过程中也比较容易就近置入。在条件允许的情况下，针对相同岗位的不同用工身份，要尽量设计成为一个薪酬带，这将有利于逐步消除身份的差别，将所有员工逐步纳入统一的薪酬体系。

（7）薪酬测算及方案调整。当前，国有企业多采用"工资总额与经济效益挂钩"的方式，因此，薪酬总额是有一定的约束的。在方案初步设计完成之后，要结合企业的实际情况和经济效益的预测进行总额测算。同时，对于企业所关注的部分典型岗位，如销售、研发等，要进行个点测算，看上述岗位任职人的薪酬有什么样的变化，是否符合公司对关键岗位倾斜的政策。上述过程需要企业的高层管理人员参与，并进行多次的研讨和调整。

（8）方案审议。国有企业薪酬改革方案的审议环节比较复杂，一般来说，要经过上级公司的批准；如属于上市公司，还需经过董事会的批准；同时，企业内部要经过党委会的审议，要经过工会、职工代表大会的审议，上述程序通过，方案才可以进入正式实施。

（9）人员代入。国有企业的人员代入，要在公司内部成立薪酬改革小组，参照《任职资格标准》，对员工个体的任职资格逐一进行评估，结合其所在岗位套入相应等级。为了保持稳定，对于评价之后低于原薪酬水平的员工，一般采取薪酬冻结法，而不是采取直接代入。当然，也有企业采取岗位竞聘的原则，不能上岗的员工，薪酬水平自然降低。在多数情况下，国有企业的薪酬调整在当前增量调整，但是，薪酬体系的规范杜绝了未来薪酬的任意增长，随着老员工的离退，薪酬将不再考虑身份和历史问题，与岗位价值的匹配度将逐步提高。

（10）绩效考核结果的引入。在薪酬改革的同时，有 70%以上的国有企业同期也将引入规范的绩效考核机制，绩效考核结果将作为员工绩效工资和年终奖的发放依据。至此，一套兼顾岗位价值、员工实际任职能力和业绩的薪酬体系导入完成。

［资料来源：中国人才，2008（10）］

3.2.1　岗位评价法

1．岗位排列法

岗位排列法是一种简单的岗位评价方法，小型企业由于工作岗位不多，运用这种方法比较有效，但不太精确，排列法也有多种。

（1）定限排列法。其工作程序是：将企业里相对价值中最高与最低的岗位选择出来，作为高低界限的标准，然后在此限度内，将所有的岗位，按其性质与难易程度逐一排列，显示岗位与岗位之间的高低差异。

（2）成对排列法。其工作程序是：将企业中所有工作岗位，成对地加以比较，如表 3-2 所示。

表 3-2　成对排列法

工作岗位	甲	乙	丙	丁	总分
甲	—	1	1	1	3
乙	0	—	0	0	0
丙	0	1	—	0	1
丁	0	1	1	—	2

若甲优于乙，则在甲的横栏内记 1，在乙的横栏内记 0。同理，乙比丙差，则在丙的横栏内记 1，在乙的横栏内记 0，以此类推。最后分数汇总，得出各工作的分数，甲最优，乙

最差，丁与丙依次排在中间。

（3）委员会排列法。其工作程序是：在企业内组成一个委员会，所有工作岗位等级的高低均由这个委员会评估。将评估的原则、目的、方法等向各委员解释明白，达成一致认识。然后，由委员们评估工作岗位价值，将结果予以平均。此法简单易行，但主观因素起的作用较大。

根据岗位排列法所获得的数据和等级成果，可以设计出岗位等级工资制、岗位技能工资制、一岗一薪等。

2．岗位分类法

岗位分类法是按一个假设的量表，把工作岗位划分为几个类别，每个类别有明确的界限，有时举例加以说明。根据所判断的岗位的整个价值与几种分类描述的关系，把一种工作岗位划入特定类别。此方法需要有工作说明书和岗位等级的说明。其工作程序如下所示。

（1）确定岗位类别的数目。

（2）对各岗位类别的各个级别进行明确定义。

（3）将被评价岗位与所设定的等级标准进行比较，将它们定位在合适的岗位类别中的合适的级别上。

（4）当岗位评价完成以后，就可以以此为基础设定薪酬等级了。

岗位分类法较为简单，但等级说明过于一般化，容易引起被评价岗位的工作者与岗位评价者的争论。所以在薪酬制度设计时，首先要统一认识，然后根据此方法所得的信息成果，设计一岗多薪制和多样付薪制。

3．要素比较法

要素比较法是比较精确和复杂的岗位评价方法之一。它通过依据不同的薪酬要素对岗位排序，然后再综合考虑每一个岗位的序列等级，并得出一个加权的序列值，最终确定岗位序列。其工作程序如下所述。

（1）获取岗位信息。根据工作说明书收集岗位评价的相关信息。

（2）确定薪酬要素。要素比较法通常使用以下薪酬要素：心理要求、身体要求、技术要求、责任、工作条件。

1）心理要求包括3个方面：①（先天的）心理特征，如智力、记忆力、推理能力、语言表达能力、人际关系处理能力和想象力；②（后天的）基础教育，如语法和算术或对体育、世界大事的了解程度；③（后天的）专业知识，如化学、工程学、会计学、广告学等。

2）身体要求包括2个方面：① 身体素质，如坐、站、走、爬、拉、举等能力，要同时考虑各种能力大小和持续时间；② 身体状况，如年龄、身高、体重、性别、健康程度和视力等。

3）技术要求包括 2 个方面：①（后天的）身体协调能力，如操纵机器、重复操作、精确协调、灵巧程度、组装、归类等；②（后天的）工作经验积累，解决问题能力的提高等。

4）责任包括 6 个方面：① 对原材料、加工材料、工具、设备和财产所担负的责任；② 对钱或流通票据所担负的责任；③ 对赢利或亏损、储蓄或投资等方法革新所担负的责任；④ 对公共合同所担负的责任；⑤ 所担负的记录责任；⑥ 所担负的监督责任，监督指计划、指导、协调、指示、控制和评估等方面，监督责任包括监督下属的复杂程度、监督下属人数与接受监督的程度。

5）工作条件包括 3 个方面：① 环境影响，如气温、通风、照明、拥挤度、同事等；② 来自工作或环境的伤害；③ 工时。

（3）选择关键基准岗位。由评价小组挑选出 15～25 个关键基准岗位，这些岗位将是所研究的岗位等级中的典型岗位。

（4）根据薪酬要素将关键岗位排序。排序过程以工作说明书中的岗位描述为基准，由评价小组每个成员分别按不同薪酬要素对各岗位逐个排序，然后再开会合议每个岗位的序列值。评价结果如表 3-3 所示。该表表明如何分别依据 5 个薪酬要素对关键岗位进行排序。

表 3-3　按不同薪酬要素对岗位进行排序

薪酬要素 岗位名称	心理要求	身体要求	技术要求	责　任	工作条件
焊　工	1	4	1	1	2
起重工	3	1	3	4	4
冲床工	2	3	2	2	3
保　安	4	2	4	3	1

注：1，2，3 和 4 代表由高到低。

（5）根据薪酬要素确定各岗位的工资水平。评价小组根据 5 个薪酬要素确定每个关键岗位的工资水平，即赋予每个要素在确定岗位水平中的权重。如果某普通纺织工岗位的现行工资为 426 元，则评价小组可以确定出如表 3-4 所示的岗位工资水平。

表 3-4　岗位工资水平　　　　　　　　　　　　　　　　　　单位：元

薪酬要素	心理要求	身体要求	技术要求	责　任	工作条件	总　额
工资水平	36	220	42	28	100	426

（6）根据工资水平将关键岗位排序。依据各薪酬要素对每个岗位排序，排序的标准是每

个要素在工资总额中的权重，如表 3-5 所示，根据"心理要求"的工资权数，焊工排在第一位，保安排在最后一位。

表 3-5　根据工资水平岗位排序　　　　　　　　　　　　　　　　单位：元

岗　位	工资额	心理要求	身体要求	技术要求	责　任	工作条件
焊　工	980	400（1）	40（4）	300（1）	200（1）	40（2）
起重工	560	140（3）	200（1）	180（3）	20（4）	20（4）
冲床工	600	160（2）	130（3）	200（2）	80（2）	30（3）
保　安	400	120（4）	140（2）	40（4）	40（3）	60（1）

评价小组的成员先分别以各要素为依据将岗位排序，再合议每个要素在各关键岗位对应的工资权数。

（7）根据两种排序结果选出不便于利用的关键岗位。现在，对每个关键岗位都有两种排序方案：

1）根据步骤（4）得出的最初的排序方案，它表明依据 5 个薪酬要素将各岗位排序的结果。

2）根据步骤（5）和步骤（6）得出的排序方案反映了各薪酬要素在各岗位中对应的工资权数，据此可以得到如表 3-6 所示的结果。

表 3-6　薪酬要素与工资等级

岗　位	心理要求		身体要求		技术要求		责　任		工作条件	
	①	②	①	②	①	②	①	②	①	②
焊　工	1	1	4	4	1	1	1	1	2	2
起重工	2	3	1	1	3	3	4	4	4	4
冲床工	3	3	3	3	2	2	2	2	3	3
保　安	4	4	2	2	4	4	3	3	1	1

表 3-6 中，①为根据步骤（4）得出的每个要素的值；②为根据步骤（5）、步骤（6）对各要素的工资分配做出的排序。每个要素都对应着每个关键岗位的两种排序结果，每个要素所对应的两种排序结果应该是一样的。如果这两种结果之间差异太大，就表明这个关键岗位是"混进来的"，应该被排除。

（8）确立岗位薪酬等级。根据步骤（6）得出的工资分配表，对所有关键岗位依据每个薪酬要素分别确定其大致的工资水平。例如，根据"心理要求"要素，焊工应为 400 元，因此，在岗位比较等级表（见表 3-7）中，"心理要求"栏的"400"项写上"焊工"。对于所有关键岗位的薪酬要素都照此操作。

表 3-7　岗位（要素）比较等级表

工资水平（元）	心理要求	身体要求	技术要求	责　任	工作条件
20				起重工	起重工
30					冲床工
40		焊工	保安	保安	焊工
50					
60					保安
70					
80				冲床工	
90					
100					
110					
120	保安				
130		冲床工			
140	起重工	保安			
150					
160	冲床工				
170					
180			起重工		
190					
200		起重工	冲床工	焊工	
220					
240					
260					
280					
300			焊工		
320					
340					
360					
380					
400	焊工				

（9）使用岗位比较等级。依照各薪酬要素将评价的其他岗位同相应的岗位比较等级对应起来。假设你需要确定钣金工的工资水平，可以依据"心理要求"将其所列的其他岗位相比较。例如，它可能在冲床工和起重工之间，也可以根据"身体要求"进行比较，可能会发现，

恰好在起重工之下，对其他三个报酬要素都可以照此处理。

利用要素比较法所获得的评价结果，可以设计较为合理的岗位薪酬工资制、岗位技术等级工资制、岗位结构工资制等。

4．要素计点法

要素计点法要求确定几个薪酬要素（如知识经验、对决策的影响、沟通、监督管理、责任、解决问题能力、工作条件等），每个要素应等分，并要求各岗位中每个要素的等级都是目前岗位的现实情况。通常每个要素的各项都要赋予不同的点值，因此一旦确定了岗位中各要素的等级，只需要把岗位中各要素对应的点值加总，就可以得出该岗位的总点值。其具体的操作步骤是：

（1）确定要评价的岗位系列。由于不同部门的岗位差别很大，通常使用多种点值评定方案来评价组织中所有的岗位，因此，第一步通常是划分岗位系列，如行政系列、工程系列、管理系列等，对每个岗位系列，委员会一般要制定一种方案。

（2）收集岗位信息。包括岗位分析、岗位描述和岗位说明书。

（3）选择薪酬要素。可供选择的薪酬要素有教育、身体或技术要求等，通常不同的岗位系列有不同的薪酬要素。

（4）界定薪酬要素。仔细界定每个薪酬要素，以确保评价人员在应用这些要素时能保持一致。表 3-8 给出了一些定义的示例，这些通常由人力资源专家来做。

表 3-8　要素计点法示例

级　数	点　值	对岗位特征的说明和测量
0	0	很少要处理超出例行工作或组织政策之外的问题，几乎不需要分析数据
1	40	基准岗位：普通文秘人员、接线员或接待员 遵从定义清楚的标准行事，直接在工作中应用已理解的规则和程序，根据常规方法分析不复杂的数据
2	80	基准岗位：单据填写员 经常处理超出例行工作范围的问题，根据限制条件或建立的政策标准，独立做出一些小的决策，分析标准信息数据或使用经过他人分析的数据
3	120	基准岗位：社会工作者、行政秘书 根据上级的指导对非例行工作进行独立决策，分析和评价非例行工作的情况，以便同他人一起得出解决方法
4	160	基准岗位：护士、会计、班组长 独立解决工作最后阶段才出现的问题，分析和解决非常规问题，工作中要经常分析大量数据，对操作程序等许多方面做出决定

续表

级 数	点 值	对岗位特征的说明和测量
5	200	基准岗位：营业经理 在做出与复审不一致的决定时要有独立判断能力，要经常制定或开发新的政策

（5）确定要素等级。确定每个要素的等级后，评估者才可以评定每个岗位的要素等级，每个要素包括的等级不宜超过 6 个，实际等级数主要取决于评价者的评价需要。每个要素的等级可以不同，但等级数应限制在可以清楚区分岗位的水平上。

（6）确定要素的相对价值，即确定每个要素的权重。对于不同的岗位系列，各要素的重要性是不同的。例如，对于行政系列来说，"心理要求"要素的权重要大大高于"身体要求"；而对保安岗位系列来说，很可能正好相反。因此，通常由评价小组来仔细研究要素及其等级定义，然后决定每个岗位系列中各要素的权重。下面是确定权重的一种常用的方法。

1）对权重最高的要素赋值 100%，然后根据相对第一个要素重要性的百分比确定权重次高要素的赋值，以此类推。例如，为决策赋值 100%，对比之后为解决问题赋值 85%，为知识赋值 60%。

2）将各赋值加总（在此例是 100%+85%+60%=245%），然后照下列方法将其转化为 100%值。

决策： $100 \div 245 \times 100\% = 40.8\%$

解决问题： $85 \div 245 \times 100\% = 34.7\%$

知识： $60 \div 245 \times 100\% = 24.5\%$

（7）确定各要素及各要素等级的点值。例如，假设计划的总点值为 500，而决策要素的权数为 40.8%，因此它的点值为 204(40.8%×500)。

接下来是把 204 点在决策要素内部分配，这意味着最高层次的决策能力的点值为 204，然后以差的形式确定最高要素等级和最低要素等级的点值。例如，用等级数 5 除 204，级差是 40.8，于是最低等级的点值为 41，第二等级是 82，第三等级是 123，第四等级是 164，最后一等级（即最高等级的点值）是 204。

对每个要素都可以做这种类似处理，如表 3-9 所示。

表 3-9 根据薪酬要素和等级确定评估值

薪酬要素 ＼ 薪酬等级	第一等级 点值	第二等级 点值	第三等级 点值	第四等级 点值	第五等级 点值
决　　策	41	82	123	164	204
解决问题	35	70	105	140	174
知　　识	24	48	72	96	123

（8）编写岗位评价指导手册。制定岗位点值方案的最后一步是编写点值指南或岗位评价指导手册。这一步只是把各要素及其等级的定义、点值汇编成一本便于使用的指导手册。

根据要素计点法操作所获得的评价成果，可以用来设计职能等级工资制、技术等级工资制及岗位薪酬工资制等。

表3-10对岗位评价的四种方法进行了总结与比较，分别就优缺点、适用范围等展开说明。

表3-10　岗位评价方法比较

方法	概述	实施步骤	优点	缺点	适用范围
岗位排列法	根据各种岗位的相对价值或它们对组织的相对贡献进行排列	选择评价岗位；取得工作说明书；进行评价排列	简单方便，易理解、操作，节约成本	评价标准宽泛，很难避免主观因素；要求评价人对每个岗位的细节都非常熟悉；只能排列各岗位价值的相对次序，无法回答岗位之间的差距	岗位设置比较稳定；规模小
岗位分类法	将各种岗位与事先设定的一个标准进行比较来确定岗位的相对价值	进行岗位分析并分类；确定岗位类别的数目；对各岗位类别的各个级别进行定义；将被评价岗位与标准进行比较，将它定位在合适的岗位类别中的合适的级别上	简单明了，易理解、接受，可以避免出现明显的判断失误	划分类别是关键；成本相对较高	各岗位的差别很明显；公共部门和大企业的管理岗位
要素比较法	确定标尺性岗位在劳动力市场的薪酬标准，将非标尺性岗位与之相比较来确定非标尺性岗位的薪酬标准	选择普遍存在、工作内容稳定的标尺岗位；确定薪酬要素；确定各标尺性岗位在各薪酬要素上应得到的基本工资；将非标尺性岗位在每个薪酬要素上分别同标尺性岗位进行比较，确定其在各薪酬要素上应得到的报酬，并加总	能够直接得到各岗位的薪酬水平	应用最不普遍，要经常做薪酬调查，成本相对较高	能够随时掌握较为详细的市场薪酬标准

续表

方法	概　述	实施步骤	优　点	缺　点	适用范围
要素计点法	选择关键评价要素和权重,对各要素划分等级,并分别赋予分值,然后对每个岗位进行估值	选择评价标准和权重;对各要素划分等级并赋以分值;进行打分	能够量化;可以避免主观因素对评价工作的影响;可以经常调整	设计比较复杂;对管理水平要求较高;成本相对较高	岗位不雷同;岗位设置不稳定;对精确度要求较高

3.2.2　薪酬调查方法

薪酬制度设计与调整的信息资料不仅来自岗位评价,而且也来自薪酬调查。薪酬调查的方法主要有电话调查法、问卷调查法及访谈法。

1. 电话调查法

电话调查法可以对少数易区分的职位进行数据收集,是一种快速有效的方法。通过电话可以与某特定区域内类似企业的薪酬专员进行快速联系,这种数据收集方法可以获得急需的数据。电话调查法还可以用于澄清问题,获得其他方法所遗漏的数据。但这种方法的缺点是:会使被调查者的负担过重,被调查者需要马上投入时间和精力。鉴于电话调查法是一种强行进入的方法,电话调查时应当尽可能地简明扼要或预约好调查时间。

2. 问卷调查法

问卷调查法是通过向调查者发出简明扼要的征询单(表),请示填写对有关问题的意见和建议来间接获得材料和信息的一种方法。问卷调查法相对来说实施起来较容易,成本较低,是最常用的数据收集方法,它给被调查者充裕的时间仔细考虑问题。问卷调查法的缺点是:不同的人对同样的问题可能会有不同理解,会使调查结果受到影响。

根据调查对象和所需要获得的信息的不同,可以把问卷调查法分为企业外部问卷调查法和企业内部问卷调查法。

3．访谈法

访谈法是通过访问员和受访人员面对面地交谈来了解受访人的心理和行为的心理学基本研究方法。访谈法是收集数据较好的方法，在调查过程中，受过培训的调查员对调查工作的各方面及调查的职位都非常熟悉，且在进行位置配比后的过程中，调查员可以查看有关的内部记录，如工作说明书、工资结构、组织结构等。这样的调查得来的数据更加可靠。访谈法的缺点是：实施难度大，成本高，数据的可靠性受访谈员的影响，此方法也可用于企业内部薪酬调查。

不管采用什么方法收集数据，都应在调查报告中附上调查问卷或访谈提纲，在采用薪酬调查结果时，要了解取得信息的方式，进而判断薪酬调查结果的准确性和可靠性。

通过薪酬调查，可以了解当地的薪酬水平，将本企业的薪酬水平与之相比，并进行合理调整，以决定本企业的薪酬政策。

📖 本章重点概念

公平原则　　竞争原则　　激励原则　　经济原则　　合法原则　　岗位排列法
岗位分类法　　要素比较法　　要素计点法　　电话调查法　　问卷调查法　　访谈法

 ## 自测题

一、判断题

1．内部公平是指员工对自己最终所获得的薪酬多少产生的公平的感受。（　　）

2．要真正解决内在公平问题，就要根据员工的能力和贡献大小适当拉开收入差距，让贡献大者获得较高的薪酬，以充分调动他们的积极性。（　　）

3．当竞争原则、激励原则及经济原则同时作用于企业的薪酬系统时，竞争原则和激励原则就受到经济原则的制约。（　　）.

4．岗位排列法是一种简单的岗位评价方法，小型企业运用比较少。（　　）

5．问卷调查法可以对少数易区分的职位进行数据收集，是一种快速有效的方法。（　　）

二、单选题

1．企业（　　）包括企业薪酬总额的确定、使用、宏观调控和检查监督。

A．工资总额管理　　　　B．薪酬总额管理　　　　C．薪酬管理　　　　D．福利总额管理

2．（　　）通过依据不同的薪酬要素对岗位排序，然后再综合考虑每一个岗位的序列等

级，并得出一个加权的序列值，最终确定岗位序列。

    A. 要素比较法   B. 岗位分类法   C. 岗位排列法   D. 要素计点法

3. 薪酬制度设计与调整的信息资料不仅来自岗位评价，而且也来自（　　）。

    A. 工作分析   B. 岗位调整   C. 员工调查   D. 薪酬调查

4. 企业的薪酬制度不仅要符合现行的国家政策和法律法规，也要符合（　　）。

    A. 企业的发展目标   B. 员工的利益   C. 道德准则   D. 企业的管理制度

5. 经济原则要合理地配置（　　），这一资源数量过剩或配置过高，都会导致企业薪酬的浪费。

    A. 企业的流动资产   B. 企业的固定资产   C. 自然资源   D. 劳动力资源

三、多选题

1. 薪酬制度设计的基本原则包括（　　）。

    A. 公平原则   B. 经济原则   C. 激励原则

    D. 合法原则   E. 合理原则

2. 岗位评价的方法主要有（　　）。

    A. 岗位排列法   B. 岗位分类法   C. 要素比较法

    D. 要素记点法   E. 岗位分析法

3. 薪酬调查的方法主要有（　　）。

    A. 网络调查法   B. 电话调查法   C. 问卷调查法

    D. 访谈法   E. 员工调查法

4. 岗位排列法的缺点有（　　）。

    A. 很难避免主观因素   B. 只能排列各岗位价值的相对次序

    C. 要经常做薪酬调查，成本相对较高   D. 无法回答岗位之间的差距

    E. 很难避免客观因素

5. 薪酬制度设计的公平原则包括（　　）。

    A. 内部公平   B. 外部公平   C. 个人公平

    D. 结果公平   E. 待遇公平

四、简答题

1. 简述薪酬制度设计的基本原则。

2. 要素比较法与要素计点法有什么相同点和不同点？

3. 设计薪酬调查问卷时要注意哪些事项？

调查研讨题

1. 员工个人对企业薪酬的公平感受包括哪几个方面？
2. 试调查某一民营企业是如何确定薪酬要素的相对价值的。

 案例分析

某企业薪酬设计方案的分析

一家中型企业最近拟订了一套薪酬方案，正准备实施。

拟订这套薪酬方案的原则是：保障基本生活的同时，充分调动各位员工的积极性和创造性，鼓励个人努力奋斗，强调团结协作，促使公司和所有员工共同进步、发展。

这套方案的依据是：根据公司、部门、个人的考核结果，每月进行一次工资核算。

这套方案的特点是：强调个人努力与团结协作的统一性；工作报酬和工作奖惩的统一性；员工个人命运与公司命运一体化；不强调资历，只看重现实的工作表现；定量评价与定性分析相结合；业绩考核与工资待遇，奖惩相互依存，考核是客观依据，待遇、奖惩是结果。这样将逐步使公司的管理走上"法制化"轨道，避免"人治"、主观臆猜等造成的不良后果。在公司这个大家庭中，对事不对人，使各位员工身感公正、合理、科学，积极进取，促进公司、员工共同进步。

这套方案制定的方法是：

（1）根据对各工作岗位的职责分析，和每位员工面谈，确定每个人的基本工资额和岗位工资额。

（2）根据公司、部门、个人的考核结果，确定公司、部门及个人业绩系数。

（3）按以下公式确定各位员工的工资额，并按此发放：

员工工资＝基本工资＋岗位工资×公司系数×部门系数×个人绩效系数

？ 案例思考题

这套方案是否合理可行？请你用所学的人力资源管理薪酬理论进行分析。

第 **4** 章

员工工资制度

学习目标

- 了解各类员工工资制度的含义、特点和形式。
- 掌握员工工资制度的操作规程、使用范围，分析技术等级工资制、岗位等级工资制、职能等级工资制的相同点和不同点。
- 熟悉各种工资制度的优缺点及适用范围。

学习导航

4.1 结构工资制

引导案例 4-1

某商业大厦的薪金改革

某商业大厦实行的基本工资制度是动态结构工资制，主要由岗位工资单元、年功工资单元、效益工资单元和特殊单元四部分组成。以前各种津贴、补贴、浮动工资以及工龄工资全部归入各工资单元中，不再单独设项。即员工的工资总额=岗位工资单元+年功工资单元+效益工资单元+特殊工资单元。它们的大体比例为 38∶5∶55∶2。

（1）岗位工资单元。它是根据员工所在的岗位、担任的职务及实际具备技术水平而确定的工资单元。其特点是：以岗定薪、一职一薪、薪随岗动，变岗变薪。岗位工资的额确定，管理技术人员按其受聘的职务确定为九档：办事员，见习科员，科员，副主任科员，经理助理（主任科员），副经理（副处长），商场经理（党支部书记、处长），副总经理、总经理。营业员及其他工种员工根据其取得的技术等级确定为八档：见习，初级，中三，加四，高级，助师，技师，高级技师。两大系列相互联系，相互对应，如高级工人技师与商场的经理助理的岗位工资是等同的。

（2）年功工资单元。它是随着员工工作年限增长而逐年递增的工资，是对员工工作经验和劳动贡献的积累所给予的承认和补偿，是调整新老员工工资矛盾的重要途径。年功工资按工龄分段计发，即每五年为一个工龄段，按不同工龄段的不同调整数累计发放。

（3）效益工资单元（奖金）。它是员工收入中与企业或二级核算单位经济效益及员工个人工作效率、工作成果直接挂钩的部分。其发放原则为：以利润进度分配总量，以综合考核定扣罚分值，以个人劳效定收入金额，激励员工促销增效，多做贡献。

（4）特殊工资单元。它是为了照顾部分员工的特殊情况而设置的，主要包括少数民族补贴、教护龄津贴及特殊工种的岗位。

该商业大厦通过合理设置四个工资单元，使其既相互联系，又具独立职能；工资结构既相对稳定，又可以及时调整变动，从而使动态结构工资充满了活力。

4.1.1　结构工资制概述

1．结构工资制的含义及构成

（1）结构工资制的含义。结构工资制是指基于工资的不同功能，将工资总额划分为若干个相对独立的工资单元，各单元又规定不同的结构系数，组成有质的区分和量的比例关系的工资制度。

（2）结构工资制的构成。结构工资制的构成一般包括 6 个部分：① 基本工资；② 岗位工资；③ 技能工资；④ 绩效工资；⑤ 浮动工资；⑥ 年功工资。

企业结构工资制的内容和构成，不能简单地照搬国家机关、事业单位的现行办法，各企业可以根据不同情况做出不同的具体规定。其组成部分可以按劳动结构的划分或多或少，各个组成部分的比例，可以依据生产和分配的需要或大或小，没有固定的格式。

2．结构工资制的优点及缺点

（1）结构工资制的优点。

1）工资结构反映劳动差别的诸要素，即与劳动结构相对应，并紧密联系成因果关系。劳动结构有几部分，工资结构就有几个相对应的部分，并随前者变动而变动。

2）结构工资的各个组成部分各有各的职能，并分别计酬，可从劳动的不同侧面和角度反映劳动者的贡献大小，发挥工资的各种职能作用，具有比较灵活的调节功能。

3）有利于实行工资的分级管理，从而克服"一刀切"的弊病，为改革工资分配制度开辟了道路。

4）能够适应各行各业的员工工资管理。

（2）结构工资制的缺点。

1）合理确定和保持各工资单元比重的难度较大。

2）由于工资单元多且各自独立运行，工资管理工作较复杂。

3．结构工资制的适用范围

结构工资制是我国国有企业在工资制度改革过程中创造出来的一种新的工资制度，体现了各种劳动因素的特点。它适用于我国所有的国有企业、民营企业和合资企业等。

4.1.2　结构工资制的操作规程

1．建立健全人力资源的基础工作

将全体员工的人数、工资、工作年限、学历、职称、技术等级、生产（工作）岗位、职务登记造表，进行综合分析，对员工劳动进行归类分析。

2．设计结构工资制的基本模式

确定工资单元的数量和每个工资单元所占的比重。表 4-1 是某企业生产人员 2008 年年度薪酬构成比例的分析数据。

表 4-1　年度薪酬构成比例分析数据表　　　　　　　　　　　单位：%

薪　　酬	基本工资	年功工资	浮动工资	绩效工资	技能工资	岗位工资
构成比例	40	4	5	19	27	5

3．确定各工资单元的内部结构

确定各工资单元的内部结构，即按照岗位测评办法，确定岗位工资单元中各类岗位的岗位顺序。实行一岗一薪的，需确定各岗位之间的岗位系数；实行一岗多薪的，还需确定每类岗位内部各等级的工资系数。同时根据各工资单元内部结构的安排，规定相应的技术业务标准、职责规范条例、劳动定额等各项要求，并拟定具体的考核办法。

4．确定各工资单元的最低工资额和最高工资额

（1）最低工资额：各单元最低工资加上奖金和一部分津贴的总和不能低于本地区执行的最低工资标准。

（2）最高工资额：各单元最高工资加上奖金和一部分津贴的总和，要考虑企业的支付能力和保持企业的竞争能力，参考人才市场的人才供需价格。

5．测算、检验并调整结构工资制方案

通过以上几个步骤，在结构工资制雏形基本形成的情况下，再做进一步的模拟、试运行，并结合试运行的结果进行相应的修改调整。

6. 结构工资的实施、套改

在原有工资制度的基础上进行结构工资制度的改革，一般是按照员工原标准工资的一定百分比就近套入岗位（职务）工资，或套入技能（技术）等级工资，如工资结构中设置了基础工资单元的，则原工资应先冲掉基础部分，再套入上述各单元。岗位变迁者，应按新岗位确定工资，然后再分别确定员工的年功工资，并确定计提效益工资的办法。

4.2　岗位技能工资制

引导案例 4-2

某集团岗位技能工资的制定

某集团实行的岗位技能工资制框架设计分为三大部分，一是评价体系，二是配套改革，三是实施方案。

岗位劳动评价是根据劳动的四个要素对劳动进行评估和评价，是建立岗位技能工资动态管理系统的基础。它由评价指标、评价标准、评价要素、子因素的权数与评价的技术和方法组成。评价方法主要以功能评定为主，辅以抽样技术测定法，以此完成对岗位的测评。集团相当重视岗位评价的基础准备工作，它们首先成立公司岗位劳动评价领导小组，并且组织力量搞摸底调查，制定评价标准及方案，同时举办岗位劳动评价骨干人员学习班，选择试点单位搞模拟技术测评，对评价方法进行检验和认证，在此基础上对公司各类人员的现有岗位名称、范围及内容，按照公司的"四定"原则进行清理、规范和认定，将公司的 1 866 个同类岗位归并认定为 404 个岗位，为全面开展岗位劳动评价打好基础。同时要求各基层单位要成立相应的岗位劳动评价领导小组，做到组织落实、职责明确。之后按照岗位劳动评价分级标准，坚持对岗不对人的科学态度和实事求是的原则，经过个人和处室的初评和复评以后，由总部对各单位初评和复评结果应用计算机进行数据处理，综合评价，排序划岗归类，确定类别档次，形成排序划岗意见，最终岗位设一至十岗。

工资制度改革离不开其他制度改革的配套支持。集团首先改革劳动用工制度，与所有员工签订劳动合同，并实行在岗、试岗、待岗"三岗制"动态管理，建立起员工"能进能出"新型的劳动用工制度。其次推行职工养老保险制度，基本养老保险费的交纳由公司和员工个人共同负担，这样解除了员工的后顾之忧，也为公司参与市场竞争创造了条件。另外，集团还健全和完善员工培训考核制度，对公司全体员工一律实行考试考核、竞争上岗并且进行"培训、考核、上岗、晋升、待遇"的一条龙管理。

岗位技能工资制的实施方案主要由工资单元的设置、工资标准的确定、制定实施办法等内容组成。岗位技能工资由岗位工资、技能工资、辅助工资和效益工资四个单元组成，相应设置工资标准。其中，岗位工资标准确定为十岗 21 档，与评价的岗序相对应，每岗实行"一岗三薪"，分为低、中、高三档，每岗首尾交叉，工人与管理技术岗位共用一个标准；技能工资标准确定为 1~35 个等级，从 2~35 级每个等级分正副级标准，等级标准由低到高顺序排列；辅助工资标准主要是执行上级主管部门确定的范围和标准，如粮贴、物价补贴等，以及公司内自行确定的津补贴，如工龄津贴、学科带头人补贴等；效益工资标准，依据企业生产经营状况和效益的高低浮动计算而定。

由此，集团按照积极稳妥、措施配套、分步到位、强化管理、逐步完善的原则，制定岗位技能工资试行办法，由各单位具体落实到实处，建立起正常的运行机制。

4.2.1　岗位技能工资制概述

1．岗位技能工资制的含义

岗位技能工资制是以按劳分配为原则，以劳动技能、劳动责任、劳动强度和劳动条件等基本劳动要素评价为基础，以岗位和技能工资为主要内容的企业基本工资制度。

2．岗位技能工资制的特点

从本质上说，岗位技能工资制也是结构工资中更为规范化的一种具体形式。与其他结构工资制形式不同的是，岗位技能工资制建立在岗位评价的基础上，充分突出了工资中岗位与技能这两个结构单元的特点，更有利于贯彻按劳分配的原则，更能够调动员工努力提高技术和业务水平的积极性。

3．岗位技能工资制的适用范围

岗位技能工资制具有极强的适应性，各种企业，不论大小，均可采用岗位技能工资制，特别是对生产性企业和技术含量较高的企业，岗位技能工资制更能显示其优越性。

4.2.2　岗位技能工资制的操作规程

岗位技能工资制包括劳动评价体系、基本工资单元和工资标准的确定、辅助工资单元的设置等方面，其中基本工资单元由岗位工资与技能工资两大部分组成。岗位技能工资制操作过程如下。

1．建立岗位劳动评价体系

岗位劳动评价是将各类岗位（职位）、职务对员工的要求和影响归纳为劳动技能、劳动责任、劳动强度、劳动条件 4 个基本要素，通过测试和评定不同岗位的基本劳动要素，对不同岗位的规范劳动差别进行分解、细化，形成便于具体测评的若干要素，即岗位劳动评价指标。

（1）劳动技能要素评价主要反映不同岗位（职位）、职务对员工整体素质和专门技能的要求，评价指标包括学历、实践经验和实际工作能力等。根据不同岗位的需要，还可以再将指标细分。例如，学历可分为硕士、本科、大专、中专、高中等不同层次。

（2）劳动责任要素评价主要反映不同岗位（职位）、职务对员工工作责任的要求。评价指标主要指工作对企业经营的影响程度，包括产品质量、数量、成本以及安全卫生等方面。

（3）劳动强度要素评价主要反映不同岗位（职位）、职务的烦琐程度，主要通过劳动紧张程度、劳动疲劳程度、劳动姿势和工时利用率等指标衡量。

（4）劳动条件要素评价主要反映不同岗位（职位）、职务的危险程度、危害程度以及自然地理环境和不同工作班次对员工生理、心理的损害程度。

岗位劳动评价是一个系统，它由评价指标、评价标准、评价技术与评价方法等系统组成。岗位劳动评价程序如图 4-1 所示。

2．确立岗位工资单元

岗位工资是根据职工所在岗位（职位）或所任职务的劳动责任轻重、劳动强度大小和劳动条件优劣并兼顾劳动技能要求高低确定的工资。

员工的岗位工资应按照行业水平、企业岗位劳动评价总分数的高低，兼顾现行工资关系，在岗位归类的基础上区别确定，可以一岗一薪，也可以一岗数薪。不同的行业、企业，其岗位工资类别不一样多，岗位工资标准也有区别；名称相同的岗位，在不同的行业、企业，甚至同一企业不同的车间、班组，因其劳动责任、劳动强度和劳动条件不尽相同，其岗位工资也有所差别。

管理人员和专业技术人员的职务工资按照所任职务、所在职位的劳动评价总分数的高低，在岗位归类的基础上区别确定，其职务工资可与员工的岗位工资分开设计，一职数薪或一职一薪。

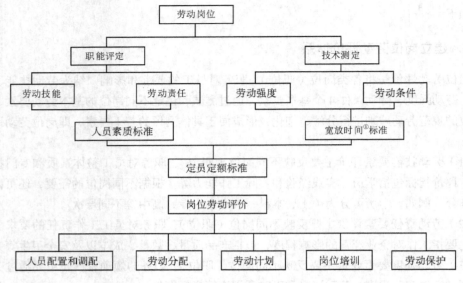

图 4-1　岗位劳动评价程序

3．确立技能工资单元

技能工资是根据不同岗位、职务对劳动技能的要求，同时兼顾员工所具备的劳动技能水平而确定的工资。

一般来讲，在确定技能工资时，可将企业员工分为技术工人、非技术工人以及管理与专业技术人员 3 类。技能工资的等级和档次设置可采取纵横结合的形式，即技术工人等级纵向可按初级、中级、高级和技师、高级技师设置。

非技术工人（普通工、熟练工等）的技能工资视其岗位对劳动技能的要求程度原则上参照初级技工的技能工资档次确定。为鼓励普通工、熟练工钻研提高技能水平，其技能工资最高可延伸到中级技工的技能工资档次内。

管理和专业技术人员可按初级、中级、高级技能要求区别设级。各级横向可设若干档次。如在细划等级考试中考核合格者可择优纵向升级，常规考核合格者可横向晋档。

需要注意的是，技能工资单元是根据岗位（职务）对员工的技术要求以及员工的实际劳动技能确定的，它与员工实际所在的岗位（或所担任的职务）有时并不一致。确定员工的技能工资单元，有助于激励员工努力提高技术与业务水平，以适应各岗位（职务）对劳动技能

---

① 宽放时间指员工除正常工作时间之外必需的停顿及休息的时间，包括操作者个人事情引起的延迟、疲劳或无法避免的作业延迟时间。

的不同要求。

4．确定岗位技能工资标准

（1）合理地确定基本工资的最低、最高标准。基本工资最低、最高标准的确定，要综合考虑以下因素：① 企业员工现行工资水平，最低、最高工资比例关系及近期预测变化趋势；② 企业员工现行工资结构情况及调整趋势；③ 城镇居民月平均生活水平及近期预测；④ 关于企业经营者收入的规定及个人所得税的起征点等。

（2）科学地确定岗位工资单元与技能工资单元的比重。确定这一比重需要遵守以下原则：① 从行业生产经营特点出发，技术要求较高、以劳动技能为主要劳动因素的行业、企业，其技能工资的比重可以大一些；而劳动强度大、劳动条件差的行业和企业，其岗位工资单元的比重可以大一些。② 从有利于发挥工资的激励职能出发，调动员工提高技术、业务水平的积极性和到技术要求高，责任重，苦、脏、累、险及有害岗位工作的积极性。

（3）合理地确定各类员工基本工资的区间及技能工资、岗位工资各档次的工资标准。其确定原则如下：① 符合对劳动技能、劳动责任、劳动强度、劳动条件的测评结果；② 妥善安排不同类型、规模企业同类人员的工资关系；③ 妥善安排企业内部主要岗位（职务）和其他岗位（职务）以及同岗位（职务）人员内部的工资关系；④ 恰当处理相关人员的工资标准的衔接和交叉程度。

5．设置辅助工资单元

实行岗位技能工资制时，除了岗位工资与技能工资这两个基本工资单元，各企业还可以根据实际需要，设置一些辅助工资单元。辅助工资一般包括 3 个工资单元：

（1）年功工资单元。指随员工龄增长而变动的工资部分。年功工资是对长期从事本职工作的雇员的一种报酬奖励形式，目的是承认雇员以往劳动的积累，激励雇员安心本职工作。年功工资单元以雇员的连续工龄作为工资上升的依据，定期提高工资档次。

（2）效益工资单元。指随企业经济效益而变动的工资部分。为了体现雇员报酬与企业效益挂钩，设定效益工资单元，随企业效益的波动而增加或减少。

（3）特种工资单元。特种工资主要是指津贴，它是对在特殊作业环境、劳动条件、劳动强度下职工生活、生理和心理损害的工资性补偿。津贴一般分为四种性质：特殊工种的岗位津贴、流动人员的野外作业津贴、从事有毒或有害作业的保健津贴和到边远艰苦地区作业的补偿津贴。

4.3 岗位薪点工资制

某公司的岗位薪点工资制

某公司的岗位薪点工资制为每一个想拿高薪的人提供了公平竞争的机会。

该公司岗位薪点工资的薪点，包括岗位薪点、技能薪点、年功薪点和基本薪点4部分，以占比例60%的岗位薪点为主。各个岗位的薪点，由国家专家、领导干部、技术人员和职工代表组成的测评小组，根据企业经营的需要进行科学测评。

该公司1 100名员工，被测定出岗位648个，不同岗位的工资量化为若干个点，测出的各岗位薪点数就是岗位薪点，再加上技能薪点（占20%）、年功薪点（占10%）和基本薪点（占10%），就构成不同岗位的薪点总数。全公司所有岗位所有人薪点的总和除以公司当年工资总额，就得出每一薪点的薪点值。职工在哪个岗位就用那个岗位的薪点总数与薪点值相乘，其得数就是该岗位的薪点工资数。再对职工履行岗位职责、完成领导交办任务和出勤等3个方面情况进行考核，用考核分乘以该岗位薪点工资数，最后得出职工实际工资。

目前，该公司最高岗位工薪是最低工薪的6.8倍，是平均工资的4倍，谁到什么岗位，不靠行政调动，完全靠竞争，过去的"伯乐相马"变成了现在的"赛场赛马"。

该公司人力资源部负责人称，岗位薪点工资制度消除了过去薪随人走、岗变薪不变，真正把人和企业都盘活了。

（资料来源：中国人力资源管理网）

4.3.1 岗位薪点工资制概述

1. 岗位薪点工资制的含义

岗位薪点工资制是在岗位劳动评价"4要素"（岗位责任、岗位技能、工作强度、工作条件）的基础上，用点数和点值来确定员工实际劳动报酬的一种工资制度。

2. 岗位薪点工资制的特点

（1）员工的点数通过一系列量化考核指标来确定，点值与企业和部门效益实际挂钩。

（2）工资标准不是以金额表示，而是以薪点数表示，点值取决于经济效益。

3．岗位薪点工资制的适用范围

薪点工资制是我国企业在工资制度改革实践中创造的一种工资模式，实际操作灵活，备受广大企业青睐。它适用于经济比较发达地区的企业，如现代化的国有企业和外资企业及合资企业等。

4.3.2　岗位薪点工资制的操作规程

1．采取比较合理的点因素分析法和科学的点数确定法确定薪点数

（1）采取比较合理的点因素分析法。薪点工资制是采取比较合理的点因素分析法，根据员工的劳动（工作）岗位的因素和员工个人的表现因素，测定出每位员工的点数，再加上按预先规定增加的点数，得出总点数。然后再用总点数乘以点值，即为员工的工资标准。员工的工资标准由点数和点值决定。点数的多少与员工的劳动岗位及个人劳动贡献直接联系，岗位类别高、个人劳动贡献大、表现好，点数就多；反之，点数就少。点值是与企业的经济效益直接联系的，可设置成基值和浮动值，分别与整个企业及员工所在部门的经济效益紧密相连。效益好，点值就大；反之，点值就小。

（2）采用比较科学的点数确定法。点数的确定要经过"点因素"考核或评价。"因素"是指考核评价的内容，"点"是指考核评价所得出的分数。"点因素"考核就是根据每个员工的岗位职责以及实际成绩，按考核评价标准进行评定，获得总点数，决定相应的等级。点数越多，等级（或岗位档次）越高，获得的工资报酬也越多。一般来说，确定点数的内容有岗位点数、表现点数和加分点数。

1）岗位点数的确定。首先必须拟订岗位评价的测评标准方案。根据劳动 4 要素，对每个岗位运用经验评估或仪器设备手段进行测评，并经过综合分析评价得出每个岗位的点数。

2）表现点数的确定。一般分别按操作工作人员和管理人员制定计分标准。计分标准的确定一般也要参考岗位（职务）劳动差别及岗位的重要性程度等情况。按计分标准，经考核评定，得出员工在考核期内的表现点数。

3）加分点数的确定。对岗位点数和表现点数不能体现的，而且又必须鼓励、强调、照顾的合理因素，可使用加分点数来体现。如对员工的本企业工龄、学历、职称或做出突出贡献的情况，可采用加分点数的办法酌情增加点数。

员工个人总点数等于个人岗位点数、表现点数、加分点数的总和，个人的工资标准等于

员工个人总点数乘以企业当年确定的点值。

2. 实践中岗位薪点工资制具体操作方法

（1）工作分析。将企业内所有岗位（职位）进行科学的分析，对每一岗位（职位）具体工作职责、权限、内容、强度、环境、任职资格等进行全面的分析，在此基础上，对不同岗位（职位）制定相应的岗位（职位）说明书（或称岗位工作规范）。

（2）岗位评价。在全面的工作分析的基础上，对每一岗位按该岗位所应承担的责任、具备的知识和技能、工作环境和其他要素等进行评价。每一岗位应承担的责任通常有风险责任、成本控制责任、决策责任、法律责任、指导监督责任等。胜任该岗位应有的知识和技能包括学历、学识、技术和操作能力等。每一岗位需面对的工作环境包括时间特征、舒适程度、危险性、工作环境对身体的影响等。胜任该岗位的其他要求包括体力、精力、创新、工作紧张程度等方面。综合考虑以上因素，对各岗位进行评价打分，最后得出各个岗位的点数。

（3）员工考评。员工考评主要是以岗位说明书规定的岗位职责履行情况为标准，对员工在考核期间的表现和业绩进行评价和考核，得出每个员工的表现点数。

（4）对员工进行综合评价，得出员工的加分点数。在确定加分点数时，企业要制定统一的评分标准，尽量做到客观公正。

（5）对员工的岗位点数、表现点数和加分点数进行汇总，得到员工的个人总点数。

（6）确定工资率。影响工资率确定的因素很多，主要有企业所在行业的特征、所在地区的生活水平、企业自身经营状况等。对近期的工资进行评价，最终确定合理的工资率，即点值。

（7）计算薪点工资。点值或工资率确定以后，薪点工资就等于员工个人总点数乘以工资率。薪点工资确定后，通常情况下，企业为了增加薪点工资的激励作用，还会将薪点工资进行必要的组合，如将薪点工资的 40%固定发放，60%则根据业绩考核发放，由此得到薪点工资的另一计算公式，见式（4-1）。

$$薪点工资=员工个人总点数×工资率×考核系数 \quad (4\text{-}1)$$

也有的企业将经营效益体现到员工的薪点工资中，由此又得到一个薪点工资的计算公式，见式（4-2）。

$$薪点工资=员工个人总点数×工资率×考核系数 \quad (4\text{-}2)$$

还有的企业将多种公式加以组合，以激励员工，产生良好个人努力、业绩、组织认可、个人目标实现、企业发展的良性循环。

4.4　技术等级工资制

引导案例 4-4

某公司机电车间的技术等级工资制

某公司的发电和变配电岗位是维系矿井安全生产的重要岗位之一，要求岗位员工具有一定的专业水准。因历史原因，现该岗位员工国有大矿思想根深蒂固，"铁饭碗"意识浓厚，大搞平均主义，干好干坏一个样。为彻底改变这种现状，该机电车间决定对该岗位员工实行技术等级工资制，每半年进行考试考核一次，按照综合成绩将员工按"271"原则进行分类，20%的员工为技术骨干类，70%的员工为技术一般类，10%的员工列为淘汰类，工资也相应地按"A、B、C"三类进行核定。该办法一出台，在员工中引起强烈反响，并纷纷表示将努力学习业务技术，争做 20%的技术骨干类员工。

（资料来源：中国煤炭新闻网 2008-12-31）

4.4.1　技术等级工资制概述

1．技术等级工资制的含义和优缺点

（1）技术等级工资制的含义。技术等级工资制是一种根据技术复杂程度以及劳动熟练程度划分等级和规定相应的工资标准，然后根据雇员所达到的技术水平评定技术（工资）等级和标准工资的一种等级工资制度。

（2）技术等级工资制的优缺点。技术等级工资是一种能力工资制度，它的优点是能够引导企业工人钻研技术，提高个人的技术水平，缺点是不能把员工的工资与其劳动绩效直接联系在一起。

2．技术等级工资制的构成

技术等级工资制由工资标准、工资等级表和技术等级标准 3 个基本要素组成。通过对这 3 点组成要素的分析和量化，给具有不同技术水平或从事不同工作的员工规定适当的工资等级。

（1）工资标准。亦称工资率，就是按单位时间（小时、日、周、月）规定的工资数额，表示了某一等级在单位时间内的货币工资水平。我国企业工人的工资标准大部分是按月规定的，企业可根据需要将月工资标准换算为日或小时工资标准。

按照规定的工资标准支付的工资，是员工完成规定的实际工作时间或劳动定额后企业支付的工资，称做标准工资。

技术等级工资标准的确定需要 4 个步骤：

1）根据劳动的复杂程度、繁重程度、精确程度等因素确定和划分等级。

2）对工作进行分析比较，纳入相应的等级。

3）规定技术等级标准，即确定最高等级和最低等级工资的倍数以及各工资等级之间的工资级差。

4）确定各等级的工资标准和制定技能工资等级表。表 4-2 是一个根据 8 级标准模拟的技术工资等级表，采用等比级差的工资标准确定，假定一级工资标准为 100 元，其他各级计算公式为：

$$某一等级工资标准=最低等级标准×等级系数$$

表 4-2　技术工资等级表

工资等级	1	2	3	4	5	6	7	8
等级系数	1.000	1.181	1.395	1.647	1.945	2.297	2.297	3.204
级差（%）	—	18.1	18.1	18.1	18.1	18.1	18.1	18.1
工资标准（元）	100	118	140	165	195	230	271	320

（2）工资等级表。

1）工资等级表概述。工资等级表是用来规定员工的工资等级数目以及各工资等级之间差别的一览表。它由工资等级数目、工资等级差别以及工种等级线组成。它表示不同的劳动熟练程度和不同工作之间工资标准的关系。

- 工资等级数目是指工资有多少个等级。工资等级是员工技术水平和员工技术熟练程度的标志，其数目多少是根据生产技术的复杂程度、工作强度和员工技术熟练程度的差异规定的。凡是生产技术比较复杂、工作强度及员工技术熟练程度差别较大的产业或工种，工资等级数目就相应多一些。

- 级差是指各工资等级之间的差别，具体指相邻两个等级的工资标准相差的幅度。级差有两种表示方法：一种是用绝对金额表示；另一种是用工资等级系数表示。所得工资等级系数，就是某一等级的工资标准同最低级工资标准的对比关系，它说明某一等级的工资比最低级工资高出多少倍，某一等级的工作就比最低等级的工作复杂多少倍。

知道最低等级的工资标准和某一等级的工资等级系数，就可以通过系数换算出某一等级的工资标准。

- 工种等级线是用来规定各工种（岗位）的起点等级和最高等级的界线。起点等级线是熟练工、学徒工转正定级后的最低工资。最高等级线是该工种在一般情况下不能突破的上限。凡技术复杂程度高、责任大以及掌握技术所需要的理论知识水平较高的工种，等级的起点就高，等级线长；反之，则起点低，等级线短。一些技术简单而又繁重的普通工种，由于体力消耗大，其等级起点较高，但等级线不宜过长，如图4-2所示。

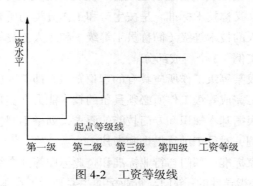

图 4-2　工资等级线

2）制定工资等级表应遵循如下原则：
- 企业应根据生产的不同特点设置不同的工资等级表。
- 工资增加的幅度，即级差，应当是逐步递增的。这是因为技术熟练程度或技术等级在更高一级基础上再提高一级，员工所付出的努力是递增的，因此他们的工资标准（绝对的和相对的）也应当累进递增。
- 工资等级的数目应合理。在工资总额既定的情况下，如果等级过多，级差就会变小，容易出现分配上的平均主义倾向；如果等级数目过少，又会形成分配上的差别过大。
- 确定最高工资标准与最低工资标准的关系，即工资差额的倍数。在工资总额既定的情况下，首先考虑工资的最低标准，然后再考虑最高工资标准所达到的水平，最后考虑基础等级和最高等级的劳动复杂程度的差别。具体工作中工资倍数的确定，可以先决定级差系数，然后再计算倍数；也可先确定倍数，然后再求出级差系数。

3）制定工资等级表的步骤：① 确定等级数目；② 划分工种等级线；③ 确定工资等级表幅度；④ 制定工资等级系数；⑤ 对工资等级表进行修正。

4）工资等级系数的确定。制定工资等级系数，应先确定等级差百分比，然后算出各等级的工资系数。工资等级系数，可以是等比系数、累进系数、累退系数或不规则系数。

- 等比系数的特点是，级与级之间相差的百分比相同，但级与级之间工资绝对额是逐步扩大的。有明显的物质鼓励作用。

- 累进系数的特点是，级差的百分比是逐级扩大的。等级越高，级差的绝对金额也越大。这种系数的物质鼓励作用更强，但由于相差悬殊，在我国极少采用。
- 累退系数，又称递减系数，其特点是级与级之间的级差系数逐渐缩小，但级与级之间的工资差额绝对相等。
- 不规则系数的特点是，级与级之间相差的百分比无一定规律，有高有低。目的是随着工资等级的提高，使工资绝对金额逐级稳步提高，避免级与级之间差别过大。

（3）技术等级标准。又称技术标准，是按生产和工作分类的所有技术工种工人的技术等级规范，是用来确定工人的技术等级（简称员工等级）和工人工资等级的尺度。它包括"应知"、"应会"和"工作实例"3个组成部分。

1）"应知"是指完成某等级工作所应具有的理论知识，即工人应达到的文化水平。

2）"应会"是指员工完成等级工作所必须具备的技术能力和实际经验。

3）"工作实例"是根据基本知识和专门技能的要求，列举不同技术等级员工应该会做的典型工作项目或操作实例，对员工进行培训和考核。

技术等级标准有国家标准、部门与行业标准和企业标准等几个级别。国家标准着重通用技术工种标准的制定，是指导性的；部门与行业标准主要是为了在本部门和行业中统一标准；企业标准根据本企业内部的需要制定。等级标准的制定遵循一定的程序进行。

3．技术等级工资制的适用范围

技术等级工资是员工工资等级制度的一种形式，其主要作用是区分技术工种之间和工种内部的劳动差别和工资差别。这种工资制度适用于技术复杂程度比较高、员工劳动差别较大、分工较粗及工作不固定的工种。

4.4.2　技术等级工资制的操作规程

1．划分与设置工种

工种是根据劳动管理的需要，按照生产劳动的性质、工艺技术的特征、或者服务活动的特点而划分的工作种类。一般包括工作手段、方式、对象和目的等项内容，如对机械工业铸造工种的定义为："使用造型工具、设备、材料、制成型腔等。将金属熔液注入型腔内，获得所需铸件。"

（1）划分与设置工种的原则。

1）规范原则。工种以员工所从事的工作性质的同一性进行划分。

2）实用性原则。工种划分以目前大多数企业专业分工和劳动组织的基本现状为依据，从目前生产技术和劳动管理水平的客观实际出发，适应合理组织劳动力的需要，结合企业生产技术发展和组织改善等方面的因素，考虑工作岗位的稳定程度和工作量的饱满程度划分。

3）简化和统一原则。根据企业技术进步、劳动组织改善和员工队伍技术素质提高等方面的客观要求和发展趋势，改变工种划分，相仿的工种进行调整、合并、简化。

4）行业归口原则。工种按行业归口管理，协调解决工种交叉重复问题，确定交叉工种的行业归属。

（2）工种规定适用范围。适用范围是指工种所包括的主要生产工作岗位，如铸造工的工作范围包括造型、造芯、芯铁、扣箱、浇注、机械造型、特种造型及金属压铸、铸件修补等。

（3）划分工种等级线、工资等级线，设置工资等级表以及规定学徒期及熟练期。

1）划分工种等级线。工种等级线是工种技术复杂程度的客观反映，指在工资等级表规定的等级数目中，各职务、岗位或工种的起点等级和最高等级线间的跨度线。

2）划分工资等级线。工资等级线是反映某项工作内部劳动差别程度的标志。影响工资等级线的确定因素包括劳动复杂程度、责任程度、工资级差。

3）设置工资等级表。在科学划分工种的基础上，通过对工种的分析与评价，根据技术复杂程度及员工掌握其基本知识和技能所需专业培养的时间长短，合理地设定技术等级。技术要求复杂的工种等级线一般设定初、中、高三级，技术要求比较简单、不易或不宜划分等级的工种一般设初、中两级，或不区分等级，各行业、各企业可在初、中、高三级的基础上，根据合理设置工资等级数目的要求，再具体细化工资等级或分档，如表4-3所示。

表4-3 工资等级表

技术等级	初	级		中	级		高	级
等级档次	1	2	3	1	2	3	1	2
工资等级	1	2	3	4	5	6	7	8

4）规定学徒期及熟练期。学徒期是对员工掌握工种基本专业技术理论和操作技能，并能独立工作所需的培训期限。学徒期包括培训期和见习期两项内容。对实行三年学徒期的工种，规定培训期二年、见习期一年；对实行两年半学徒期的工种，规定培训期一年半、见习期一年；凡技术要求比较简单的工种实行两年以下的学徒期。熟练期一般为一年或半年。

2. 确定技术等级标准

企业可以根据国家统一颁发的技术等级标准，按照工资等级数目的要求，分别将初、中、高级技术标准做相应的规定，以适应员工等级考核和确定工资等级的要求。

3．对员工进行技术等级考核，确定其技术等级

按照各等级技术标准对员工进行考核，并以员工达到的技术等级确定其工资标准。严格按技术标准对员工考核定级。考核升级是技术等级工资制的灵魂。

4．制定工资等级标准表

（1）确定工资等级系数。规定工资等级系数必须考虑企业的工资结构，如果采用单一的技术等级工资制，那么工资等级系数应将劳动条件及责任大小考虑在内；如果采用的是技能工资加津贴复合型工资结构，那么工资等级系数就可单纯依据技能等级的复杂程度确定。

（2）计算工资等级标准。工资等级标准要考虑工资等级系数，各等级员工人数及预算内的工资总额计算，并结合工资市场的行情，计算公式见式（4-3）～（4-5）。

$$一级工资标准=用于技能工资的工资总额/本企业工资等级系数之和 \qquad （4-3）$$
$$工资等级系数之和=\sum 各级工资等级系数×每一等级员工数 \qquad （4-4）$$
$$各等级工资标准=一级工资标准×各等级工资等级系数 \qquad （4-5）$$

5．制定技术等级制实施细则

细则除对上述内容进行详细规定外，还要将重点放在保证其健康运行的机制上，如规定明确的技术等级考核周期和考核方法、工种转换的工资确定办法、工资标准随劳动生产率和物价调整的变化而做相应调整变动的方法。

4.5　岗位等级工资制

引导案例 4-5

某供水公司的生产岗位等级工资制

为进一步完善企业内部分配机制、逐步建立以技能为主要导向的工薪分配制度、切实提高职工的工作技能和工作效率，浙江省某供水公司对机电维修、调度、机泵运行（含加氯、净水、化验）及高配等岗位的 28 名职工进行了技能等级评定。

此次技能等级评定内容主要包括应知应会考试（理论和实践测试）、个人资质、群众评

议、平时表现和附加部分五部分。其中，理论和实践测试占 55 分；个人资质占 10 分，主要由职工学历、职称等要素构成；群众评议占 15 分，主要有分管领导、部门领导和职工互评；平时表现占 20 分，主要考核的是平时的思想工作等表现情况；附加部分主要是职工的其他突出表现可加分，如技能比武获奖等。技能等级主要分 A、B、C、D 四个等级，90 分（含）以上为 A 级，75 分（含）~90 分为 B 级，65 分（含）~75 分为 C 级，60 分（含）~65 分为 D 级。经过一系列严密的考核后，据统计，有半数以上的职工获得了 B 级以上的技能等级，不同级别可享受不同的工薪待遇。

（资料来源：中国水星消息. 张岳军. 中国水星，2009-01-04）

4.5.1 岗位等级工资制概述

1．岗位等级工资制的含义和特点

（1）含义。岗位等级工资制是根据劳动条件、技术要求、劳动责任等要素的差异对劳动岗位进行分类，并在同一岗位内部按技术复杂程度划分等级，从而确定员工工资收入的一种基本工资制度。

（2）岗位等级工资制的特点。

1）岗位等级工资制的基本特征是在体现各个生产岗位之间劳动差异的同时，又进一步体现了同一岗位内部技术熟练程度的差异。

2）岗位等级工资制融合了技术等级工资制和岗位工资制的特点，既具有岗位工资制的合理调节劳动力的流向，并在最佳年龄做出最大贡献时获得最高报酬的优点，又具有技术等级工资制激励员工努力学习科学文化知识，不断提高技术操作水平和综合应变能力的优点。

2．实行岗位等级工资制必须具备的条件

实行岗位等级工资制必须具备的条件是：企业有一定的劳动工资管理基础；有先进合理的定员、定额标准；对各类岗位功能、劳动规范、技术等级，能运用科学的方法进行评测考核和管理。

3．岗位等级工资制的适用范围

岗位等级工资制适用于岗位生产特点比较明显，且同一岗位内部又有技能要求差异的企业和工种。一般地说，对那些自动化程度较高、生产连续性较大的工种，如石油化工企业各主要岗位的操作工、炼铁的炉前工、炼钢炉的司炉工、汽车和机车司机等，均适宜实行岗位

等级工资制。

4.5.2 岗位等级工资制的形式

1．一岗一薪制

一岗一薪制即一个岗位只有唯一的工资标准，凡是同一岗位上的员工都执行同一工资标准。岗位工资标准由低到高顺序，形成一个统一的岗位工资标准体系，它反映的只是不同岗位之间的工资差别，反映不出同一岗位内部的工资差别。其特点是一职一薪，同职同薪，标准互不交叉，提职才能增薪。劳动者只要达到岗位和职务要求，就能取得标准工资；岗位变动，则工资随之变动，实行一岗一薪制，岗内不升级。新工人上岗采取"试用期"或"熟练期"办法，期满经考核合格后正式上岗，即可执行岗位工资标准。

一岗一薪强调在同一岗位上的人员执行统一的工资标准，具有以下3个方面的优点：

（1）能保证员工在最佳年龄、最佳技术、付出劳动量最多的时候得到最佳的报酬。

（2）简化工资构成，工资外津贴减少。

（3）一岗一薪，岗动薪动，对员工的激励性大，且操作简便灵活。

一岗一薪制比较适用于专业化、自动化程度较高，流水作业，工作技术比较单一和工作物等级比较固定的行业及工种。

一岗一薪也有缺陷，主要是不便于体现同岗位员工之间由于经验、技术熟练程度不同而产生的劳动差别以及新老员工之间的差别，同样职务、岗位或工种内部缺乏激励。

表 4-4 是一个典型的一岗一薪制工资表，该企业岗位分为 3 类，每类职务分为不同级别的岗位，每个岗位规定一个岗位工资。

表 4-4　一岗一薪工资制表

岗　级	岗位工资（元）	管理类职务	技术类职务	生产操作类职务	
				岗　级	岗位工资（元）
12	2 340	总经理		1	450
11	2 150	副总经理	正高级工程师	2	470
10	1 970	各中心主任		3	500
9	1 800	中心副主任	副高级工程师	4	540
8	1 640	部门经理		5	590
7	1 490	部门副经理	工程师	6	650
6	1 350	科长		7	720

续表

岗　级	岗位工资（元）	管理类职务	技术类职务	生产操作类职务	
				岗　级	岗位工资（元）
5	1 220	副科长	助理工程师	8	800
4	1 100	主管		9	890
3	990	管理员	技术员	10	990
2	890	办事员		11	1 100
1	800	实习员	实习员	12	1 220
				13	1 350
				14	1 490
				15	1 640

2．一岗数薪制

一岗数薪制即在一个岗位内设置几个工资标准，以反映这一岗位内部不同员工之间的劳动差别，岗内级别是根据岗位内不同工作的技术复杂程度、劳动强度、责任大小等因素确定的，即在岗位内部，对技术熟练程度较高的员工规定较高的工资标准，由于一岗数薪，高低相邻的两个岗位之间的工资级别和工资标准产生重合是很正常的。

实行一岗数薪制，员工在本岗位内可以小步升级，直至达到本岗最高工资标准。

一岗数薪融合了技术等级工资制和岗位工资制的优点，可以反映生产岗位之间存在的劳动差异和岗位内部不同员工之间的劳动熟练程度的差异，使劳动报酬更为合理。一岗数薪适合岗位划分较粗，同时岗位内部技术要求有些差异的工种。

表 4-5 是某企业电工岗位的工资系数表，是一个典型的一岗数薪制，处于同样岗位的员工由于熟练程度、技术水准、操作能力和责任不同，享受不同级别的工资系数，并且每个岗位的最高级工资系数可以达到下一个高级别岗位的最低工资系数，从而提高员工学技术和提高业绩的积极性。

表 4-5　某企业电工岗位的工资系数表

工　种	技能等级		综合技能评定	工资系数
电　工	实习岗（未独立操作）			1.0
	起始岗			1.1
	标准岗	初级工	一级	1.1
			二级	1.2
			三级	1.3

续表

工 种	技能等级	综合技能评定	工资系数
	中级工	一级	1.4
		二级	1.5
		三级	1.7
	高级工	一级	1.7
		二级	1.8
		三级	1.9
	操作能手	一级	1.9
		二级	2.0
		三级	2.2

3．复合岗薪制

复合岗薪制即每个职务内设置若干个工资标准，但不同职务的工资标准有部分等级交叉。其特点是一职数薪，同职可不同薪，标准适当交叉，不同职亦可同薪，不升职亦可增薪。

4.5.3　岗位等级工资制的操作规程

1．设立组织、配备人员、进行培训

设立岗位等级工资制的组织可由人力资源部门牵头，邀请有关工程技术人员和经营管理人员以兼职形式参与，请有关专家对参与人员进行工作评价技能的专业培训。

2．工作标准化

工作标准化即把企业各个岗位的工作加以改进并实行标准化，为了实现高效率，最好进行方法研究和时间研究。这项工作应由专门人员完成。

3．工作分析

在企业中，工作是由企业组织为达到目标必须完成的若干任务组成的。而工作分析是指确定各项工作所需技能责任的系统过程。工作分析给出一项工作职责与其他工作的关系、所需的知识和技能以及完成这项工作所需的工作条件。工作实际情况被集中起来加以分析，并对其进行科学系统地描绘，最后做出规范化记录，制成工作说明书。

4. 工作评价

工作评价即在工作分析的基础上，对不同内容的工作，以统一的尺度（标准）进行定量化评定和估价，对工作进行分类和分级，从而确定各项工作的相对价值。在这一步骤中，应先就各项工作的性质做横的划分，即将工作性质、工作内容相同或相近的归为一类，初步确定岗位种类；然后再将同类性质的若干工作，根据对其评价的结果做纵的划分，以决定其岗位属于什么等级。

5. 货币转换

货币转换是指根据岗位的工资总额、岗位等级、岗位数目 3 类数据计算岗位工资标准。

6. 与市场工资率平衡

岗位工资标准测算之后，还必须结合薪资市场上的工资水平做相应的调整。

7. 制定实施细则

岗位工资实施细则的内容包括新工资标准的运用，工作评价的日常维护和定期检查等。

4.6 职能等级工资制

引导案例 4-6

某汽运公司的职能岗位工资制

1. 职能岗位工资制的级别

职能岗位工资制是某汽运公司根据自身特点摸索的一套薪酬管理制度。职能岗位工资制的整个薪酬收入结构是由四个单元组成：职能岗位工资单元、业绩工资（奖金）单元、年功工资单元和工资附加单元。各个工资单元既有其独立职能，又相互联系、互为补充。

该汽运公司的职能岗位工资是根据岗位的责任大小、技能要求、劳动负荷、工作环境等，结合职务承担者所具备的工作能力、在实际工作中能力的发挥程度以及工作绩效确定的工资。这种工资制度充分体现了以岗位职责为依据，工作绩效、员工技能为尺度的考核择优升级的原则。职能岗位工资级别由岗位级别和职能级别两部分组成，一岗多薪。

（1）岗位级别。岗位级别由四个要素决定：岗位责任大小；岗位所需专业知识和技能；

劳动强度与工作负荷；工作环境。岗位级别越高，表示岗位的责任越大，所需要的专业技术知识及业务能力越高。该汽运公司的岗位级别系数在 1.5～3.2 范围内。

（2）职能级别。职能级别以员工所在岗位的职责为依据，考核员工三个指标：专业知识和技能，工作绩效，上进心和创新能力。职能级别的评定每年进行一次。

专业知识和技能考核依据员工的文化程度、上岗资格，汽运公司内部制定的技能等级标准，评定员工的技能等级。技能等级一般分为实习岗、超始岗、初级工、中级工、高级工和操作能手等几个级别。工作绩效考核依据员工的安全业绩、设备业绩、生产业绩和劳动纪律四个方面考核员工的业绩分工超额完成生产指标状况、自主管理状况、创新操作方法、申请专利和专有技术、文化程度等，给予员工一定的加工业绩奖励。根据工作绩效考核、上进心和创新能力考核得出员工综合业绩分，以综合业绩分高低评定员工综合业绩，分为未达标、达标、优良三个等级。技能等级与综合业绩等级相结合，构成员工的职能级别。

2. 职能岗位工资制的优点

该汽运公司工资改革方案提出后，取得了积极的效果，从中可以看出，职能岗位工资制具有以下优点：

（1）提高了员工学技术的积极性。缺乏主动学习的积极性，认为技术学得再好再精也白费精力和时间，仅满足于干任务，掌握一般技能和达到一般工作质量，这对促进企业技术进步和员工素质的提高是一大障碍。工资改革方案经过工代会代表讨论、审议、表决同意后，在全公司引起积极的反响。员工纷纷主动报名学习技能。

（2）有利于激励员工提高工作业绩。职能岗位工资每年评定一次，员工工资直接与工作绩效挂钩，生产任务完成情况、安全达标情况、遵守劳动纪律情况都会直接影响员工的收入，这样就加大了公司目标对员工个人目标引导的力度，从而提高公司整体的劳动生产率。

（3）充分体现了按劳分配的公平原则。摒弃平均主义，增大了员工工资差距，工资分配制度更加符合员工的劳动贡献，多劳多得、奖优罚劣。

（4）增强了员工的创新意识和创新能力。改革方案中对创新活动和创新行为给予奖励，使大家意识到创新是企业生存和发展的源动力，积极参与创新。另外，通过引导大家学习科学文化和工作技能，提高了员工的素质，从而提高了他们的创新能力。

（资料来源：人力资源开发管理）

4.6.1　职能等级工资制概述

1. 职能等级工资制的含义

职能等级工资制是根据员工所具备的与完成某一特定岗位等级工作所相应要求的工作

能力等级确定工资等级的一种工资制度。

2．职能等级工资制的特点

（1）决定个人等级的最主要因素是个人相关技能和工作能力，即使不从事某一岗位等级的工作，但经考核评定其具备担任某一岗位等级的工作能力，仍可执行与其能力匹配的等级工资，即岗位与工资并不直接挂钩。

（2）职能等级及与相应的工资等级数目较少。其原因是，对上下相邻不同的岗位等级来说，各岗位等级所要求的知识和技能的差别不是很明显。所以，可以把相邻岗位等级按照岗位对工作能力的要求列为同一职能等级。这样制定出来的职能等级一般只有岗位等级的一半甚至更少。

（3）有严格的考核制度配套。由于决定工资等级的是个人能力等级，这就需要制定一套客观、科学而完整的职位标准和职能等级标准，并按照标准对个人进行客观、准确的考核与评定。否则，职能等级就很容易只按照资历确定。另一方面，由于员工的能力是不断提升的，但速度是不一致的。所以需建立长期的考核制度，定期对员工的职能等级进行考核。

（4）人员调整灵活，有很强的适应性。这是由第一个特点决定的。由于职能工资等级不随员工岗位等级的变动而变动，因而有利于人员的变换工作和调整，能够适应企业内部组织机构随市场变化而做相应调整的要求。

3．职能等级工资制的适用范围

职能等级工资制适用于营业职系、技能职系、事务职系和技术研究职系等职种，如表 4-6 所示。

表 4-6 某公司职系范围设定及定义

职 系	职 种	职 系	职 种
营业职系	油脂销售职 成品销售职 玉米粉销售职 饲料销售职 食品开发职	事务职系	经营计划职 总务职 人事管理职 会计职 物流职 电脑职 原料职 物料职

续表

职　系	职　种	职　系	职　种
技能职系	制造技能职 包装进出货职 保养职 环境保护职	技术研究职系	生产技术职 设备技术职 研究开发职 试验检查职

4.6.2　职能等级工资制的形式

按照员工工资是否主要由职能工资决定，职能等级工资制可以分为2种形式。

1．单一型职能工资制

单一型职能工资制即工资标准只按职能等级设置，职能等级工资几乎占到工资的全部。然而实践中，职能工资也包括了年龄或工龄因素，如一级数薪制。在同一职能等级内，个人的工资级别或档次主要由工龄长短来决定。当然，这里的工龄被认为是与能力正相关的。

2．多元职能工资制

多元职能工资制即按照职能设置的职能工资与按照年龄要素或基本生活费用确定的生活工资或基础工资并列存在。如在全部工资中，职能工资占25%，生活工资占65%。一般趋势是：对新员工，生活工资占较大比重，职能工资的比重较小。随着工龄的增加，生活工资的比重逐渐下降，职能工资的比重提高，直到职能工资占绝大部分。严格来说，多元的工资已不全部由工作能力所决定了。

4.6.3　职能等级工资制的操作规程

1．职务分类

先通过职务调查和职务分析，把职务本身的职责、特点以及履行职务时所必需的知识、能力条件等各项要素确定下来，也就是进行职务编制工作，并以职务说明书的形式将职务所要求的知识、熟练程度（技能、经验、判断能力）、体力和智力的消耗程度（负荷量、疲劳度）、业务职责、作业条件等予以书面形式的表达，为下一步的职务评价做好准备。

2．确定职务等级

评价职务的相对价值的职务评价法大多采用点数法，即依据评价要素确定其点数，然后加以汇总，再根据总点数确定职务等级。这种方法的最大优点在于有很强的说服力，当然也可以采用分类法，首先确定标准职务或代表职务，再以此为基准进行分类。这种方法适用于管理职、监督职、专业职和事务职。

3．职能分析

职能分析必须直接落实到员工自身，在这一点上它与职务分析、职务评价与等级分类不同。职能分析重点在于收集和整理实现职务的能力和个人适应性的资料，并加以分析整理，因而其分析对象是员工，而不是职务，所以其难度也要大一些。

根据职能分析的结果，制作职能基准表，对职能要件加以列示。其中主要包括要达到某一职能所必须具备的知识、经验、判断力（包括理解力、创造力和开发力）、指导力、监督力、统率力、业务处理力和管理力。

4．职能评价

职能评价大多采用分类法，即按一定的职能基准，划分出诸多职能资格等级，把员工归入不同的等级中，当然还需要综合考虑员工的初职收入、升格和提薪等因素。

其具体程序是，初职收入以学历和经历为依据，升格则根据其在某一职级的在级年数，升格前的资格等级及评估考核成绩，评价其是否具备高一资格等级的职能资格要求，经直接上级推荐，并经过升格考核后才可以升格，据此使新员工和在职员工明确自己应具备的职务完成能力，明确升格后新的职务完成能力的要求，从而找出自己的不足，促使其努力进行自我能力开发。对企业而言，由此可以合理地分配使用员工，加强业务指导，更好地调动每位员工的积极性。

5．根据职能等级制定职能工资制

职能工资制的关键在于职能等级的划分，后者是前者的前提和条件，所以职能工资制的运行，必须首先建立职能等级制。职能工资制只不过是在职能等级制基础上，加入与之相适应的工资制。也就是根据职能等级制定职能工资表，作为发放工资和提升工资的依据。因此，其原理与岗位工资制中的工资定类大致相同，只是确定基准发生了变化。

4.7　提成工资制

引导案例 4-7

北京饮食服务企业实行提成工资制的规定

1. 实行范围

市饮食服务总公司、市一商局、市供销合作联合社所属以劳务为主的全民所有制和集体所有制饮食、理发、浴池、洗染、照相、旅店、弹花、修理、钟表眼镜修配、服装零活加工和废旧物资回收企业实行提成工资制度。其他区、县、局、总公司所属企业（不包括外事、旅游、劳动服务公司、街道联社企业和乡镇企业）与上述单位经营业务范围相同的，也可以实行提成工资制度。

2. 实行条件

（1）经营情况比较稳定；

（2）财务上独立核算、自负盈亏；

（3）劳动组织比较合理；

（4）各种规章制度健全，经济责任制得到较好落实；

（5）修理企业从事修理业务的职工人数和营业面积必须都在 75%以上；

（6）服装零活加工企业，零活加工收入要单独核算。

3. 提成工资的具体形式

提成工资分为全额提成工资和超额提成工资两种形式。

实行全额提成工资的企业，职工的标准工资、附加工资、保留工资、各种奖金全部从提成工资中支出。

实行超额提成工资的企业，职工的各种奖金从提成工资中支出，标准工资、附加工资、保留工资仍按原规定列支。

4. 提成率的确定和修订

（1）提成率的确定。实行提成工资制度的企业，一般以上年的工资和利润为基数确定提成率。

1）工资基数。

1986 年实行全超提成工资制度的企业，工资基数包括：1985 年工资改革前职工年基本工资额、附加工资额、保留工资额；按全年 12 个月计算的工资改革允许进入成本的数额；1985 年实际发放的奖金数额[人均发放水平低于 2 个月标准工资额（人均月标准工资以 67.50 元计算，下同）的，按 2 个月计算；超过 8 个月标准工资额的，超过部分不计入基数]。

实行超额提成工资的企业，工资基数为 1985 年实际发放的奖金数额（人均发放水平低于 2 个月标准工资的，按 2 个月计算；超过 8 个月标准工资的，超过部分不计入基数）。

2）利润基数。

1986 年实行全额提成工资和超额提成工资的企业，一般以 1985 年的实现利润加上核定的工资基数中已在成本费用中列支的部分，作为利润基数。

对中途开业和新办的企业，因利润基数难以核定，当年暂不实行提成工资制度，属于国有企业的，由企业主管部门负责提出核定税后留利中奖励基金及其他各项基金比例的意见，报同级财政部门审批；属于集体企业的，按税务部门的有关规定执行。

3）提成率的计算公式。

$$提成率 = \frac{核定的上年工资基数}{核定的上年利润基数} \times 100\%$$

（2）提成率的修订。实行提成工资制度的企业，提成率在正常情况下应保持稳定，一般一年审查修订一次，安排在次年 2 月底以前进行。

遇有下列情况之一，可考虑修订提成率：

1）国家、地方物价部门明文规定调整主要原材料、燃料或产品、服务项目价格对企业利润有较大影响时；

2）国家税制改革、税率调整对企业利润有较大影响时；

3）国家投资进行改造、扩建使企业利润大幅度增加的。

5. 提成工资的提取和使用

（1）实行提成工资制度的企业，提成工资按照核定的提成率，每月从企业提取提成工资前的利润（简称提成前利润）中提取。提成工资在税前列支。

凡经财政、税务部门调增的利润，不能提取提成工资，调减利润的要相应核减已提取的提成工资额。

（2）提成工资的使用要贯彻按劳分配的原则，加强考核，严格按照经济责任制的完成情况进行分配，拉开档次，打破平均主义。

（3）企业当年提成工资有结余的，可以结转到下一年度继续使用。

（4）实行提成工资制度的企业，税后不再提取职工奖励基金。集体所有制企业税后提取的公积金和公益金不再用于发放职工奖金。除法定节假日加班工资外，企业不得另行列支加班工资和加时费。

（5）实行提成工资制度的小型企业，按照核定的提成率提取的工资，不属奖金范围，不计征奖金税。

6. 提成工资工作的管理

（1）市饮食服务总公司、市一商局、市供销合作联合社以总公司、局、社为单位，由市劳动局、市财政局、市税务局负责审核下达提成率。总公司、局、社在不超过下达的提成率以内，核定所属各区、县公司和直属企业的提成率，并将下核的结果按企业（或区公司）汇总抄报市劳动局、财政局、税务局备案，以便监督执行。各区、县公司在核定所属企业的提成率时，应商得同级财政税物部门同意后下达。

其他区、县、局、总公司所属企业实行提成工资制度的，由主管区、县、局总公司提出，全民所有制企业报市劳动局、市财政局审批、集体所有制企业报市劳动局、市税务局审批。

为了防止企业单纯追求利润、降低服务质量、损害消费者利益，在下达提成率的同时，还要根据企业的特点，规定三至四项考核指标，考核指标应以反映社会效益的指标为主，考核指标没有完成的，要按一定比例扣减提成工资额，扣减比例一般不超过提取提成工资总额的30%，具体考核指标和扣减比例由主管区、县、局、总公司提出并负责考核。

（2）年度的提成率的审查修订工作由批准部门负责。市饮食服务总公司、市一商局、市供销合作联合社所属企业年中需要调整提成率的，在不超过核定的提成率以内，由总公司、局、社在内部调剂，并商得同级财政、税务部门同意后下达。

（3）实行租赁经营和经营亏损以及改变了经营性质的企业应停止实行提成工资制度。停业修建企业，职工参加修建工作的，按标准工资的15%发给综合奖，在工资项目列支。

（4）本规定只适用于独立核算的基层企业。企业各级管理单位不实行提成工资制度。

（5）本规定由市劳动局、市财政局、市税务局负责解释。

（资料来源：中国商事登记网，2009-01-04）

4.7.1 提成工资制概述

1. 提成工资制的含义

提成工资制是企业实际销售收入减去成本开支和应交纳的各种税费以后，剩余部分在企业和员工之间按不同比例分成。

2. 提成工资制的形式

提成工资制常见的形式有创值提成、除本提成、"保本开支，见利分成"等。

3．提成工资制的适用范围

提成工资制适用于饮食服务业、电信话费销售领域等。

4.7.2 提成工资制的操作规程

1．确定适当的提成指标

参考员工上一年的营业额利润和实际营业额利润及预测营业情况，从而确定部门员工的提成指标。

2．确定恰当的提成方式

提成方式主要有全额提成和超额提成两种形式。全额提成即员工全部工资都随营业额浮动，而不再有基本工资。其计算公式是：

$$员工收入=利润或销售收入额×提成比例$$

超额提成是指扣除一部分或保留其基本工资作为固定工资部分，并相应规定需完成的销售额或利润，超额完成的部分再按一定的比例提取提成工资。其计算公式是：

$$员工收入=基本工资+超额收入×提成比例$$

3．确定合理的提成比例

提成比例有固定提成比例和分档累进或累退提成比例两种主要形式。

4.8 谈判工资制

引导案例 4-8

谈出来的好"薪情"

对于北人集团第四印刷机械厂的技术人员来说，初春的 3 月格外令人兴奋，因为一年一度的工资谈判就在此间敲定落实。从 4 月起，那些业绩突出、能力出众者将获得比上年更多的工资和技术销售提成，那些基本能胜任工作、无重大过失者也可保持原有的工资水平。虽然这份工资未必令他们百分之百的满意，但由于已接近同行业的市场工资水平，因此足以让大多数人安下心来。

谈及第七轮谈判的成果，第四印刷机械厂人事科长孙援朝一脸轻松："很平稳，技术科28%的人增资，月薪最高4100元，最低1500元，没有因谈不成而走的。"据悉，增资的13人中，2002年有突出贡献的3人，市场紧缺的电气人才2人，工作适应能力强、很有培养前途的8人。与以往不同，今年除特别重视技术开发有突出贡献的人才外，还对销售市场开发有特殊贡献的人才和毕业没几年但很有潜力的大学生格外优待。

北人集团人力资源部长王建中不无感慨地说："退回到1997年，情况却没这么简单。由于谈判工资与当时推行的全国统一的国有企业'岗位工资制'不相吻合，因此争议很大，甚至人民日报内参也编发了有关文章。然而，人才流失严重的现实却不容人迟疑，厂里1995年好不容易进了4个大学生，当年就走了8个，1996年进了11个，结果又走了14个，因此只能摸着石头过河了。"

1997年第一轮谈判的结果是，61名职工重新确定了工资数额，月薪最高2100元，最低的700元，月增资500元以上11人，占技术人员的20%，100元~500元的32人，月增资100元以下、未达到职工当年平均工资额的14人，占全科人数的20%，未升级的1人，降级的3人。谈判工资的最大特点在于平均主义被打破，完全凭个人的能力和实绩说话，具体体现在骨干增资多，最多月增资达765元，工资月差由原来的20~30元上升为400~500元，最高相差900元。1998年第二轮后，54人升级，最高月增资400元，8人未动，2人降薪各100元。清华大学经济管理学院日前针对"北人"谈判工资的一项调查显示，对谈判工资持基本满意态度的技术人员占73%。自此，北人四厂技术人员的收入逐渐与同行业的市场工资水平接近，一度令人头痛的人才流失问题得以解决。

（资料来源：市场报，2006-04-18）

4.8.1　谈判工资制概述

1. 谈判工资制的内容

谈判工资制是一种灵活反映企业经营状况和劳务市场供求状况并对员工的工资收入实行保密的一种工资制度。具体地讲，员工的工资额由企业根据操作的技术复杂程度与员工当面谈判协商确定，其工资额的高低取决于劳务市场的供求状况和企业经营状况。当某一工种人员紧缺或企业经营状况较好时，工资额就上升，反之就下降。企业对生产需要的专业技术水平高的员工愿意支付较高的报酬，如果企业不需要该等级的专业技术的员工，就可能减少使用或支付较低的报酬。只有当企业和员工双方就工资额达成一致，工资关系才能建立。企业和员工都必须对工资收入严格保密，不得向他人泄露。

2．谈判工资制的优缺点

（1）谈判工资制的优点。谈判工资制的优点是有利于减少员工之间工资上的攀比现象，减少矛盾。工资由企业和员工共同谈判确定，双方都可以接受，一般都比较满意，有利于调动员工的积极性。

（2）谈判工资制的缺点。谈判工资制的缺点在于工资制度与劳资双方的谈判能力、人际关系等有关，弹性较大，容易出现同工不同酬。在国有企业实行这种制度，由于制度、仲裁机构和监督机构不健全，容易使以权谋私者从中舞弊，产生亲者工资高、疏者工资低等不合理现象。

4.8.2　谈判工资制的前景

经济全球化、市场经济必然要求工资市场化，谈判工资制是工资市场化的产物，具有强大的生命力和发展前景，我们从德国的实践和海尔的创新可以看出这一点。

1．德国的"工资自治"

从德国企业的工资决定机制来看，工人的工资按照市场竞争的原则加以确定，企业工人工资的确定与增加一般由劳资谈判来决定，实行所谓的"工资自治"。"工资自治"具体包括 3 方面内容：① 工会与雇主协会签订合同；② 单个企业内部工人委员会与雇主签订合同；③ 单个工人与雇主签订合同。具体到个人，工资则是通过进行岗位评价，确定相应等级工资标准来确定的，而不同层次的人员有不同的工资标准。企业管理人员实行年薪制，工资由董事会单独确定，不需要经过集体谈判，但也有少数企业管理人员的工资由劳资谈判来确定。

2．海尔的市场化工资

海尔公司市场化工资的来源以市场订单为依据，订单多，则员工工资收入高；反之，则工资收入低。这种方式的好处正如海尔开发部一名员工所说："从市场拿钱，作为开发人员就必须深入市场、研究市场，开发有市场潜力的产品来使个人、企业都受益。"不过，只有在实施过程中重视并恰当解决了以下问题，市场化工资的优越性才能真正体现出来。

（1）市场目标的唯一性。企业各部门都要明确市场目标，并且要体现唯一性。如商流推进部，经理就专抓销量，考核目标直接与销量挂钩，实现市场目标单一化。

（2）市场工资的合理性。企业实施市场化工资，管理人员和操作人员工资同样市场化，否则就不合理。例如设备事业部把所有设备管理人员的停机时考核指标，也同维修工一样定为零，并设定了不降低就否决的市场增值否决线，使市场工资完善合理。

（3）市场效果的真实性。实行市场工资后，员工市场工资的考核的真实性问题非常重要。例如，空调检验处将其使用的信息平台完善起来，工资不再单纯由检验员自己查出的问题说了算，而是根据信息反馈的问题和抽样室查出的问题进行判断，市场效果的真实性大大得到提高。

（4）市场报酬的透明性。企业实施市场化工资，员工要做到实实在在干工作，明明白白拿工资，提高员工报酬信息透明度。例如，海尔实施市场化工资后，不仅实现了通过信息化给每个员工搭建自主经营的平台，给员工提供公平、公证、公开、透明、开放的工作环境，而且通过员工自动计酬系统实现了信息的自动录入、数据的自动计算、收入的自动兑现、触摸屏的自动查询。

📖 本章重点概念

结构工资制　　岗位技能工资制　　岗位薪点工资制　　技术等级工资制
岗位等级工资制　　职能等级工资制　　提成工资制　　谈判工资制

 ## 自测题

一、判断题

1. 各单元最低工资加上奖金和一部分津贴的总和不能低于本地区执行的最低工资标准。（　　）

2. 岗位技能工资制具有极强的适应性，各种企业，不论大小，均可采用岗位技能工资制。（　　）

3. 岗位薪点工资制是在岗位劳动评价的基础上，用点数和点值来确定员工实际劳动报酬的一种工资制度。（　　）

4. 薪点工资＝员工个人总点数×工资率×考核系数。（　　）

5. 工资等级线是反映某项工作内部劳动差别程度的标志。（　　）

二、单选题

1. （   ）比较适用于专业化、自动化程度较高，流水作业，工作技术比较单一和工作物等级比较固定的行业及工种。

A. 一岗数薪制　　　　B. 一岗一薪制　　C. 复合岗薪制　　　　D. 多岗一薪制

2. （   ）是根据员工所具备的与完成某一特定岗位等级工作所相应要求的工作能力等级确定工资等级的一种工资制度。

A. 谈判工资制　　　　B. 提成工资制　　C. 岗位等级工资制　　D. 职能等级工资制

3. 职能工资制的关键在于（   ），后者是前者的前提和条件，所以职能工资制的运行，必须首先建立职能等级制。

A. 职能等级的划分　　B. 岗位调整　　C. 员工调查　　　　　D. 职能的分类

4. （   ）即按照职能设置的职能工资与按照年龄要素或基本生活费用确定的生活工资或基础工资并列存在。

A. 谈判工资制　　　　B. 提成工资制　　C. 岗位等级工资制　　D. 多元职能工资制

5. （   ）是用来规定员工的工资等级数目以及各工资等级之间差别的一览表。

A. 工资差距表　　　　B. 员工福利表　　C. 工资等级表　　　　D. 工资表

三、多选题

1. 结构工资制的构成一般包括（   ）。

A. 基本工资　　　　　B. 岗位工资　　　C. 技能工资

D. 浮动工资　　　　　E. 福利工资

2. 实行提成工资制主要的步骤有（   ）。

A. 确定适当的提成指标　　　　　　　　B. 确定恰当的提成方式

C. 确定合理的提成比例　　　　　　　　D. 确定岗位技能工资标准

E. 确定合适的提成原则

3. 岗位劳动评价是一个系统，它由（   ）等系统组成。

A. 评价指标　　　　　B. 评价标准　　　C. 评价技术

D. 评价方法　　　　　E. 评价手段

4. 在确定技能工资时，可将企业员工分为（   ）三类。

A. 技术工人　　　　　B. 领导人才　　　C. 非技术工人

D. 管理与专业技术人员　　　　　　　　E. 专业技术人员

5. 划分与设置工种的原则包括（   ）。

A. 规范原则　　　　　B. 实用性原则　　C. 简化和统一原则

D. 行业归口原则　　E. 适合企业发展原则

四、简答题

1. 简述结构工资制的优点及缺点。
2. 岗位薪点工资制操作规程是什么？
3. 技术等级工资制的构成是什么？
4. 简述职能等级工资制的操作规程。
5. 简述谈判工资制的优缺点。

 调查研讨题

1. 实行岗位等级工资制必须具备哪些条件？
2. 实施市场化工资应该注意哪些问题？针对这些问题你有什么建议？

 案例分析

Y 公司的岗位贡献工资制

1. 规范公司领班及以下员工薪资计发放标准，体现按劳分配原则，提升团队士气及公司效益

2. 薪资结构

（1）员工薪资由基础薪资、年资、职务薪资（岗位薪资）、岗位绩效薪资、加班津贴、全勤津贴和其他奖励构成。员工标准工作餐和住宿由公司全额补助（水电费由公司定额补贴，超出部分由员工自理）。

（2）员工薪资扣除项目为：房租及水电超出部分、社保费及违规罚款等。

3. 薪资系列

员工薪资级数、日薪资标准及其相对应的岗位绩效工资基数如表4-7所示。

表4-7　员工薪资级数、日薪资标准及其相对应的岗位绩效工资基数　　单位：元

工资级数	日 薪 资	岗位绩效工资基数
0	20～22	250
1	18.5～19.5	220
2	18～19	200
3	17.5～18.5	180

续表

工资级数	日 薪 资	岗位绩效工资基数
4	17～18	150
5	16.5～17.5	120
6	16～17	100
7	15.5～16.5	80
8	15～16	50
9	14.5～15.5	30
10	14～15	0

4．薪资计算方法

（1）基础薪资。基础薪资是员工正常工作时间内的工作报酬，以日薪资形式计算，按月发放。每个财务年度结束，根据当年的经营业绩，员工薪资普调一次，调整根据每年6月、12月绩效综合考核结果进行。其他时间，除入职、换岗、转正外，一律不进行薪资调整，特殊情况，必须经总经理以上人员批准方可执行。基础薪资计算公式如下：

基础薪资＝日薪资×当月实际作业天数

（2）岗位绩效薪资。岗位绩效薪资是员工薪资结构中直接与员工岗位和每月考核成绩、公司效益挂钩部分，按月发放，该基数随公司的效益不定期进行调整。员工岗位绩效核定的内容和标准由各部/课制定，实行百分制；考核分布比例由各部/课根据实际情况制定，人力资源部对绩效考核总额进行控制。岗位绩效薪资公式如下：

岗位绩效薪资＝岗位绩效薪资基数×考核系数

岗位绩效考核结果、系数及分布比例的对应关系如下：

考核结果	S（杰出）	A（优秀）	B（良好）	C（合格）	D（不合格）
考核系数	1.2	1.0	0.8	0.5	0.0
考核分值	90～100	80～89	70～79	60～69	60 以下

岗位绩效薪资考核注意事项：

1）新入职员工当月工作不满一个月者，不参加当月岗位绩效考核。

2）岗位绩效考核成绩＝各项考核分相加-扣除分（各项违规扣分及缺勤扣分）。

3）有下列情况者，不能参加当月绩效考核：

① 请事假。超过2天（含2天），不能参加当月岗位绩效考核。

② 请病假。超过3天（含3天），不能参加当月岗位绩效考核。

③ 迟到、早退。超过2次/月，不参加当月绩效考核。

④ 旷工累计超过2天，不参加当月岗位绩效考核，并给予书面警告一次。

岗位绩效考核成绩与出勤挂钩后，员工薪资表中同样按缺勤天数扣发工资。人力资源部对员工缺勤进行每月汇总，年终考核时，根据《请假、休假管理规定》中的有关规定处理。

（3）年资。以员工在公司服务年限为标准发放薪资，标准如下：

职 龄　第1年　第2年　第3年　第4年　第5年　第6年以上

年 资　0元　　20元　　40元　　60元　　80元　　100元

（4）加班津贴。加班津贴是员工加班工作时间内的工作报酬，每月核算，按月发放。

根据劳动法有关规定，员工每周正常工作时间为 40 小时，超过部分应视为加班，公司根据生产经营状况可安排工休。

日常加班（周一至周五）每小时的加班津贴＝日薪资÷8×1.5

周六、周日每小时的加班津贴＝日薪资÷8×2

国家法定休假日每小时的加班津贴＝日薪资÷8×3

月加班津贴＝∑日常加班津贴＋∑周六、周日加班津贴＋∑法定休假日加班津贴

（5）全勤津贴。对满勤员工的奖励津贴，标准为每月 30 元。

（6）职务津贴。给予领班人员的职务补贴，职务津贴标准暂定为 50 元/人。

（7）岗位津贴。给予特殊工站人员发放的薪资补贴。由于各工站复杂程度不一致，对培训上岗难度大、劳动强度高的工站给予一定的岗位系数，根据工站（有岗位系数且产量可量化）的上岗日期、质量、产量由领班对其考核，以激励员工。

1）重要工位（岗位系数为 1.1）：焊锡机工站、端子机工站、剪切员工站；

2）特殊工位（岗位系数为 1.2）：修理工站、物料员、统计员、IQC、OQC、IPQC。

岗位薪资的考核：

$$岗位薪资 = \frac{月有效工作天数 - 请假天数}{月有效工作天数} \times 额定补贴金额（元）$$

额定补贴金额＝2 元/天×月有效工作天数×K（K 为岗位系数）

5. 员工薪级确认及调整

（1）员工试用期一般为三个月。试用期期间一般只计发基础薪资，不享受其他项目薪资，但因表现优良提前转正的，可按正式员工的薪资计发。如在试用期内提前能独立上岗作业的员工，由领班对其试用期天数进行调整，并记录于考勤表上，课长及经理负责审核。领班在考勤表上作记录时，需注明该员工独立上岗的日期，试用期薪级由部/课负责人提出建议并填写员工薪级调整表，经主管领导及人力资源部审核报总经理批准后确定。确定工站的，薪级定为相应工站的日薪资下限，未确定工站的，薪级定为 10 级。

（2）试用过后，根据试用期考试成绩，由部/课负责人提出建议并填写员工薪级调整表，经人力资源部及主管领导审核报总经理批准后确定。制造部每年根据员工综合考核成绩拟定

调整薪级报告，经人力资源部初审，报总经理审核批准执行。

（3）员工工种如有变动，其薪资标准转入变动后相应工站的薪资范围内（以 15 日为期限，即 15 日以前转入新工站的按新工站计薪，15 日以后转入新工站的按老工站计薪）。需确定薪级的，由课/部负责人提出建议并填写员工薪级调整表，经人力资源部审核，报总经理审核批准执行。

6. 薪资发放

员工薪资发放时间为每月 25 日左右，当月发放上月工资。如遇节假日顺延。

7. 附则

本制度由人力资源部拟制，经总经理、职能部门经理例会讨论通过，总经理批准后实施。如有变更亦同。

❓ 案例思考题

1. 运用工资制度的相关知识，分析本案例中介绍的工资制度的优缺点。
2. 该案例反映了哪种类型的工资制度？存在哪些问题？针对这些问题应采取什么措施？

第**5**章

员工奖金和津贴

学习目标

- 了解员工奖金的含义和特点、现行奖金奖励方式及评价。
- 掌握员工奖金制度的设计和员工奖金奖励的操作步骤。
- 明确奖金、津贴及工资三者的关系，津贴制度的制定和管理的内容。

学习导航

```
5.1  员工奖金
5.1.1  员工奖金概述
5.1.2  员工奖金制度设计
5.1.3  员工奖金奖励的操作步骤
```

```
5.2  员工津贴
5.2.1  员工津贴的含义和特点
5.2.2  员工津贴制度的制定和管理
```

5.1　员工奖金

引导案例 5-1

某公司员工奖金考核方案

为使本公司的奖金有所依据，特制定本办法：

本公司每月奖金分绩效奖：一为管理人员的绩效奖；二为技术人员的绩效奖（按工时核算）。每月奖金先扣除技术人员奖金剩下的为管理人员绩效奖。

（1）管理人员奖金核算。管理人员奖金主要为绩效奖，与公司每月效益挂钩，具体核算办法如下：

1）财务部核算出当期企业净利润；

2）弥补企业亏损；

3）提取 10% 法定盈余公积金，提取 5% 法定公益金；

4）按可分配利润的 60% 分配股利；

5）可分配利润的 20% 作为企业发展基金；

6）按可分配利润的 20% 核算职工奖金；

7）奖金总额÷利润总额= (1−33%)×(1−15%)×(1−60%−20%) =11.39%；

8）当期奖金核算系数=可发放的奖金总额÷职工基本工资总额；

9）职工奖金额=职工基本工资×当期岗位考核系数×当期奖金核算系数。

注：计件奖+绩效奖≤利润×10%；工资福利费≤销售收入×20%。

（2）技术员的考核办法。技术员的考评主要以工时来衡量，具体方法如下：

1）工程部将修理、开发、检验等工作用工时作评定。首先制定出单项工作的标准工时（如修理各项部品的标准工时，开发某项目标准工时，检验人员检验部品的标准工时）。须做到所有的工作均可用工时评定。

2）制定出每个工程技术人员每月必须完成的定量工时。

3）每月底生产计划人员核算所有人员的总工时。

4）每月必须完成相应定量工时的工作量，如按规定完成相应工时才可以拿到计件奖，计件奖计算按原规定执行，如未完成定量工时将不能拿到任何奖金。

（3）试用期员工不享受任何奖金。

（资料来源：管理世界，http://www.hroot.com/，2004-07-08）

5.1.1　员工奖金概述

1．员工奖金的含义和特点

（1）员工奖金的含义。员工奖金是单位对员工超额劳动部分、增收节支的劳动或劳动绩效突出部分所支付的奖励性报酬，是单位为了鼓励员工提高劳动效率和工作质量付给员工的货币奖励。

按照国家统计局 1990 年颁布的《关于工资总额组成的规定》，员工奖金是指支付给员工的超额劳动报酬和增收节支的劳动报酬。

不管是哪个定义，都表明奖金是对员工超额劳动部分的一种补偿，是贯彻按劳分配原则的一种劳动报酬形式，是基本工资制度的一种辅助形式。

（2）员工奖金的特点。现实的员工奖金具有多种多样的特点，能够较为灵活地反映员工的实际劳动差别，可以弥补计时、计件工资的不足，特别是对员工在生产过程中提高质量、节约材料、经营、革新技术等方面所做的贡献，用奖金作为补充显得尤为重要。员工奖金的特点表现在以下几个方面。

1）单一性。工资是反映员工在企业中的综合性表现，包括年资、技能、业绩等。奖金在报酬上则只反映员工某方面的实际劳动效果的差别，比如员工在收旧利废中，为企业节约5 万元，企业立即给予 1 000 元的奖金。

2）灵活性。奖金的形式灵活多样，奖励的对象、数额、获奖人数均可随生产的变化而变化。工资一般以规范的形式制定出来，每一个提供了正常劳动的员工都可以按公司章程的规定获取报酬。奖金则不一样，它只授予提供了超额劳动和有突出业绩的员工。可以根据生产（工作）的不同需要，建立不同的奖金制度，如超额奖、质量奖、综合奖等。

3）及时性。奖金的使用不受工资发放的限制，能及时反映劳动者向社会提供劳动量的变化情况，奖金一般在员工提供了超额劳动或者取得突出业绩以后立即予以兑现，它体现的是及时激励的作用。

奖金可以根据生产（工作）需要并随着生产的变化及时调整奖励对象、奖金数额、获奖人数以及奖励的周期和范围等，因而能够缩短考核时间，迅速准确地反映职工提供的超额劳动的数量和质量，从而及时地把职工的劳动和报酬更直接地联系起来。

4）荣誉性。奖金不仅是对员工的物质奖励，还有精神鼓励的作用。员工获得奖金是企业对员工超额劳动的承认和认可，这本身就是一种奖赏。另外，获得奖金的员工会得到周围员工的称颂，使其获得一种精神上的满足。

2．现行奖金发放方式及其评价

综合各类工商企业的实际，目前奖金发放的依据通常为个人表现、团队或小组表现及企业整体表现。这三种不同的发放依据也就产生了不同的奖金发放方式。

（1）面向员工个人的奖金发放形式。

1）全勤奖金。用于公司为使员工勤于职务、提高生产效率所制定的奖励办法。适用于公司生产线作业人员（领班除外）、守卫人员及长期临时性生产工作人员。每月以员工出勤状况分配奖金，但缺点在于只注意表面是否缺勤，而不关心实际的工作绩效。

2）超产奖金。超产奖金就是先设计一个月目标，达到目标以上者都给一定数额的奖金，未达到目标的就不给，其缺点在于领不到奖金的机会多，员工没有兴趣。

3）增产奖金。增产奖金就是先设计一个目标，达到目标以上者，每增加一个单位量就给一定百分比的奖金，其缺点是员工对此兴趣也不大。

4）绩效评核奖金。绩效评核奖金就是先设计评核项目并予以评核，根据评核结果发放奖金，该奖金发放形式比较能体现公平合理的业绩原则，但由于评核项目不易把握，操作起来有一定困难。

（2）面向团队的奖金发放方式。以团队（小组）为对象的奖金设置，虽然其目的在推动团队成员间的合作，但在具体方式上同以员工为对象的奖金设置方式并无多大区别。

（3）企业全员奖励制度。企业全员奖励制度是根据企业一年的总业绩来确定对全体员工奖励的一种方法，从国内外的成功经验来看，主要有 3 种形式。

1）收益分享。收益分享是让员工参与分享超过常规收益的那部分额外收益。这部分额外收益可以是额外的利润，也可以是额外的产出。收益分享的目的是力图提高员工的努力程度，也就是让员工在最高可达到的努力极限和为保证不被开除所需的最低努力下限之间，尽可能主动地向上努力。

收益分享部分的派发可以按月份、季度、半年和年度进行，具体情况取决于管理理念和对工作业绩的衡量方式。

2）利润分享。利润分享是将企业的部分利润在员工之间进行分配。分配给员工的利润的百分比，一般在年底分配之前由协议来确定。在有些利润分享计划中，员工在年底直接获得应分享的部分；在另一些计划中，利润分配被推迟并置入一种基金，员工可在退休或离开企业时带走。

3）持股分享。持股分享通常是以员工持股计划分享，员工持股计划是一种比较普遍采用的利润分享方式。员工持股计划使得员工成为其所在企业的持股人。这种方式增强了员工对企业的认同、忠诚和责任心。员工持股措施带来几方面的好处。最主要的好处是企业用于员工持股计划的那部分收入通常可享受税收上的优惠待遇。其次，员工持股计划使员工分得"一块额外的蛋糕"，即他们得以分享企业的增长和利润。由于以上两大优点，员工持股计划呈现出越来越流行的趋势。

3．各种奖励评价

（1）个人奖励评价。个人奖励制度旨在将个人收入与其努力程度联系起来，所以不会在很大程度上促进员工之间的合作。为了追求对个人的奖励，一个员工可能会对别的员工封锁信息，暗中破坏其竞争对手的各种努力；眼睛只盯着可能的奖励，或者说拒绝从事任何与奖励性回报没有直接关系的事情。不过，尽管可能存在这些不良的行为，但如果某些工作并不需要员工之间有太多的合作，那么对个人的奖励是可以取得显著成效的。

（2）团队奖励评价。以团队为对象的奖励是否有效，在很大程度上取决于团队规模的大小。如果团队规模过大，员工就会认为，他们个人的努力对整个团队工作业绩的影响微不足道，因而对作为结果的最终奖励的作用也必定是微乎其微。因而，企业通常侧重针对小规模团队设计奖励方案。企业实行团队奖励的原因在于越来越多的复杂工作需要依靠员工的相互协作，当团队规模较小且相互依赖程度较高时，以团队为对象的奖励计划就会起到比较明显的作用。

（3）全员奖励评价。就现阶段企业实施的各种全员奖励来看，其不足之处主要有：① 每半年或一年核发一次，不能及时奖励。② 目标太高，员工很少领到奖金。③ 评核的项目不合理，只重产量，忽视品质。④ 奖金幅度太小，很难引起员工兴趣。⑤ 由主管每月考核发给员工，失去客观性。⑥ 高低职位的员工所得都相同，大锅饭现象严重。⑦ 奖金高时经营者主观打折。

为消除以上不足，企业可考虑以下改进办法：① 完善制度。② 确保奖励标准合理、客观。③ 负责解释宣传，使每个员工都对奖励制度有相当的了解。④ 设置有充分发挥潜力的科目，增强制度本身的适应性和灵活性。

5.1.2　员工奖金制度设计

现代企业现行员工奖金制度的设计，主要有绩效奖金制度设计和红利管理制度设计。

1．绩效奖金制度设计

（1）明确制定动机。通常，单位要推行绩效奖金必定有其原因。比如，内部作业人员待遇不平衡，需要有一套制度来调和；材料损耗太大，需要绩效奖金来管理，以减少浪费等。

否则，问题点未找出就仓促制定，不仅徒劳无益，反而会引起负面效应。

（2）实施对象的确定。通常实施对象的级别，以科长级（含）以下人员较切合；对于科长级（不含）以上人员，如厂长、经理等经营层，可给予经营提成或每月给予固定的经营津贴。

（3）合理制定职位基数。绩效奖金制度，主要目的除了发挥员工的潜力及使员工产生对公司的归属感外，还有平衡工作结构、减少人员不平衡心态的作用，使责任轻重与所得之间建立良好的关联性。对不同职位应设置不同的基数，如表 5-1 所示。

表 5-1　职位奖金基数表

级　　别	部门经理	主任科员	科员	助理科员
基　　数	4.0	3.5	2.5	2.0

（4）确认评核的方式及类别。首先，将各级各类部门划分为独立计算奖金部门、比照计算奖金部门和平均计算奖金部门三种类型。其次，依团体绩效和个人绩效两种形式结合前述三种部门划分设定不同的评核项目。最后，按"论件计奖"或"论件计酬"的思路分别加以评核计算。

（5）评核项目的确定。

1）就营业部门来说，主要考虑以下项目：① 目标达成率。按产品种类或销售区域设定各个营业人员的销售目标，以评核目标达成率。② 应收账款达成绩效。针对已成交并开具发票的货款列入催要账款，评核账款回收率的达成绩效。③ 毛利率绩效。用定价与成本比较评核毛利率绩效。④ 其他评核绩效项目。如考勤、规章制度的执行考核等。

2）对于生产部门，则从下述角度着手：① 产量。以生产部门的生产设备性能及产销目标产量为依据，作为评核标准。若以上述资料，可统计过去某一时段的产量平均值，则可酌加某一百分比为标准。② 质量。以各个生产过程的要求标准作为标准值，或统计目前各个生产过程的不合格品率（需去除较异常的月份），以消除或减少不合格品率作为努力的目标。③ 收益率。产出量与投入量的比例，其值愈大，奖额愈高。④ 用量。以标准单位用量乘以订货量加损耗量为投入量，如有不足或生产中发生异常而补料的部分，就为超用量，超用愈多，绩效愈差。⑤ 利益目标达成率。指预期利益下的目标达成率。⑥ 业绩目标达成率。把销售目标和当月实际达成营业额做比较，作为评核间接人员的项目。⑦ 作业查核。按每件工作应遵守的项目，并考虑遵守执行的难易拟定奖金额。⑧ 客诉扣罚。发生客户抱怨，造成损失、退货或赔偿的情形时，依其性质，追究责任，予以扣罚。⑨ 交办事项。通常以其时效及其工作品质评定。⑩ 其他方面。依公司的实际需要增减绩效评核项目，如工作难易评比、工作环境评比等。

3）对于服务部门，则主要考虑以下项目：① 比照平均绩效。以所属部门的绩效加权平均为主，占绩效奖金的大部分百分比，可为 70%~100%。② 特定评核项目。依据各部门的特性设定特别评核项目，但如果这些项目变化太大或人员甚少，就不恰当了。③ 其他评核项目。作业查核、考勤、客户投诉等项目。

需要注意的是，由于各单位工作性质不同，管理重点也不同，因而无法按同一评核项目评定；由于各单位评核项目不相等，其所占百分比也有所不同；由于同一单位人员工作责任不同，对其评核项目所应负的责任也不同，因此也有不同的评核比例。此评分比重的确定应能正确地反映这些特性。

最后为配合绩效奖金的实施，有关事务处理表单应定期加以修正或增设，以便计算绩效奖金，其增设或修改后的表单应能反映绩效的数字，同时有一个完整规范的事务流程，使之既有控制的作用，也可防止虚报工作量。

2．红利管理制度设计

（1）以企业整体为基础的红利制度。就是以整个企业的利润作为衡量标准，应用此方式的目的有以下几点。

1）企业中，重要员工的红利与整个公司的利润有直接关系，因而需有一个以整个公司利润为基础来酬劳某特定高级工作人员的计划。

2）许多企业设有以利润为中心的组织，所以必须以整个企业利润来作为员工红利的基础。

3）以部门利润为员工红利的基础时，有些问题难以解决，因而很多企业的红利以整个企业的利润为基础。

推行以企业整体为基础的红利制度应重点解决两个方面的问题：首先是红利总额的确定。决定一个企业应分配给员工的红利总额度的方式很多，一般是在经营良好的年度中，以工资的百分比为准。管理层对红利数额大小的决定应慎重，一般地说，若红利总额低于拟定的标准，必须以加薪来补偿。由于任何红利计划制定后，产生的激励作用都可使报酬递增，因而在制定一个新的红利计划时，红利数额都有过低的倾向，这是自然的保守性动机。当红利水准相对较低时，该企业只有以加薪的方式作为酬劳。对红利的改变，可以按缓增的方式按期递增红利水准。

其次要掌握红利的计算方法及步骤。在估算红利总数后，下一个问题是决定红利如何计算。最简单的办法是使红利等于利润的一定百分比，但此法并非适合所有情况。为保险起见，一般以利润极低的比率支付红利，但这样无法促成新投资，同时也不能提高员工的积极性。为避免上述缺点，企业一般在获得某特定的投资报酬后才支付红利。决定红利的计算方法后，接着决定支付个人实际红利额。这得依据管理层决定每位员工红利支付的计算标准，以及建立个人红利报酬的说明和支付方法。常用个人红利支付的计算方法是以红利总额与适当给付的工资总额的比率来计算。这种方法的缺陷在于：工资水准可能使每一位员工对利润的潜在贡献评价不够客观。

另一种计算方法是利用工资水平的不同百分比来计算，高薪阶层，可获得高百分比的红利。这种方法的优点在于：其一，使每一位员工红利的合理的差距缩小；其二，给予对企业利润的贡献较高者以较高的奖励。

还有一种方法，其红利报酬是以红利点数为基础，对每一项工作给予若干红利点数，每年总的红利金额用总红利点数来乘以产生每一个红利点数的标准红利定数。这种方法比以工资为基础的红利有弹性，因为红利点数能按其对企业获利能力的潜在贡献来记录。

（2）以部门利润为基础的红利制度。这种红利制度是以部门的利润为衡量标准。根据企业性质的不同又可分为两种类型：分权制的企业组织的红利制度和集权制的企业组织的红利制度。

1）分权制的企业组织的红利制度。分权制的企业组织是指组织庞大，各部门自行其是，各部门之间极少交流，仅有一个小型的管理中心幕僚机构，以及简单的决策单位和作业中心的组织。

基于各部门的所获利润来制定红利制度，一般是给予各部门经理 "全权"。采用这种方式的好处在于：① 各部门的红利计算，以达到某个固定百分比的投资报酬率来给予一定百分比的红利额。② 在红利计划开始时，公司在部门的投资额将再被部门及高级管理层重新决定，这个标准经常是重置成本。③ 假若部门的重估价值低于重置成本，则投资额应减少。假若部门的重估价值高于重置成本，则投资额应增加。

2）集权制的企业组织的红利制度。集权制企业组织是指所有的责任和职权集中于一处，所以主要的决策都由最高中心控制决定，下层几乎没有主动权集权制的企业组织的红利制度，是以整个企业利润为基础的。这种企业在执行红利制度时会遇到的困难及其原因有以下几个方面：① 不恰当的红利基础。主要原因在于红利的给付应基于每年所制定的经营目标的利润。但对集权型的企业来说这是一个极不可靠的衡量标准。因为一个部门的获利可能与其营业的性质有关，而与经理及其工作能力无关。企业的红利虽基于各部门所达成其利润预算的程度，但一般企业对部门经理的报酬是以其经营成效来制定的，而忽略其预测经济及竞争情况的能力。虽然无法控制的因素可修正其经营绩效，但这并非易事，而且可控与不可控的经营因素之间的区分本来就不清楚。② 目标的不调和。在集权制的企业里，很难有一种制度能使各部门间的目标与企业目标相一致。各部门经理原本都希望为企业的利益行事，就是部门的利益受到不利的影响也在所不惜。但若红利因此受影响，则部门经理是否愿意采取这种行为，就得重新考虑了。③ 短期报酬。许多部门的成绩并不在短期利润中显现，这样，每年企业利润经常不受各部门业绩的直接影响，所以这种红利制度不仅导致报酬金额的不平均，而且会对短期行为产生强有力的反激励。

（3）综合红利制度。有些企业主要部门的红利具有双重性，即兼顾部门及企业的利润。建立综合性红利制度的目的在于奖励部门经理及员工对部门的贡献，同时也奖励他们为企业获得了高额利润。

总之，决定采取何种红利制度取决于高层管理者的决策，但其成效要视企业组织形态和管理技术而定。以各部门利润为基础的红利计划，适用于分权制企业组织，而以整个企业利润为基础的红利计划则适用于集权制企业组织。但目前许多企业介于这两种组织形态之间，对于选择何种制度面临极大困难。总之，各种红利制度均有优点，而这些优点是否适合每一家企业，或另有其他的考虑因素则根据具体情况而定。

5.1.3　员工奖金奖励的操作步骤

1．制定奖励指标和条件

（1）制定奖励指标。奖励指标指根据设立某种奖金制度的宗旨来确立特定目标，明确指出对哪一种性质的超额劳动给予奖励，是奖金制度的前提。用人单位应根据工作的需要，制定奖励指标。

1）奖励指标的类型主要有3种：① 完成定额、计划以后又提供了超额劳动的奖励指标。② 对生产工作某个方面做出突出贡献的奖励指标。③ 对某个生产工作领域做出创新或重大改革且效益显著的奖励指标。

2）奖励指标的组合：① 单项计奖指标体系。工作中的某一项指标作为计奖条件。它的特点是只对劳动成果中的某一方面进行考核，一事一奖。一般采取按绝对额计发奖金的办法，也有的采取记分算奖的办法。对在生产工作中某一方面的超额劳动贡献进行单独设定、单独考核、单独计奖的奖励指标体系，即单项奖。其特点是灵活自由，变化较多，独立性强。单项奖有超产奖、质量奖、节约奖、新产品试制奖等。② 综合计奖指标体系。综合奖是以多项考核指标作为计奖条件，它的特点是对职工的劳动贡献和生产、工作成绩的各个方面进行全面评价，统一计奖，重点突出。具体办法是把劳动成果分解成质量、数量、品种、效率、消耗等因素，每一因素都有明确的考核指标及该指标的奖金占资金总额的百分率或绝对数，只有在全面完成各项指标的基础上提供超额劳动，才能统一计奖。其特点是：重点突出，分别考核，全面评价，统一结算支付。各分指标要合理规定考核条件及在指标体系中的权重，并确定具有"一票否决权"的重点分指标。

3）奖励指标的选择：① 所选择并列入奖励指标体系的指标应当是与员工超额劳动直接相关的指标，以及对生产工作起主要或关键作用的指标，无关指标和作用意义不大的指标不选择。② 应根据需要，在单项奖或综合奖中确定选择对象，一般不要两者并立。③ 应根据各单位的性质、劳动特点、超额劳动的表现形态，来选定不同的指标，如生产人员以效益指标为主，管理人员以责任完成指标为主。

（2）制定奖励条件。奖励条件是指对某项奖金，规定员工获奖所需达到的超额劳动的数量、质量标准，它是奖金制度的核心，也是能否发挥奖金的效用，实现该奖金设置目标的关键，制定奖励条件的要求如下。

1）以促进生产或工作为宗旨，结合生产工作实际，与超额劳动直接相连。制定奖励条件，要从各单位生产工作的性质和奖励对象劳动的特点出发，选择不同的评价尺度和方法；计奖条件必须而且只能是反映超额劳动的数量、质量或价值的客观标准。

2）个人收益与个人表现相结合，与企业效益紧密联系。制定奖励条件，要使员工能切实得到利益，但这种利益大小必须与员工的生产工作表现好坏直接相关，多超多奖，少超少奖，不超不奖；同时，奖励条件必须能促进企业劳动效率与经济效益提高，并以此作为奖金标准及数额变化的主要依据。

3）超额劳动和奖金分配的标准都要适中合理。制定奖励条件，超额劳动的标准不能过高或过低，而应使员工通过一定努力能够达到；同样，奖金标准也不能过高或过低，应与超额劳动的价值相适应，适中合理的标准，才能发挥奖金的激励作用。

4）奖励条件必须明确、具体，应建立在数量化、规范化的工作评价体系基础上，使每个员工都充分掌握计算和实施方法，明确自己的责任与努力方向。

奖励条件可分成三个层次：第一个层次是国家主管部门与用人单位之间的奖励条件（国家对机关、企事业单位的奖励）；第二个层次是用人单位与下属组织（部门、科室、车间、班级）之间的奖励条件；第三个层次是部门科室、车间班级与员工个人之间的奖励条件。三个层次因范围和对象不同，奖励条件的内容也有较大不同，较低层次的奖励条件往往是其高一层次奖励条件的分解和细化，如表 5-2 所示。

表 5-2　我国企业各部门常用的奖励指标与奖励条件

部　门	奖 励 指 标	奖 励 条 件
生产部门	产量或工作量	超出定额目标部分，按比例计奖
	产品质量	按合格率、优良品率或低于规定的不良品率计奖
	产品投入产出	投入量与产出量的比率，超标准计奖
	能源和原材料消耗	单位产品能耗、允许损耗，按节约额计奖
	利润	超出生产利润指标，按超额利润计奖
	劳动纪律	按违纪项目、次数扣奖
	操作规程	按违规项目、次数扣奖

续表

部　门	奖 励 指 标	奖 励 条 件
	客户投诉	按投诉次数、性质、造成损失程度扣奖
	交办事项	按完成时效和质量，给予嘉奖
	其他	视工作环境、出勤率、协作和服务满意程度等状况，给予嘉奖或扣奖
销售部门	销售或订货	按单位时间完成的销售或订货量，予以计奖
	货款回收	按限期内货款的回收率，予以计奖
	毛利率	按产品定价与成本的比率，予以计奖
	其他	视销售或采购费用、出勤率、劳动纪律等状况，予以加奖或扣奖
维护部门	所属部门效率	按所属部门平均奖金一定比率计奖
	部门特定指标	按维修及时率、故障率、盘库误差率、保养费支出等，予以计奖
	其他	视出勤率、用户满意程度等予以加奖或扣奖

2．明确奖励范围、奖励周期和计奖单位

（1）明确奖励范围。即在既定的奖励条件下，参加奖金分配的人员范围和奖励幅度。只有与所定奖励指标、奖励条件直接相关的员工才应纳入奖励范围，以保证员工所获奖金是其创造的超额劳动的报酬。

（2）明确奖励周期。即根据奖励指标的性质和生产工作的实际需要，来确定奖金核算和支付的时间单位（年、季、月奖或一次性奖）。如对常规性生产工作中的超额劳动（质量、产量），实行月奖、季奖；对突发性、专门性生产工作中的超额劳动或贡献，实行一次性奖；和集体劳动的经济效益或社会相关的奖励指标，可实行综合性年度奖。

（3）明确计奖单位。计奖单位是指按不同劳动特点划分的独立考核并计发奖金的部门和组织。即用人单位根据不同劳动的特点，划分和确定相关的奖金考核、计发部门。通常主要有独立计奖单位、参照计奖单位和平均计奖单位3种类型。

1）独立计奖单位，指有明确奖励指标和奖励条件，可准确独立核算的单位，如生产、销售部门。

2）参照计奖单位，指为生产、销售部门服务的辅助部门，其得奖条件以被服务部门的业绩为基准，可用被服务部门加权平均奖金水平为计奖依据。

3）平均计奖单位，指难以直接、准确地用数量指标反映劳动成果的部门，如总经理办公室、行政管理部门等，可按用人单位平均奖金额计奖。

3．确定奖金总额的原则与方法

奖金总额是指将多少工资收入作为企业全体雇员奖励的基金。

（1）确定奖金总额的原则。

1）奖金总额应与员工超额劳动创造的经济效益保持合理比例，该比例应使奖金对员工能产生较强的激励作用，又使企业、国家（所有者）也能从超额劳动中得到利益。

2）奖金总额应与企业工资分配基金总额保持合理比例，不应当超过工资所占比例，以充分发挥工资在分配中的基础作用。

3）奖金总额应保持从本期超额劳动创造的价值（超额利润），或节约的成本中提取，新增奖金额应从新增超额利润中提取。

4）经常性奖金总额水平的确定，应着眼于企业长期发展目标，留有余地，避免波动太大。一次性奖金的总额水平，应酌情而定，但不宜在总奖金总额中占据过大比例。

（2）确定奖金总额的方法。

1）按企业超额利润的一定百分比提取奖金。其计算公式见式（5-1）。

$$本期新增奖金额＝（本期实际利润–上期利润或计划利润）×$$
$$超额利润奖金系数 \qquad (5-1)$$

2）按产量、销售量、成本节约量来发放奖金总额。依具体情况有 3 种计算方法。

● 按企业实际经营效果和实际支付的人工成本两个因素决定奖金的支付。其计算公式见式（5-2）。

$$奖金总额＝生产（或销售）总量×标准人工成本费用–实际支付工资总额 \qquad (5-2)$$

● 按企业年度产量（销售量）的超额程度提取奖金，其计算公式见式（5-3）。

$$年度奖金总额＝（年度实现销售额–年度目标销售额）×计奖比例 \qquad (5-3)$$

● 按成本节约量的一定比例提取奖金总额。其计算公式见式（5-4）。

$$奖金总额＝成本节约额×计奖比例 \qquad (5-4)$$

3）以附加价值（净产值）为基准计算。这是美国会计师 A·W·拉卡所提倡的计奖方法，也称拉卡计划。拉卡在 1914—1947 年之间经研究发现，美国制造业人事费总额占生产价值（生产额扣除原材料价值后的剩余部分，即附加价值或净产值）的比例一般都在 39.395%左右，因此他认为生产价值乘以 39.395%的乘积即为人事费总额。如果已发人事费总额低于按这一比例提取的人事费总额，应将这部分差额以奖金形式发给劳动者，其计算公式见式（5-5）。

$$奖金总额＝附加价值×标准劳动分配率–实际支付工资总额 \qquad (5-5)$$

4. 确定奖金来源与奖金标准

（1）确定奖金来源。一般来讲，奖金的来源有如下 6 种渠道。

1）实行工资总额与经济效益挂钩的企业，奖金来源于按规定所增加的效益工资。

2）实行奖金与经济效益挂钩的企业，奖金来源于企业留利。

3）特定指标奖金，如节约奖，奖金来源于所节约的成本。

4）国家机关的奖金，来源于财政拨款，在行政经费预算包括节余中开支。

5）无经济收入的纯事业单位，奖金来源于国家所拨事业费的节余。有部分创收的事业单位，奖金主要来源于创收，部分来源于国家所拨事业费的节余。无国家拨款的事业单位，奖金来源于所创经济效益。

6）非公有制企业，奖金来源于企业所创赢利或计划规定人工成本中的节余部分。

（2）确定奖金标准。奖金标准的确定是奖金制度中非常重要和敏感的环节。它关系到奖金总额水平的控制、各类人员积极性的调动和用人单位内部分配关系的处理，必须慎重对待。因此，确定奖金标准必须坚持如下几条原则。

1）正确处理奖金标准与工资标准的比例关系。一是奖金标准不应过高，导致奖金数额超过工资额；二是奖金占超额劳动价值比例应高于基本工资占定额劳动价值比例，以体现奖金的性质和更有效地发挥奖金的作用。

2）合理确定超额劳动的标准，以同行业的平均劳动生产率（劳动定额）水平为基准，其计算公式见式（5-6）。

$$提奖系数 = \frac{企业目前实际超额劳动水平}{同行业平均超额劳动水平} \tag{5-6}$$

若目前尚无条件实行，可暂时同企业历史水平相比较，来合理确定超额劳动标准。

3）根据不同员工（岗位）在生产工作中的地位、作用、岗位、等级、劳动质量（复杂程度、责任大小、劳动强度和劳动条件）、完成任务的难易程度不同，以员工个人职务、劳动或岗位等级和绩效为主要依据确定奖金标准，保持不同员工（岗位）奖金分配的合理比例，充分体现不同劳动的差别。奖金标准可适当向生产中的关键岗位、关键工种和苦累脏险岗位倾斜，向经营管理中责任重要的岗位（职务）倾斜，不搞平均主义分配。

4）在不同时期，不同生产工作的目标不同，奖金标准应有所区别；同一时期不同的奖励指标，因设奖宗旨和超额劳动数量不同，奖金标准也应有所不同。

5）奖金标准必须与用人单位的经济效益相联系，随经济效益变化而做出相应的调整。用人单位由非劳动因素产生的赢利，如垄断价格带来的垄断利润、国家投资的先进设备或地理位置及自然资源优越产生的级差收入，不应成为提高奖金标准的主要依据。

5. 制定奖金分配办法

在确定奖励条件、奖金总额和奖金标准后，就要计算和分配奖金。具体分配办法很多，应根据用人单位具体的性质、特点、条件、要求和奖项，自行选择确定。

（1）我国经常性奖金计算分配的一般方法。

1）计分法。计分法是将各项奖励条件规定最高分数，有定额的员工按照超额完成情况评分，无定额的员工依据完成任务的程度进行综合评分，最后按照奖金总分求出每位员工奖金分值。其计算公式见式（5-7）。

$$个人奖金额=（企业奖金总额/各人考核总得分）×个人考核得分 \qquad (5-7)$$

简单地说，计分法就是先计算出每个超额部分的单位奖金值，然后确定每个员工的分数，两者相乘即为该员工的奖金数额。

2）系数法。系数法是在按岗位进行劳动评价的基础上，根据岗位贡献大小确定岗位奖金系数，最后根据个人完成任务情况按系数进行分配。该方法适用于机关和企业的管理人员，其计算公式见式（5-8）。

$$个人奖金额=[企业奖金总额÷\sum（岗位人数）×岗位系数]×$$
$$个人岗位计奖系数 \qquad (5-8)$$

相对而言，计分法适用于生产工人，系数法适用于企业的管理人员。但无论使用哪种方法，确定客观的评价指标、避免人为因素的干扰是关键。

（2）西方奖励工资制计算分配方法。

1）海尔赛制。海尔赛制以节省时间为计算基础。当先进合理的绩效标准尚未确定时，可在工人的工作效率超过规定标准后，按所节省时间予以奖励，适合一线生产工人。其计算公式见式（5-9）及式（5-10）。

$$工作效率未超标准时：E=RT \qquad (5-9)$$
$$工作效率超过标准时：E=RT+[（S-T）×R]×P \qquad (5-10)$$

式中，E 为工人所得工资；R 为小时工资率（标准）；T 为实际工作时间；S 为标准工作时间；P 为奖金率。

若标准工作时间按工作统计平均数计算，奖金率企业自定，一般为50%；若标准工作时间通过"时间研究"和工时抽样确定，奖金率可定为100%，相当于计件工资。

2）泰罗制。在科学制定工作标准（定额）基础上，按工人完成定额的不同情况实行不同的工资率，该方法即计件奖励制，激励作用强，但不能保障工人的最低工资，其计算公式见式（5-11）及式（5-12）。

$$工作效率未超标准时：E=QUR \qquad (5-11)$$

$$工作效率超标准时：E=QOR \tag{5-12}$$

式中，E 为工人所得工资；Q 为产品件数；UR 为未达标工资率（较低）；OR 为达标工资率（较高）。

3）艾默生制（效率奖金制）。根据工人实际工作效率（标准工时/实际工时），按规定的效率等级和相应的工资奖金率，给予不同奖励。工作效率低于 66% 时，只得工资无奖金，其计算公式见式（5-13）、式（5-14）及式（5-15）。

$$工作效率低于 66\% 时：E=RT \tag{5-13}$$
$$工作效率介于 66\% \sim 100\% 之间：E=RT+P（RT）\tag{5-14}$$
$$工作效率大于 100\% 时：E=e（RT）+0.2RT \tag{5-15}$$

式中，E 为工人所得工资；R 为小时工资率（标准）；T 为实际工作时间；P 为与实际效率相对应的奖金率；e 为实际工作效率。

该方法能保障员工的基本工资，同时，奖金随效率提高而逐步递增，激励机制较强，适用范围较广，易为员工接受。

5.2 员工津贴

引导案例 5-2

"首席员工津贴" 的示范意义

河南省某电厂的"首席员工"聘任仪式，通过层层选拔和公平竞争，7 名"首席员工"每月将享受 300 元的津贴，并有破格参加职称评审和评选先进的优先权。此举令人叫好。

技术工人是不是人才？当企业开出高薪望穿秋水却难找到一名合适的技工时，当从南到北、从东到西，社会以一浪高于一浪的声势呼唤技术工人时，我们传统的重文凭、轻技能的人才观念面临着现实的考问。专家指出，产业工人队伍素质偏低，特别是高技能人才短缺，已经成为制约我国经济发展的瓶颈。有数据显示，我国 7 000 多万名技术工人中，高级以上技工仅占 5%，与发达国家 20%～40% 的比例相差甚远。

让优秀技工享受津贴，是对技工人才的认可和承认，其好处不言而喻。其一，有利于留住人才。当技工干得好，一样有出息、有奔头，一样能像技术干部享受津贴，这种做法使技工感到有干头、有希望，有利于企业留住技术人才。其二，有利于营造竞争向上的态势。已享有津贴的技工一定会备受鼓舞，激流勇进，有利于企业形成人人学先进、赶先进、争先进、当先进的良好氛围，使企业充满生机。其三，有利于推动企业发展。工作得以承认，广大技术工人会安心扎根一线现场，积极学业务、学技术、练硬功。而有了一支技术精湛、手艺高超的高技能人才队伍，企业就有了长远发展的动力和基础。高技能人才是推动技术创新和实现科技成果转化不可缺少的重要力量。

俗话说："上面千条线，下面一根针。"企业要实现跨越式发展，各项改革措施要靠一线技工带头去推动；安全规章制度需要一线技工带头去落实；先进装备需要一线技工去操作。可以说，技工是一线职工的主体，是企业发展的主力。如何调动一线技工的工作积极性、主动性和创造性，该电厂的做法给了人们一些启示。

（资料来源：厂长经理日报，2005-11-11）

5.2.1　员工津贴的含义和特点

1. 含义

津贴是对员工在特殊劳动条件（时间、地点、岗位、环境）下工作，所支付的超额劳动及额外的生活费用，或对有损身心健康的岗位所给予的报酬，是工资的补充形式。常见的包括矿山井下津贴、高温津贴、野外矿工津贴、林区津贴、山区津贴、驻岛津贴、艰苦气象台站津贴、保健津贴、医疗卫生津贴等。此外，生活费补贴、价格补贴也属于津贴。

人们习惯上一般把属于工作（生产）性质的称做津贴，属于生活性质的称做补贴。津贴、补贴的种类、发放范围和标准等，一般由国家统一规定。对国家没有统一规定的，用人单位也可以根据生产需要，在政策允许的范围内，自行设立一些津贴、补贴项目。

津贴在统计上又分为工资性津贴、与劳动相关的津贴和非工资性津贴（员工住房补贴、交通补贴等）。工资性津贴是指列入工资总额的津贴项目，非工资性津贴是指不计入工资总额支付的津贴项目。

2. 特点

（1）补偿性。津贴是一种补偿性的劳动报酬，是对特殊劳动条件下工作的补偿。大多数津贴体现的是劳动条件的差别，而不是劳动本身数量和质量的差别，从而调解地区、行业、工种之间在这方面的工资关系。

（2）单一性。大多数津贴是根据某一特定条件和特定要求设立的，一事一贴。这就要求在确定津贴的条件、范围、对象时，界限必须十分明确。

（3）动态性。津贴是随劳动条件、工作环境的变化而变化的，可增可免，在岗享受，离岗取消。

（4）均等性。同一劳动条件下工作的员工，津贴标准大致相同。同一单位的员工生活补贴大致相同。

（5）调节性。大多数津贴所体现的主要是劳动所处的环境和条件的差别，主要功能是调节工种、行业、地区之间在这方面的工资关系。

5.2.2　员工津贴制度的制定和管理

1. 制定

津贴制度的制定分为确定津贴项目、实施条件范围、津贴标准和支付方式等步骤。

（1）确定津贴项目。津贴项目名目繁多，用人单位按国家规定或实际需要来确定，主要包括以下几种类型。

1）补偿员工额外劳动消耗的津贴，如夜班津贴、高温高空作业津贴、矿山井下津贴、班组长津贴、班主任津贴、教师课时津贴、野外津贴等。

2）在有毒有害环境下工作，为保障员工身体健康的津贴，如保健津贴（化工企业有毒有害岗位、潜水作业的津贴）、医疗津贴（放射性辐射、烈性传染病等作业的津贴）。

3）补偿员工因工作流动、工作地区条件差而额外支出生活费的津贴，如工程建设部门的施工津贴、交通邮电部门的乘务和外勤津贴、林区津贴、高寒山区海岛津贴、出差补贴、话费补贴等。

4）保障员工实际生活水平的津贴，如副食品价格补贴、粮煤价格补贴、误餐补贴等。

5）鼓励员工长期从事某些职业的津贴，如中小学教师教龄津贴、护士护龄津贴、矿工的矿龄津贴等。

（2）确定实施条件范围。这是指确定设立某项津贴所需的条件和领取津贴人员的范围，要进行科学的环境测试和调查分析，依据劳动条件的特殊性，规定明确、具体的津贴发放资格条件，使各类岗位、工种、职务对号入座，经申报批准后实施。符合条件的员工列入范围，不符合条件者绝不能滥发。

（3）确定津贴标准。确定津贴标准有两种办法，一是按员工本人工资的一定比例确定，二是按绝对额确定。绝大多数津贴均采用第二种方法。

确定津贴标准时，要考虑以下因素：一是员工所在岗位、职务的工资标准，若已包含对特殊劳动条件的补偿，应予扣除；二是根据特殊劳动条件下的劳动繁重程度，对员工身体损害程度和额外支出生活费的多少，酌情确定。

（4）确定津贴支付形式。津贴主要以货币形式来支付，根据员工的出勤日按月发放。特殊的行业如纺织行业、水泥行业、煤矿行业等，为确保员工身体健康的津贴，可部分发实物，如定期发木耳、保健茶等。

2. 管理

津贴制度是整个工资制度的组成部分之一，因此，加强津贴制度的管理，对于搞好企业内部分配，调动职工积极性，提高企业经济效益都有重要意义。

（1）津贴的制定权限。地区性、生活补偿性津贴，由国家劳动保障部门或省市工资主管部门制定；行业性岗位、工种、职务津贴，由行业劳动工资主管部门制定。企业根据国家的有关规定和实际需要与可能，也可设立必要的津贴或调整津贴标准，但须严格控制。

（2）严格执行津贴的政策规定。不能随意扩大津贴的发放范围或擅自不合理地提高津贴标准；津贴占工资总额比重不能过大，项目不应过多，水平不可过高。

（3）主管部门应加强对津贴工作的监督指导，发现问题及时纠正。

📖 本章重点概念

员工奖金　　收益分享　　利润分享　　持股分享　　海尔赛制　　泰罗制
艾默生制　　津贴

自测题

一、判断题

1. 员工获得奖金是企业对员工超额劳动的承认和认可。（　　　）

2. 超产奖金就是先设计一个目标，达到目标以上者，每增加一个单位量就给一定百分比的奖金。（　　　）

3. 大多数津贴体现的是劳动条件的差别，而不是劳动本身数量和质量的差别。（　　　）

4. 决定采取何种红利制度取决于基层管理者的决策，但其成效要视企业组织形态和管理技术而定。（　　　）

5. 非公有制企业，奖金来源于企业所创赢利或计划规定人工成本中的节余部分。（　　　）

二、单选题

1. （　　　）是一种比较普遍采用的利润分享方式。
A. 福利分享　　　　B. 收益分享　　　　C. 利润分享　　　　D. 持股计划分享

2. 以团队为对象的奖励是否有效，在很大程度上取决于（　　）。

A. 团队素质   B. 团队规模的大小

C. 团队纪律   D. 团队文化

3. （　　）是奖金制度中非常重要和敏感的环节。

A. 奖金名称的确定   B. 奖金条件的确定

C. 奖金范围的确定   D. 奖金标准的确定

4. 奖金标准必须与用人单位的（　　）相联系，并随其而做出相应的调整。

A. 经济效益   B. 工资标准   C. 企业战略   D. 管理模式

5. 津贴主要以货币形式来支付，根据员工的出勤日按（　　）发放。

A. 日   B. 月   C. 年   D. 不定

三、多选题

1. 员工奖金的特点表现在（　　）。

A. 单一性   B. 临时性   C. 及时性

D. 荣誉性   E. 公平性

2. 企业全员奖励制度的形式有（　　）。

A. 收益分享   B. 利润分享   C. 福利分享

D. 持股分享   E. 损失分担

3. 绩效奖金制度设计包括（　　）。

A. 明确制定动机   B. 实施对象的确定

C. 合理制定职位基数   D. 确认评核的方式及类别

E. 确认评核的差别

4. 对于生产部门评核项目主要考虑（　　）。

A. 目标达成率   B. 产量   C. 质量

D. 用量   E. 效益

5. 员工津贴的特点有（　　）。

A. 单一性   B. 动态性   C. 均等性

D. 平衡性   E. 激励性

四、简答题

1. 奖金与津贴有什么本质上的不同？

2. 简述奖金、津贴与工资的关系。

3. 简要分析制定奖励条件的要求。
4. 简述确定奖金总额的原则与方法。
5. 简要回答员工津贴制度的制定步骤。

调查研讨题

1. 调查某一企业实施的各种全员奖励存在的问题与对策。
2. 调查某一企业确定员工津贴标准的方法及考虑的因素。

案例分析

好员工为何"弃"我们而去

桑比恩公司商业设计副总监汤姆递交了辞呈，人力资源总监玛丽希望与他做一次离职面谈，了解他离开公司的真实原因，以防更多人才流失。但汤姆除了声称自己抵抗不住 J&N 公司开出的优厚条件外，对于公司内部到底出现了什么情况只字不提。玛丽知道汤姆是在敷衍她，感到万分沮丧。更让她气恼的是，挖走汤姆的 J&N 公司是桑比恩公司的竞争对手。过去一年里，这家公司频频出手，把桑比恩公司不少才华横溢的员工都挖走了。

第二天，玛丽向公司 CEO 海伦汇报与汤姆的离职面谈。当玛丽说汤姆没有曝多少"料"时，海伦有些不解，她自认为公司对员工并不差，为何他们还会"弃"公司而去呢？玛丽安慰海伦说："说不定员工纷纷跳槽只是巧合，并不说明任何问题。"可海伦依然忧心忡忡。最后，玛丽建议将今年的员工调查提前。

就在玛丽和海伦在办公室一筹莫展的时候，楼下的公司餐厅，三位员工正在就汤姆离职一事窃窃私语。萨文娜说："自从上次公司竞标失败，汤姆的心就已经不在这里了，因为他倾注心血的设计如今付诸东流。"哈尔也替汤姆抱不平，抱怨公司建筑销售总监鲍尔在投标发言时，没有充分展示汤姆充满创意的设计。工程部另一位同事阿德里娜也这么认为，她说："正是由于销售等部门的支持不力，才埋没了设计人员的创意，导致他们纷纷离开。"哈尔又补充说："对汤姆来说，一时半会儿根本没有晋升的机会，那些主管们离退休还早着呢，加上公司的组织结构本来就够头重脚轻了，他在这儿还怎么发展呢？"

一个月后，工程副总裁鲍勃惊惶失措地向海伦汇报了有关阿德里娜的谣言，说她可能步汤姆的后尘，跳槽去 J&N 公司。阿德里娜和汤姆本来就很投脾气，汤姆如果在 J&N 公司给阿德里娜谋个职位也不是件奇怪的事。鲍勃告诉海伦说，他不能损失这名干将，因为她现在是一个大项目的顶梁柱。海伦对鲍勃和玛丽两人都很气恼，认为他们没有及早洞察员工流失的原因，也没有及时采取行动避免严重后果。最后，海伦决定亲自找阿德里娜谈话。

海伦与阿德里娜的谈话并没有实质性的突破。阿德里娜否认了传言，但她承认汤姆的离开令她很失落，因为这些年来汤姆在工作中一直扮演着她导师的角色。很显然，阿德里娜并没有完全开诚布公，但她到底隐瞒了多少，海伦也没法儿得知。最后海伦做了一个突然决定：给阿德里娜升职。

海伦早就料到自己的这个决定会让玛丽感到不爽，但她没想到玛丽的反应会那么激烈。玛丽认为海伦破格提拔阿德里娜是不公平的，因为即使有空缺，也应该给大家公平竞争的机会，不能让那些对公司忠心耿耿的人失去晋升的资格。然而，海伦却认为这是她在非常时期采取的非常策略，同时也让大家知道，公司会不拘一格提拔人才。

阿德里娜风波后几个星期，玛丽再次叩响了海伦办公室的门。她是来向海伦汇报员工满意度调查结果的。玛丽把那份密密麻麻绘满图表的报告递给海伦，说员工对在桑比恩公司的工作总体还是相当满意的。不过，她也指出，深入研究下去，有些地方也需特别关注。有几位员工匿名反映项目经理这一级有太多冗员；还有一位员工提到"有些头头"一门心思拿大奖，根本不把预算当回事。有人觉得奖金不错。有人觉得奖金太少。有人抱怨奖金制度向年轻员工倾斜，而年轻员工却抱怨没有受到足够的重视。

海伦汇报完毕，认为接下来应该开始与员工一对一谈话，但是，海伦似乎对员工正面回答问题并不抱很大希望。

 案例思考题

桑比恩公司如何才能知道员工到底为何跳槽？

第6章

员工福利

➡️ **学习目标**

● 了解员工福利的含义和效用、社会保险的含义、企业福利的类型和内容,学会拟订企业专项或综合福利计划。

● 掌握企业养老保险、医疗保险、失业保险、工伤保险及生育保险制度的内容。

● 熟悉法定假期的规定、休假的相关政策、社会保险的特点、员工福利的构成要素、员工持股计划的实质和优缺点,提高分析员工持股计划案例的能力。

↗️ **学习导航**

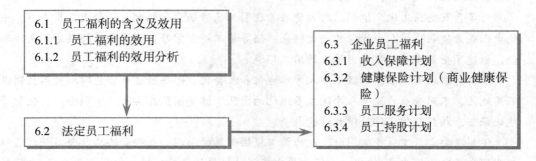

6.1　员工福利的含义及效用

引导案例 6-1

以人为本：伊利注重员工福利

根据国家税务总局公布的 2007 年年度中国纳税 500 强排行榜，伊利集团位列乳品行业纳税榜首。

是什么力量引领伊利这艘中国乳业旗舰破浪远航，顺利抵达成功的港口？是什么样的凝聚力给予伊利强大的抗风险能力，让接掌帅印的董事长潘刚率领伊利取得骄人业绩？

美国管理大师米勒说：在未来的全球性竞争时代中，企业唯有发展出一种能激励员工在竞争中获胜的企业文化，才能立于不败之地。

伊利人认为，目标的实现关键是企业文化赋予伊利团队的凝聚力。

为此，伊利在其发展初期制定过一个奋斗目标，即伊利产品走出内蒙古，走向全国。围绕这个目标，公司提出了"伊利靠我发展，我靠伊利生存"的理念，以期建立企业与员工的融洽关系。

伊利集团董事长潘刚先生指出，伊利的企业文化，和公司所坚持的良心品质、健康产业息息相关，因此才有可能锻造出一支真正以事业而不是以职业为重的优秀团队。基于"创新、合作、效率、诚信和服务"这一套完备的企业核心价值观，伊利塑造了多元发展而又共同进取的企业文化，"伊利团队"也因此锻就。

为了普及企业文化，伊利的人力资源管理引入了市场竞争机制。能者上，庸者下，平等竞争已成为伊利公司人力资源的一大特色。倡导员工终身学习，并为员工提供培训条件和机会，创建了企业平等、竞争、健康的用工环境。

伊利打破地域界限，积极倡导人才本地化和社会化，每年通过社会招聘和校园招聘吸引不同地区、不同专业的优秀人才组成多元化的团队，这支团队在共同的伊利企业文化背景下彼此融合，相互合作，伴随伊利迅速成长。

伊利在要求员工敬业的同时，也为员工提供优厚的福利。在呼和浩特市金川开发区伊利工业园生活区的倒班楼，住在 4 人间的单晓燕说："这样的住宿环境我们每个月只交 25 元钱！"带薪休假、子女商业保险、子女入托补贴、回族员工节日贺金等，都是极具伊利特色的福利待遇。目前，伊利员工享有的各种形式的福利项目，除法定福利项目外，还包括带薪年休假、形式多样的生日、婚礼祝福、员工子女营养关怀、男员工护理假、外派人员探亲假、夏季高温防暑补贴、健康体检、管理人员交通补贴等多项企业自定福利项目。

（资料来源：人才网信息中心，2007-10-31）

员工福利是企业基于雇用关系，依据国家的强制性法令及相关规定，以企业自身的支付能力为依托，向员工所提供的用以改善其本人和家庭生活质量的各种以非货币工资和延期支付形式为主的补充性报酬与服务。

6.1.1　员工福利的效用

在企业薪酬体系中，工资、奖金和福利是 3 个不可缺少的组成部分，它们各自发挥着不同的效用，工资具有基本的保障功能，奖金具有明显而直接的激励效用，福利的积极效用则是间接而隐约的，但又是极其巨大而深远的。随着员工工作生活质量的不断提高，人们对福利的要求也越来越高，因为相对于工资、奖金满足员工单方面需求来说，福利具有满足员工多方面、多层次需要的效用，具体表现在以下几个方面。

（1）满足员工的经济与生活需要，如各种加班、乘车、伙食、住房等津贴与补助。

（2）满足员工的社交和休闲的需要，如各种有组织的集体文体与旅游活动、带薪休假等。

（3）满足员工的安全需要，如医药费报销或补助、公费疗养、因工伤残津贴、退休金、抚恤金等。

（4）满足员工自我充实、自我发展的需要，如业余进修补助或报销、书报津贴等。

因此企业可以通过建立科学而完善的福利制度，吸引和留住优秀人才，提高企业的生产效率，降低企业的运营成本，从而全面提高和改善企业的经济效益。

6.1.2　员工福利的效用分析

现代企业的员工福利之所以得益于政府的政策支持，是因为其无论是对福利的接受者——雇员，还是对福利的提供者——雇主，都具有其独特的经济效用，而之所以说"独特"是指这种效用有别于工资所带来的效用。

为了便于分析，有必要对员工福利的内容做出类别上的划分，以使其明显地与工资区别开来。员工福利可划分为两大类：第一类是具有延期支付性质的货币收入（包括各类基本保险和补充保险等）；第二类则是实物性的报酬，如折扣购物券、集体旅游等，在这类中还包括各类假期（如带薪休假等），这些假期实际上也可以看做是一种特殊的实物工资。例如，一位每年工作 12 个月，月工资 3 000 元的员工，可以通过两种方式将他的月工资增加约 273 元：一是直接提高工资；二是在月工资不变的情况下，将每年的工作时间减少一个月，即为他增加一个月的带薪休假时间，显然，休假对员工和企业而言也是一种具有价值的特殊的商品。

1．福利对于员工的效用分析

根据西方经济学中有关经济人的假设，作为经济生活的个体——员工，无疑是要通过工作实现自我效用的最大化，而这一效用包括货币和非货币两个方面。那么福利对于员工而言具有何种特殊的效用呢？这需要从福利性工资本身所具有的优势和局限性两个方面来分析。

（1）福利性工资所具有的优势。首先，这些福利与工资相比共同的优势就是均享有税收优惠。对于第一类具有延期支付性质的福利来讲，由于这部分福利有助于减轻政府的保障负担，因此为了鼓励企业实施，政府对这类计划采取了税收优惠政策。员工向各类基本的社会保障，以及符合政府规定的补充性保障计划所交纳的费用都属于税前列支项目，免个人所得税。虽然部分项目在领取最终的收益额时需要纳税，如企业年金，在退休后领取退休金时，仍需交纳个人所得税。但是，由于退休后的收入要低于在职时的收入，个人所得税又具有累进性，且具有免征额，因此在很大程度上这类福利起到了避税或减轻税负的目的，这对于高收入的员工来讲，尤其具有吸引力。而第二类福利因为本质上具有实物性特点，根本就无须纳税，所以这类福利对员工而言同样具有吸引力。

其次，在第一类福利中各类社会保险和补充保险计划，可以在一定程度上分担员工未来可能承受的各种风险，并为员工未来的收入提供保障，解除员工的后顾之忧。此外，这类计划中的一种重要的福利形式——员工持股计划，则可以使员工共同分享企业的经营成果，提高实际的收入水平。

再次，第二类的实物性报酬，除可带来税收优惠外，其另一特有的优势是这部分实物性福利具有集体采购价格，因此员工可以享受到个人购买所不能享受到的价格优惠，相当于以同样数量的钱，换取更多的实物，这显然可以为员工带来更大的效用。另外，这一类福利中的假期，则可以满足人们对于闲暇的需求。在紧张繁忙的现代化的工作之余，轻松自在的假期生活使人们能够放松心情，更多地与家人相处，进行情感上的交流，同时带来身心双方面的愉快，这些往往是金钱难以满足的。

（2）福利性工资的局限性。虽然福利性工资凭借其延长性和实物性两个特点，使其与同量价值的现金相比，在一定条件下能为员工带来更多的效用，但福利也存在着一定的局限性，主要体现在福利导致员工失去了对于其全部报酬的自由处置权，与实物、延期性的收入相比，人们宁愿得到的是相同数量的即期收入，即相同数量的现金。因为有了现金，人们可以随心所欲地购买不同的商品。有时即使在福利存在着税收优惠等优势的情况下，人们也愿意选择现金报酬，假如在出现突发性事件、急需可支配的现金时，恐怕福利也有"远水解不了近渴"之忧。

从这一点来看，福利效用的大小，取决于不同情况下员工的需求和它对于这种需求的满足程度，这是西方微观经济学所指的个人偏好。根据西方经济学原理，在不同情况下，员工对于工资和福利的偏好关系可以用无差异曲线表示，如图 6-1 所示。

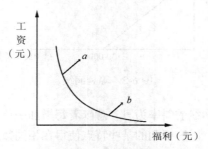

图 6-1　无差异曲线

在图 6-1 中，曲线 ab 是一条表示员工偏好的无差异曲线。在这条曲线上，任意一点的工资、福利组合为员工所带来的总效用都是相同的，但在不同的点，工资与福利为员工所带来的效用都是不同的。在现金劳动报酬较高，而员工福利较小时，如 a 点，员工愿意放弃大量现金劳动报酬，以获得福利，此时新增加一单位的福利所带来的效用要大于新增加一单位现金收入所带来的效用。但随着福利不断增加，根据商品的边际替代率递减规律，即在维持效用水平不变的前提下，随着一种商品消费数量的连续增加，消费者为得到每一单位的这种商品所需要放弃的另一种商品的消费数量是递减的，到了 b 点，仅需放弃少量的现金劳动报酬，就能获得大量的福利，此时新增加一单位的福利所带来的效用显然要小于新增加一单位现金收入所带来的效用。

2．福利对于企业的效用分析

从表面上来看，所有的福利对于供给方而言，都是可以换算为货币支出的，与工资一样均属于企业成本，因此，在福利与工资数量相同的情况下，对企业而言是无差异的，而唯一重要的是福利与工资的支出总额。这样看来，可以采用等利润线来表述企业提供员工福利的意向。

假设企业提供某种类型的工作，为了吸引员工，必须支付每年 30 000 元的总报酬，而且若总报酬超过 30 000 元，企业的利润就会小于零。因此 30 000 元的总报酬是企业使自己能够同时在劳动力市场和产品市场保持竞争力的一个水平。那么在总效用既定的情况下，任何形式的福利与工资组合都是一样的，这些组合可以用利润为零的等利润线来表示，如图 6-2 所示。

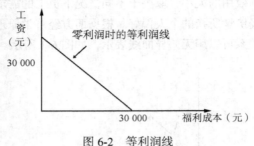

图 6-2　等利润线

在图 6-2 中，这条等利润线的斜率为-1，意味着每增加一单位的福利，就要减少一单位工资。但实质上却并非如此，因为福利的某些特点使得在相同数量额度下的工资和福利为企业所带来的实际成本是不同的。福利对于企业而言，具有一些特殊的效用，主要表现在以下几点。

（1）以员工福利而非工资形式支付的劳动报酬，一方面可以为企业起到避税的作用，另一方面则可以减少企业所应交纳的法定社会保险费。根据法律规定，工资增加，意味着企业所要交纳的保险费也要随之增加，即假如增加 100 元的工资，为企业所带来的成本不仅仅是 100 元。假设基本保险的企业交纳率为 10% 的话，那么这部分工资所带来的成本增加额实际上是 110 元（100+100×10%）。因此，相比之下，相同数量的福利，会减少企业的成本支出。

（2）企业可以利用员工福利计划，间接增加某一类型员工的实际收入，而避免违反相关的反歧视法律。例如，假设经过观察和测试，企业发现已婚的，尤其是已有小孩的成年人的流动率更低，生产率更高的话，企业可以提供一些只有这类人才能享受到的福利，如向员工的家庭成员提供健康保险，为员工的子女提供教育补贴等。在此种情况下，员工福利计划就使得企业达到了用相对较少的成本吸引和留住某一类型员工的目的。

（3）像带薪假期、休息日这样的福利有助于调整员工的身心状态，减少差错的发生，间接降低企业成本。另外，某些带薪假期对企业有特殊的意义，如银行的员工休假。对于银行这样的企业，可以利用员工休假的时间审计由休假员工所执行的账户和交易，以及时发现存在贪污等不轨行为的员工，减少企业的损失。

当然，对企业而言，福利也不是毫无弊端的，某些福利也会增加企业成本支出，如带薪病假。这种福利有可能会增加员工的缺勤率，使企业的总工时降低，间接增加企业成本。显然，福利对企业而言也是存在着正负两个方向的效用。作为福利的供给方，企业要实现某利润的最大化，一是要考虑员工的偏好，发挥福利计划所带来的正效用；二是要考虑福利计划的提供形式，适当控制福利工资的比例，以减少其为企业所带来的负效用。

综上所述，福利对员工和企业而言均存在着不同于工资的效用，因此，福利像所有的商品一样，无论对于需求方还是供给方，都有其存在的意义。

6.2 法定员工福利

引导案例 6-2

UQ 公司的员工福利计划

UQ 公司是一家民营高科技公司，经营状况一直不错，特别是自 2007 年以来，由于产品十分畅销，公司的经济效益大幅提高。为了吸引和留住优秀人才，公司提供了优良的福利条件，并根据国家及当地政府有关劳动、人事政策和公司规章制度，制定员工福利计划。

1．各种法定保险与补贴

公司为全体员工在当地劳动行政部门建立养老、失业、大病医疗三项社会保险，还一次性把欠缴了两年的三项社会保险金补交齐了，这就排除了员工的后顾之忧，然后每月给员工又增发了职务补贴、岗位补贴、交通补贴、伙食补贴、住房补贴或购房补贴等，使员工的收入有了大幅度的提高。

2．《全国年节及纪念日放假办法》规定

法定假日包括：

（1）新年，放假 1 天（1 月 1 日）；

（2）春节，放假 3 天（农历除夕、正月初一、初二）；

（3）清明节，放假 1 天（农历清明当日）；

（4）劳动节，放假 1 天（5 月 1 日）；

（5）端午节，放假 1 天（农历端午当日）；

（6）中秋节，放假 1 天（农历中秋当日）；

（7）国庆节，放假 3 天（10 月 1 日、2 日、3 日）。

3．部分公民放假的节日及纪念日

（1）妇女节（3 月 8 日），妇女放假半天；

（2）青年节（5 月 4 日），14 周岁以上的青年放假半天（15～34 岁的人为青年）；

（3）儿童节（6 月 1 日），不满 14 周岁的少年儿童放假 1 天；

（4）中国人民解放军建军纪念日（8 月 1 日），现役军人放假半天。

法定员工福利是国家通过立法强制实施的对员工福利的保护政策，包括社会保险和法定假期（休假）。

1．社会保险

（1）社会保险的含义。社会保险是由法律规定的专门机构负责实施、面向劳动者建立、通过向劳动者及其雇主筹措资金建立专项基金，以保证在劳动者失去劳动收入后获得一定程度的收入补偿的制度。社会保险旨在保障劳动者在遭遇年老、疾病、伤残、失业、生育以及死亡等风险和事故，暂时或永久性的失去劳动能力或劳动机会，从而全部或部分丧失生活来源的情况下，能够享受国家或社会给予的物质帮助，维持其基本生活水平的社会保障制度。

（2）社会保险的特点。

1）强制性。即社会保险是国家立法强制实施的社会政策，被保险人必须参加，承保人（企业）必须接受。

2）公益性。与商业保险不同，社会保险不以赢利为目的，注重社会效益。

3）普遍性。工薪劳动者（在中国）或全体公民（发达国家）都可以参加社会保险。

4）互济性。社会保险基金通过收入再分配（保险费和税收）的手段筹集和建立，当被保险人发生风险时，可以享受社会保险待遇。因此，社会保险具有风险共担、互助互济的性质。

社会保险的目的是风险的补偿和预防，现代社会经济生活中的风险决定了社会保险的内容。市场经济中能够使人们收入中断、减少或丧失的风险有年老、疾病、工伤、生育、失业、残疾、死亡，对于企业员工来说，主要有养老保险、医疗保险、失业保险、工伤保险和生育保险。

（3）企业员工保险项目。

1）养老保险。养老保险是社会保险的一个重要险种，也是企业员工的一项基本福利。所谓养老保险（或养老保险制度），是国家和社会根据一定的法律和法规，为解决劳动者在达到国家规定的解除劳动义务的劳动年龄界限，或因年老丧失劳动能力退出劳动岗位后的基本生活而建立的一种社会保险制度。现行的养老保险制度是根据 1997 年国务院颁发的《国务院关于建立统一的企业职工基本养老保险制度的决定》建立起来的。该《决定》按照社会统筹与个人账户相结合的原则，从三个方面统一了企业职工基本养老保险制度。

- 统一企业和员工的个人缴费比例。企业缴费比例一般不得超过企业工资总额的20%，具体比例由各省、自治区、直辖市人民政府确定；个人缴费比例在1997年不得低于本人缴费工资的4%，以后每两年提高1个百分点，最终达到8%。

- 统一个人账户的规模。按本人缴费工资的11%为每个员工建立基本养老保险个人账户，其余部分从企业缴费中划分。随着个人缴费比例的提高，企业划入的部分应降至3%。
- 统一基本养老金计发办法。基本养老金包括基础养老金和个人账户养老金两部分。基础养老金月标准为省、自治区、直辖市或地（市）上年度员工月平均工资的20%，个人账户养老金月标准为本人账户储存额除以120。

2）医疗保险。医疗保险是为了分担疾病风险所带来的经济损失而设立的一项社会保险制度。具体说，医疗保险是由国家立法，按照强制性社会保险原则，由国家、用人单位和个人集资（缴保险费）建立医疗保险基金，当个人因病接受了医疗服务时，由社会医疗保险机构提供医疗费用补偿的社会保险制度。狭义的医疗保险只负担医疗费用的补偿；广义的医疗保险除了补偿医疗费用以外，还包括补偿因疾病引起的误工工资，对分娩、残疾及死亡给予经济补偿，还包括用于预防和维持健康的费用。目前我国的医疗保险制度属于狭义的概念，只按规定负责补偿医疗费用的开支。

根据国务院 1998 年颁布的《关于建立城镇职工基本医疗保险制度的决定》，形成了新时期员工医疗保险制度的基本构架。新制度中与企业有关的基本内容可以概括为以下几点。

- 确立了城镇员工基本医疗保险制度基本原则，即基本医疗保险坚持"低水平，广覆盖"的原则，基本医疗保险费由用人单位和员工双方共同分担。基本医疗保险基金实行社会统筹与个人账户相结合的方式。
- 确定了基本医疗保险的覆盖范围、统筹层次和缴费比例。基本医疗保险适用于一切城镇用人单位和职工，原则上以地市级为统筹层次，确有困难的也可以以县为统筹单位。用人单位缴费率为员工工资总额的6%左右，员工缴费率为本人工资收入的2%。
- 明确了基本医疗保险基金的来源和使用范围。基本医疗保险基金由统筹基金和个人账户构成。员工个人交纳的保险费全部计入个人账户；用人单位交纳保险费一部分用于建立统筹基金，另一部分划入员工个人账户。统筹基金和个人账户的支付范围的起付核算，不能互相挤占。同时《关于建立城镇职工基本医疗保险制度的决定》还规定了统筹基金的起付标准和最高支付限额：起付标准原则上控制在当地员工年平均工资的10%左右，最高支付限额原则上控制在当地员工平均工资的4倍左右。起付标准以下的医疗费用，从个人账户支付或个人自付。在统筹基金支付的范围内（起付标准以上，最高支付限额以下），个人也还要负担一定比例的费用。

3）失业保险。失业保险是指国家通过立法强制实行的，由社会集中建立基金，对因失业而暂时中断生活来源的劳动者提供物质帮助的制度。1999 年国务院颁布了《失业保险条例》，这是我国目前执行的失业保险制度的法律依据。《失业保险条例》的主要内容包括以下几个方面。

- 失业保险覆盖范围是所有城镇企业、事业单位的失业员工，即包括国有企业、城镇集体企业、外商投资企业、城镇和私营企业，以及其他城镇企业的员工。
- 失业保险基金由单位和员工共同交纳，单位按照本单位工资总额的2%交纳失业保险费，员工按照本人工资的1%交纳失业保险费。
- 失业保险基金的支出范围包括：失业保险金、领取失业保险金期间的医疗补助金、丧葬补助金和抚恤金、接受职业培训和职业介绍的补贴等。
- 享受失业保险待遇的条件为：参加失业保险，单位和本人已按规定缴费满一年的，非自愿性失业的，已办理失业登记并有求职要求的员工。
- 领取失业保险金的期限：根据缴费时间长短来确定，最长为24个月，最短为12个月。
- 失业保险金的标准：按照低于当地最低工资标准、高于城市最低生活保障标准水平，由省、自治区、直辖市人民政府规定。
- 由各地劳动保障行政部门负责失业保险的管理工作。

4）工伤保险。工伤保险是指国家或社会为生产、工作中遭受事故伤害和患职业性疾病的劳动者及家属提供医疗救治、生活保障、经济补偿、医疗和职业康复等物质帮助的一种社会保障制度。

在现代工伤保险制度中，普遍实行"补偿不究过失原则"或"无责任补偿原则"。 根据该原则，工伤保险在补偿工伤职工时，不追究受害人责任，无论职工在事故中有没有责任，都应依法得到补偿。另外，与养老保险、医疗保险、失业保险不同的是，工伤保险只由企业交纳，员工个人不交纳。

我国现行的工伤保险制度是按照劳动部 1996 年颁发的《企业职工工伤保险试行办法》实施的，包括总则、工伤范围及其认定、劳动鉴定和工伤评残、工伤保险待遇、工伤保险基金、工伤预防和职业康复、管理与监督检查、企业和职工责任、争议处理、附则 10 个部分。其中与受伤工人关系比较密切的规定有：由企业交纳工伤保险费，建立工伤保险统筹基金待遇等 10 个项目。

- 工伤医疗待遇。就医的一切费用，包括挂号费和路费都给予报销，由社会统筹基金支付。
- 工伤津贴待遇。在工伤医疗期内发给相当于本人受伤前的工资待遇，医疗期满后或评残后停发，改发伤残待遇或上班领取工资。医疗期一般为1~24个月，最多不超过36个月，此项待遇由企业支付。
- 工伤护理费。根据评残确定伤残护理等级，1级伤残每月发给员工平均工资的50%，2级发给40%，3级发给30%，由统筹基金支付。
- 残疾辅助器具费。伤残人员配备的辅助器具，按国内普通型标准由统筹基金报销。
- 因工伤残抚恤金。根据评残等级，由统筹基金发给70%～90%的工资。

- 一次性伤残补助金。依伤残等级，由统筹基金一次性发给受伤员工6～24个月的本人工资。
- 异地安家补助费。对于迁移的受伤员工，企业一次性发给其6个月的当地员工平均工资作为安家费。
- 丧葬补助金。统筹基金一次发给因工伤死亡员工的遗属6个月的当地员工平均工资。
- 供养亲属抚恤金。统筹基金按月发给工亡者生前供养的亲属补助金，按当地员工平均工资的40%发给其配偶，按30%发给其子女和其他亲属。
- 一次性工亡补助金，发给死者亲属，48～60个月的当地员工平均工资，由统筹基金支付。

国务院于2003年4月16日颁布了《工伤保险条例》，自2004年1月1日起施行。这说明工伤保险已经从部委上升到国务院法规的高度，工伤保险正式纳入法律体系。

5）生育保险。生育保险是国家通过立法，筹集保险基金，对生育子女期间暂时丧失劳动能力的职业妇女给予一定的经济补偿、医疗服务和生育休假福利的社会保险制度。其宗旨在于通过向生育女职工提供生育津贴、产假以及医疗服务等方面的待遇，保障她们因生育而暂时丧失劳动能力时的基本经济收入和医疗保健，帮助生育女职工恢复劳动能力，重返工作岗位，从而体现国家和社会对妇女在这一特殊时期给予的支持和爱护。生育保险的内容一般包括以下几点。

- 产假。给予生育女员工不在工作岗位的时间期限，通常是产前和分娩后的一段时间。
- 生育津贴。在法定的生育休假（产假）期间，对生育者的工资收入损失给予一定的经济补偿。
- 生育医疗服务。生育保险承担与生育有关的医疗服务费用，从女员工怀孕到产后享受一系列的医疗保健和治疗服务，如产前检查、新生儿保健、产褥期保健等。

1988年，国务院颁布《女职工劳动保护规定》，女员工产假由原来的56天增加到90天（其中产前15天），1994年劳动部发布《企业职工生育保险试行办法》，新办法规定：第一，生育保险的实施范围是所有城镇企业及其员工。第二，生育保险实行社会统筹。参加统筹的企业，按照规定的比例交纳生育保险费，员工个人不交纳。具体缴费比例由地方政府确定，但最高不超过企业员工工资总额的1%。第三，参保员工享受生育津贴和生育医疗服务。生育津贴按照本企业上年度员工平均工资计发，以《女职工劳动保护规定》订立的产假时间为期限。生育医疗待遇包括妊娠、分娩全过程，女员工生育期间的检查费、接生费、手术费、住院费和药费均由生育保险基金支付。

目前国家立法和制定办法，强制企业参加的员工社会保险制度主要是以上介绍的养老保险、医疗保险、失业保险、工伤保险和生育保险。而发展比较快、相对比较完善的是前三项保险制度。社会保险制度是员工享受的社会福利，也是员工应有的权益，受到《宪法》和《劳动法》的保护。在中国经济转型时期，社会保险制度对保障员工的切身利益具有十分重要的作用。但同时，对于企业来说，5 个保险都要求企业交纳保险费，总体约占企业员工工资总额的 30%，也是一笔不小的成本。但无论怎样，企业都不能拒绝参加社会保险，因为社会保险是员工的法定福利。

2．法定假期（休假）

企业员工依法享有的休息时间。在法定休息时间内，员工仍可获得与工作时间相同的工资报酬。我国《劳动法》规定的员工享有的休息休假待遇包括 6 个基本方面：劳动者每日休息时间；每个工作日内的劳动者的工作时间、用膳、休息时间；每周休息时间；法定节假日放假时间；带薪年假；特殊情况下的休假，如探亲假、病假休息等。这是国家关于法定假期（休假）的母法规定，其中，又针对法定节假日、公休假日、探亲假、带薪年假做了如下子法规定。

（1）法定节假日。法定节假日，又称为法定休假日，是国家依法统一规定的休息时间，国务院关于修改《全国年节及纪念日放假办法》的决定，已经由 2007 年 12 月 7 日国务院第198 次常务会议通过，从 2008 年 1 月 1 日起施行。我国的法定节假日包括：新年，放假 1 天（1 月 1 日）；春节，放假 3 天（农历除夕、正月初一、初二）；清明节，放假 1 天（农历清明当日）；劳动节，放假 1 天（5 月 1 日）；端午节，放假 1 天（农历端午当日）；中秋节，放假 1天（农历中秋当日）；国庆节，放假 3 天（10 月 1 日、2 日、3 日）。法律、法规规定的其他休假节日包括：妇女节（3 月 8 日），妇女放假半天；青年节（5 月 4 日），14 周岁以上的青年放假半天；儿童节（6 月 1 日），不满 14 周岁的少年儿童放假 1 天；中国人民解放军建军纪念日（8 月 1 日），现役军人放假半天。

法定节假日是带薪休假，在法定节假日，劳动者有权享受休息，工资照发。按《劳动法》规定，如果在法定节假日安排劳动者工作，应支付不低于 300%的劳动报酬。

（2）公休假日。公休假日又称周休日，是指劳动者在一周（7 天）内，享有连续休息在一天（24 小时）以上的休息时间。

国务院 1995 年发布的《国务院关于职工工作时间的规定》第七条规定："国家机关、事业单位实行统一的工作时间，星期六和星期日为周休息日。企业和不能实行前款规定的统一工作时间的事业单位，可以根据实际情况灵活安排周休息日。"

（3）探亲假。是职工依法探望与自己不住在一起，又不能在公休假日团聚的配偶或父母的带薪假期。

《国务院关于职工探亲待遇的规定》（1981）第 3 条中规定：职工探望配偶的，每年给予一方探亲假 1 次，假期为 30 天；未婚员工探望父母，每年给假一次，20 天，也可根据实际情况，2 年给假一次，45 天。已婚员工探望父母，每 4 年给假一次，20 天。

（4）带薪年休假。带薪年休假是指劳动者连续工作一年以上的，每年享有一次连续的带工资的休假时间。我国《职工带薪年休假条例》规定：机关、团体、企业、事业单位、民办非企业单位、有雇工的个体工商户等单位的职工连续工作 1 年以上的，享受带薪年休假。

6.3 企业员工福利

引导案例 6-3

美国媒体员工福利面面观

1. 保障未来　未雨绸缪

美国公司用的是 401（K）[学校和政府用 403(b)]建立退休保障计划，个人可以从工资里直接往里存，公司提供匹配资金，通过省税实现公司和员工的"双赢"。这些账户由外部投资公司管理，到退休时支取。通常而言，这些福利按照固定的比例计算，不同岗位和年资比例会有不同。纽约时报公司的未来财务保障主要有以下几种：

（1）401（K）储蓄计划。公司按 1∶1 的比例匹配员工向该账户的存款。员工可以从 9家投资基金中分配资产，并获得包括市场信息更新、投资策划帮助等。

（2）人寿保险。公司无偿提供额度为年基本工资收入的生命保险，员工可以以团体费率酌加。另外，员工还可以购买配偶和孩子的保障。

（3）养老金计划。该计划可以保障员工在退休后有持续的收入来源。公司提供在线工具，用于员工根据薪水和服务年限预估未来的福利额和丰富自己的财务规划。

（4）员工购股计划。公司支付手续费并通过与专业国内公司合作帮助员工理财。

甘奈特公司的员工购股票计划等与纽约时报公司大致相同，其他财务保障主要有：

（1）401（K）储蓄计划。2008 年 8 月前，大多数员工按照 1∶0.5 的比例获得公司股票匹配，即每位员工向该账户存入 1 美元（不超过工资 6%），公司提供 0.5 美元的甘奈特股票到该账户。从 2008 年 8 月 1 日起，这个比例升为 1∶1（不超过工资 5%）。

（2）该公司基本寿险和纽约时报公司相同，但员工可以按照 1~4 倍乘以年补偿额购买，加上公司提供的基本人寿保险，最多不超过 250 万美元。员工可以为配偶购买保额为 2.5 万美元或 1 万美元的寿险，为孩子购买保额 5 000 美元的寿险。人身意外保险政策也和寿险政策略同，通过专业公司为员工 100 英里外的旅行进行保险。

（3）通过合作伙伴为员工房屋按揭项目提供有竞争力的利率和费率。

道琼斯公司的基本寿险保障可以达到 1.5 倍的员工年收入，出差意外险保额可达 7 倍年基本工资，最低达 10 万美元，最高因公意外保额可达 200 万美元。

2. 安心工作　快乐生活

为了让员工安心工作，很多公司还有安家补助、法律援助计划、领养补助、孩童看护、交通福利以及电影票、公园门票、购物、住店等折扣优惠。还有一些比较机动的福利项目专门针对表现特别优异的员工和资深员工，一般会有公司车辆、住店、免费茶点、工作时间的休闲运动（如高尔夫等）、办公用品、午餐补助等。纽约时报公司为所有员工支付出差意外保险的保费，员工可以通过美国运通网或 Expedia 安排出差行程、住宿等。公司除了法定假期和因为产假、医疗、家庭、残障等原因的离岗，每年提供每个员工两周的带薪休假，根据年资和工作地区不同，假期也有延长；每个员工还因年资不同享有私人事假。

论坛公司员工可以用税前资金支付上下班的公共交通和停车费。员工可享受购买物品、订阅等的折扣，免费参观大都会艺术博物馆、纽约城市博物馆等文博设施，优惠使用体育设施或优惠参加俱乐部、兴趣小组和信用合作社，便宜购买影剧院、音乐会和运动会门票，以及汽车、图书、移动电话、计算机和鲜花、餐饮等。为领养孩子报销最高 5 000 美元（特需孩童每个报销 6 000 美元）；当家中看孩子的奶奶和保姆有事、看护中心关门、下雪天、学校假日和暑假，公司一些地方会为双职工家庭提供支持性的儿童看护。对孩子看护、升学、宠物看护及财务规划等给予信息和服务帮助。

甘奈特公司在获得批准的情况下，每年 8 个法定假期中有 6 个可在任何时间换休；供职超过 90 天的员工每年可以有 12 周的无薪假期用于照顾孩子、老人或者养病等。最高报销 2 500 美元的收养费，报销所有学费和每年最多不超过 1 500 美元的与学习有关的书费。每年春天一次性提供 3 000 美元奖学金授予孩子即将升入大学的全职职工。

道琼斯公司按 60% 的比例、每年最高不超过 400 美元报销员工健身俱乐部会费。孩子出生后最多可以有 9 个月的无薪假期，福利照旧。最多报销 2 000 美元与抚养孩子有关的法律等费用。公司还为员工每年提供最高 600 美元的报销用于孩子突然没人照顾的花费。工龄 1 年带薪假期 3 周，工龄 3 年以上可带薪休假 4 周，工龄超过 6 年可带薪休假 5 周。

3. 成就员工　回馈社区

美国许多企业还提供了"一揽子"的职业成长和发展计划，以帮助员工在飞速发展和变化的传媒业中持续获得技能、保持竞争力。一些公司的福利还有优先安排工作任务、休假以及升职等。纽约时报公司帮助员工发展的项目主要有：

（1）领导力发展。作为公司内培养训练和教育的重要部分，公司通过课堂、网络提供一系列的课程以及"师傅带徒弟"（导师项目）、工作中教练、学习小组、"压担子"（挑战性的延伸任务）、"干中学"、外部经验交流等方式去培养各个层次有潜质的人才，激发他们的潜能，培养专业技能、管理技巧和竞争力。

（2）绩效管理进程。公司采取有效的绩效管理周期帮助员工实现目标、发现成长和发展的机会，着眼差异化，以绩效为导向进行奖励。

（3）学费报销计划。该计划不但针对学历教育，还针对证书教育。

（4）个人成长。公司提供课程或网络课程帮助员工培养包括养生健身、休闲娱乐等兴趣爱好，帮助他们当好父母，处理好人际关系，做好宠物饲养、假期计划、退休计划等。

（5）回馈社区。公司按照 1：1.5 的比例匹配员工捐赠，即当员工捐助 1 美元到符合条件的文化、教育、环保和新闻机构，公司提供 1.5 美元的匹配资金；每年有不同项目的慈善大篷车为一些慈善组织募捐；通过做志愿者等各种形式，公司员工回报所在社区。

（资料来源：王华中．王华中：美国媒体员工福利面面观．新华网，2009-02-20）

企业员工福利是企业自主建立，为满足员工的生活和工作需要，在工资收入之外，向员工本人及其家属提供的一系列福利项目，包括货币津贴、实物和服务等形式。现代化企业的福利项目是以企业福利计划的种类来体现的。一般企业福利计划，包括收入保障计划、健康保障计划、员工服务计划及员工持股计划。

6.3.1　收入保障计划

收入保障计划是指提高员工的现期收入或未来收入水平的福利计划，常见的有住房援助计划、企业年金、人寿保险等。

1．住房援助计划

住房援助计划包括住房贷款利息给付计划和住房补贴。前者是针对购房员工而言的，指企业根据其内部薪酬级别及职务级别来确定每个人的贷款额度，在向银行贷款的规定额度和规定年限内，贷款部分的利息由企业逐月支付，也就是说，员工的服务时间越长，所获利息给付越多；后者则指无论员工购房与否，企业每月均按照一定的标准向员工支付一定额度的现金，作为员工住房费用的补贴。

在我国，企业实行住房公积金制度，企业和员工都要按照员工工资的一定比例交纳住房公积金，计入员工的公积金账户。员工在购买住房时，可以使用公积金。没有动用的公积金，或公积金账户有剩余资金的，在员工退休时按规定返还给员工。

2．企业年金

企业年金也叫企业补充养老保险、私人养老金、职业年金计划等，是指企业及其职工在依法参加基本养老保险的基础上，自愿建立的补充养老保险制度。它作为老年收入（主要是社会养老保险金）的一个补充来源，已经成为养老保险体系中的一个重要支柱。而对于企业来说，它已经成为人力资源管理战略福利体系中的一个重要组成部分，是延期支付的工资收入。大多数发达国家都建立了企业年金制度，甚至有一些国家通过立法，把企业年金变成具有国家强制性的养老金制度。企业年金一般由企业缴费，也有的由企业和员工共同缴费建立保险基金，经过长期积累和运营作为退休员工的补充养老金收入。国家鼓励企业开展企业年金计划，通过税收优惠政策吸引企业为员工建立补充养老金。

3．人寿保险

人寿保险是由企业为员工提供的保险福利项目，是市场经济国家比较常见的一种企业福利形式。团体人寿保险的好处是，由于参加的人多，相对于个人来讲，能够以较低的价格购买到相同的保险产品。在美国，大约有91%的大公司向员工提供人寿保险。1998年制造业平均为每位员工提供了179美元的人寿保险，而非制造业人均有120美元。绝大部分的企业（79%）支付了金额保费，其中超过40%的人寿保险包括了退休，2/3的保单包含了意外死亡和伤残条款。如果由于意外事故造成员工的死亡和伤残，就可以从保险公司获得一笔经济补偿。一般员工死亡后其受益人得到的抚恤金是去世员工工资的2倍左右。为了鼓励员工为企业长期工作，几乎所有的公司在员工离开企业时都会取消此项福利。

6.3.2　健康保险计划（商业健康保险）

由于社会医疗保障范围和程度的有限性，客观上为企业建立补充医疗保险留下了空间。在发达国家，企业健康保险计划已经成为企业的一项常见的福利措施。

在我国，由于城镇职工基本医疗保险制度的局限，也有一些企业为职工建立了补充医疗保险计划。这些计划基本上都是针对基本医疗保险费支付封顶线（社会平均工资的4倍）设计的补充保险计划，负担封顶线以上的医疗费用开支。典型的有商业保险公司经营的补充保险，工会组织主办的补充保险和社会保险经办机构举办的补充保险等。

6.3.3　员工服务计划

除了以货币形式提供的福利以外，企业还为员工或员工家庭提供旨在帮助员工克服生活困难和支持员工事业发展的直接服务福利形式。

1．员工援助计划

这是一种治疗性福利措施，针对员工酗酒、赌博、吸毒、家庭暴力或其他疾病造成的心理压抑等问题提供咨询和帮助的服务计划。据统计，在美国有 10%～15%的员工的遭遇会影响企业绩效。因此，很多企业都建立了员工援助计划。1997 年，59%的公司为员工提供了援助服务。尽管这项福利的成本较大，但它带来的效益超过了成本支出。在员工援助计划上，平均每个员工花费 30～40 美元，但结果是大大减少了旷工率、意外事故、伤亡事件等不良现象的发生。一项对员工援助计划有效性分析报告显示，78%使用该计划的人找到了解决问题的办法。

在员工援助计划的组织和操作方式上，有以下 3 种形式：一是由内部工作人员在本企业进行的援助活动；二是公司通过与其他专业机构签订合同来提供服务；三是多个公司集中资源，共同制定一个援助计划。

2．员工咨询计划

此计划类似于员工援助计划。企业从一个组织中为其员工购买一揽子咨询"快餐"，可由员工匿名使用。在那里可以得到的服务范围包括夫妻和家庭冲突问题的解决，丧亲之痛的缓解，职业生涯咨询，再就业咨询，法律咨询及退休咨询等。其中再就业帮助计划是针对下岗和被开除员工提供技术和精神支持，帮助员工寻找新的工作。具体服务包括职业评估、求职方法培训、简历和求职信的写作、面试技巧，以及基本技能的培训等。这些服务是作为员工福利来提供的，目的是使员工在他或她个人家庭生活中出现问题时，可以将工作表现保持在一个可接受的水平上。

3．教育援助计划

这是通过一定的教育或培训手段提高员工素质和能力的福利计划，分为内部援助计划和外部援助计划。前者主要是在企业内部进行培训，开设一些大学课程，如 MBA 课程，并聘请大学教授、大公司经营管理的专家来企业讲课。甚至有能力的企业自己开办大学，如摩托罗拉公司就是自己办大学培训员工的。后者是对到社会上的机构，如大学或其他培训组织接受培训的员工的学费给予适当补偿的福利。

现在培训越来越受到企业的重视和员工的欢迎。中国著名企业"红桃 K 集团"的负责人说："培训是员工最好的福利，也是企业最划算的投资。"世界著名企业 IBM 的高层领导曾经在本企业做过一个调查，让员工在"有限的钱物"和"培训"这两种"福利待遇"中选择一种，结果 98%的员工选择了培训。

4．家庭援助计划

这是企业向员工提供的照顾家庭成员的福利，主要是照顾老人和儿童。由于老龄化和双职工、单亲家庭的增加，员工照顾年迈父母和年幼子女的负担加重了。因此为了保障员工安心工作，企业向员工提供家庭援助福利，主要有老人照顾服务和儿童看护服务。企业提供的老年照顾福利包括以下几个方面。

（1）弹性工作时间和请假制度。弹性工作时间是指完成规定的工作任务或固定的工作时间长度的前提下，员工可以自由选择工作的具体时间安排，以代替统一固定的上下班时间的制度。请假制度是允许员工在上班时间请假去照顾亲属或处理突发紧急事件。此外，有些企业还允许员工延长法定福利规定的请事假时间。

（2）向员工提供照顾老人方面的信息，推荐老人护理中心等。

（3）公司对有老人住在养老机构的员工出资进行经济补偿，或资助老年人照顾中心等。

儿童看护计划与老年人照顾计划类似，除了弹性工作时间和请假制度，以及信息服务外，有些企业还提供日托服务。一种形式是资助儿童进社区托儿所，或为雇人看护儿童的员工提供补贴；另一种情况是企业自办托儿所看护儿童。

多项调查都表明，提供老年人照顾和儿童看护服务的企业，员工的缺勤现象大大减少，劳动生产率有一定程度的提高。

5．家庭生活安排计划

企业安排专门部门帮助员工料理生活中的各种细节、杂务，类似于后勤服务。据报道，在微软中国全球技术中心，有专门部门——行政部负责料理员工的生活事务，承担"保姆"的职责。他们的工作包括帮员工交水电费、接外地来的亲戚、找房租房、为信用卡还款、交房租、私人物件快递等，只要是能叫人代办的私事，微软员工都可以请行政部安排人员去办。实行这项一揽子福利的目的，就是尽量减少员工不必要的麻烦，让他们更好地工作和休息。

6．其他福利计划

除了上述福利计划外，企业还为员工提供交通服务、健康服务、旅游服务和餐饮服务等福利项目。一些企业为员工上下班提供交通费补贴，如公共汽车和地铁的月票费用，还有的企业提供上下班的班车接送服务。在不少企业，企业为员工提供健身房和各种健身器械，还为员工举办健康教育讲座，目的是改善和维持员工身体和心理健康。有些企业组织员工春秋两个季节出外旅游，或为员工提供旅游假期并报销旅游费用。此外有些企业还为员工提供餐饮服务。在公司内部建立的食堂，一般是非营利性的，以低于成本的价格为员工服务，有些食堂甚至是免费就餐。对于没有食堂的公司，往往也会统一安排员工的工作餐，提供饮水或自动售货机服务就更加普通了。

以上的福利计划都属于全员性的福利服务计划，即所有员工都可以平等享受的福利。事实上，企业还有为不同职位和不同需求的员工提供的特种福利和特困福利。前者是指针对企业中的高级人才设计的，如针对高层经营管理人员或具有专门技能的高级专业人员等。这种福利依据的是贡献率，是对这类人员的特殊贡献的回报，常见的特种福利有高档轿车服务，出差时飞机、星级宾馆待遇，股票优惠购买权，高级住宅津贴等。后者是针对特别困难的员工及其家庭提供的，如工伤残疾、重病员工的生活补助等，主要以员工的需要为基础进行分配。

6.3.4　员工持股计划

1．员工持股计划的含义

员工持股计划（Employee Stock Ownership Plan，ESOP）是一种新型的财产组织形式和制度安排，是指由企业内部员工出资认购本企业部分股权，委托一个专门机构（如职工持股会、信托基金会等）以社团法人身份托管运作，集中管理，并参与董事会管理，按股份分享红利的一种新型股权安排方式。在这种制度下，员工（包括普通职工与管理人员）既是劳动者又是人力资本的所有者，而且还是财产所有者，通过劳动和资本的双重结合组成利益共同体。所以，员工持股计划是一种具有集资性、福利性、风险性和激励性的特殊薪酬分配形式。

2．员工持股的方式

员工持股计划是一种长期激励方式，它与重奖、年薪制等短期方式一起构成了对员工和经营者的物质激励体系。员工持股的方式通常有两种：一是通过信托基金组织，用计划实施免税的那部分利润回收现有股东手中的股票，然后再把信托基金组织买回的股票重新分配给员工；二是一次性购买原股东手中的股票，回购后原股票作废，企业逐渐按制定的员工持股计划向员工出售股票。

3．标准员工持股计划的主要内容

（1）工作一年以上和年龄在 21 岁以上的员工均可参加。

（2）股份或股票分配以工资为依据，兼顾工龄和工作业绩。

（3）员工持有的股份由股票托管机构负责管理。托管机构可以是公共托管机构，也可以是公司内部自己组织的托管机构。

（4）到了规定的时间和条件，员工持有的股份或股票有权出售，公司有责任收购。

（5）上市公司持股的员工享有与其他股东相同的股票权，非上市公司的持股员工对公司的重大决策享有发言权。

（6）政府给实行员工持股的公司以税收优惠。

拟实行员工持股计划的公司首先由企业和员工达成协议，企业自愿将部分股权（票）转让给员工，员工承诺以减少工资或提高经济效益作为回报。一般情况是，公司出面向银行贷款，以此贷款购买本公司股票，按规定的数额存入账户。托管机构可以是社会的公共托管机构，这样的机构可以承担多家公司的托管任务。也可以是公司自己的托管机构，托管机构不参加公司的董事会，但要参加股东大会，代员工行使表决权。托管机构在公司召开股东大会前，要按议题制定出表格，员工用赞成、反对、放弃等形式表明自己的态度，托管机构汇总统计后在股东大会上表态。托管机构每年要按时将员工的持股数和股票市价等情况通知每个员工，按公司规定办理员工的股票登记、收购、转让和红利发放等事宜，每年要向税务管理部门报告自己的经营情况。

员工所持的股份或股票，未到规定时间不得买卖兑现，只有在规定时间届满后、离开公司或退休时才可转让持有的股份或股票（一般由公司收购）。但也有公司规定，员工在医疗、购房和支付教育费等特殊情况下，可以卖掉自己持有的股份或股票。

4．员工持股计划的类型和形式

（1）福利型员工持股。福利型员工持股以增加员工福利为目的，对吸引人才和稳定员工队伍，增加企业凝聚力有较大作用，也能在一定程度上提高工作效率。福利型员工持股的资金很大一部分来源于企业利润（企业福利基金、利润回购股票、企业向银行担保从利润中还贷的持股计划信托基金），员工个人不需要承担很多的风险，员工收益稳定但数量有限，所以，激励性、约束性相对弱些。美国 ESOP 中福利型的较多。

（2）风险型员工持股。风险型员工持股以提高企业效率，尤其是以提高企业的资本效率为直接目的，员工的收益取决于企业效率的增长（福利型员工持股是在企业现有效益中给员工增加收益），其资金来源主要是员工薪资的一部分（按比例扣除薪酬购买股权或以减薪方式换取股权）。员工个人收益主要来自公司股价升值部分，若企业效率不升高或降低，员工要承担相当的风险，员工只有提高工作效率，降低运营成本，才能有较大收益，所以，其激励机制和约束机制较强。日本上市公司的 ESOP 大都属于该型。

（3）集资型员工持股。集资型员工持股以解决企业资金困难，在短期内筹集企业所需要资金为目的，或以企业产权制度改革为目的，把员工视为一般投资者，要求员工一次性支付较大数额资金，有自愿购买和强制购买两种方式，中国企业的 ESOP 中集资型员工持股较多。

从 ESOP 的资金来源分析，ESOP 可分为非借贷型、员工直接投资型和混合型三种形式。以企业利润作为 ESOP 资金来源的属非借贷型（如福利型员工持股）；需要员工个人出资买股权的属于直接投资型（如风险型和集资型员工持股）；混合型的 ESOP 其资金一部分来自企业利润，一部分来自员工个人出资。

5．员工持股计划的实质和优缺点

（1）员工持股计划的实质。员工持股计划实质是在人力资源价值理念的基础上，借助于按劳分红（将红利转化为股权）或自愿投资持股的途径，通过产权关系纽带，使工获得劳动者与出资者的双重身份，享有相应的剩余价值索取权和经营管理权，强化员工与公司的联系，激发员工对其人力资源存量充分利用和对人力资源进一步开发的动力，实现公司利润最大化和员工效用（福利）最大化的目标。

（2）员工持股计划的优点。

1）员工具有劳动者与出资者的双重身份，成为公司的股东，能使员工利益与公司利益直接相关。员工参与公司的管理和利润分享后，一定程度上是在为自己"打工"，有效地减少了员工的"寻租"行为，增强了股权的激励机制和员工对公司的真诚度、认同感，从而提高企业的经营绩效和竞争力。据美国员工所有制中心统计，实行 ESOP 并允许员工参与管理的公司比没有实行 ESOP 的公司，利润增长率平均高 8%。

2）有助于优化公司股本结构，推动企业产权制度改革。例如，在我国就对深化国企改革，完善法人治理结构，解决国有企业产权主体单一化或国有股"一股独大"问题具有重要作用。

3）福利型的员工持股计划有助于完善社会保障体系，减少人口老龄化对社会的压力；非福利型的员工持股计划则是企业筹资、扩资、提高社会储蓄率和投资率的一种有效方式。

4）劳动力的资本化顺应了当代社会发展的历史趋势，体现了知识经济时代经济科技运动内在规律的要求，对促进劳动者不断提高自身素质也有积极作用。

（3）员工持股计划的缺点。

1）在企业总体经营状况和效率、效益均不佳的情况下，员工持股的收益可能小于其成本，而员工认为其个体的努力又无法改变企业总体经营状况，这会使员工在 ESOP 的成本收益分析中"趋利避害"，从而大大降低了对 ESOP 的热情和兴趣，使 ESOP 无法达到预期目标和效果。

2）员工具有双重身份对企业决策管理带来了负效应：与经营管理者相比，一般员工更注重短期、安全的投资收益，导致员工参与决策时存在急功近利的短期行为倾向，不利于企业长远发展；有些员工认为自己是老板，工作有保障，任意违反规章制度，或只关心分红，形成团队行动中的"搭便车"和偷懒行为；过度的员工民主管理，不利于决策的科学性、时效性，削弱了集中决策的有效性，有些决策如公司裁员、减少分红或增加积累等，更难以贯彻实施。

3）有外部股东的公司实行 ESOP 后，由于员工与外部股东信息不对称，会加剧侵蚀外部股东权益的"内部人行为"，使公司内外股权不平等。

4）员工持股计划不利于企业人力资源的流动，不利于劳动力资源配置效率的提高。

5）有些企业以 ESOP 为名，实际目的却是规避税收，套取优惠贷款，减少福利性支出，或为企业"圈钱"，员工实际上却未享受到股东的权益，挫伤了员工积极性。

📖 本章重点概念

法定员工福利　　养老保险　　医疗保险　　失业保险　　工伤保险　　生育保险
企业员工福利　　员工持股计划

自测题

一、判断题

1. 住房援助计划包括住房贷款利息给付计划和住房补贴。（　　　）

2. 在我国，企业实行住房公积金制度，企业和员工都要按照员工工资的一定比例交纳住房公积金，计入企业的公积金账户。（　　　）

3. 公休假是国家依法统一规定的休息时间。（　　　）

4. 员工所持的股份或股票，未到规定时间也可以买卖兑现。（　　　）

5. 员工持股计划是一种具有集资性、福利性、风险性和激励性的特殊薪酬分配形式。
（　　　）

二、单选题

1. 现代化企业的福利项目是以企业（　　　）来体现的。

A. 福利的水平　　　　　　　　　　B. 福利的标准

C. 福利的类型　　　　　　　　　　D. 福利计划的种类

2. （　　　）是企业或行业自主发起的员工养老金制度。

A. 养老保险　　　B. 企业年金　　　C. 人寿保险　　　D. 健康保险

3. （　　　）是社会保险的一个重要险种，也是企业员工的一项基本福利。

A. 医疗保险　　　B. 工伤保险　　　C. 养老保险　　　D. 失业保险

4. 领取失业保险金的期限：根据缴费时间长短来确定，最长为 24 个月，最短为（   ）个月。

A. 3　　　　　　B. 6　　　　　　C. 12　　　　　　D. 18

5. （   ）以解决企业资金困难，在短期内筹集企业所需要资金为目的，或以企业产权制度改革为目的。

A. 稳定型员工持股　　　　　　B. 集资型员工持股
C. 风险型员工持股　　　　　　D. 福利型员工持股

三、多选题

1. 收入保障计划主要包括（   ）。

A. 企业年金　　　B. 人寿保险　　　C. 住房援助计划
D. 教育援助计划　　E. 工伤保险

2. 社会保险的种类有（   ）。

A. 医疗保险　　　B. 工伤保险　　　C. 养老保险
D. 失业保险　　　E. 社会优抚

3. 假期的种类有（   ）。

A. 年休假　　　　B. 公休假　　　　C. 探亲假
D. 带薪年休假　　E. 月休假

4. 员工持股计划的类型有（   ）。

A. 稳定型员工持股　　　　　　B. 集资型员工持股
C. 风险型员工持股　　　　　　D. 福利型员工持股
E. 投资型员工持股

5. 员工持股计划的优点是（   ）。

A. 能使员工利益与公司利益直接相关　　B. 有助于优化公司股本结构
C. 有助于完善社会保障体系　　　　　　D. 推动企业产权制度改革
E. 有助于形成良好的企业文化

四、简答题

1. 简要回答福利对员工和企业的效用。
2. 简述法定员工福利和企业员工福利的区别与联系。
3. 为什么说员工持股是国有法人股减持的一个渠道？
4. 简要回答员工持股计划的实质和优缺点。

5. 简述社会保障制度的含义。

 调查研讨题

1. 调查分析某公司员工福利管理存在的问题，并根据员工的需要拟订一份全年度的员工福利计划。

2. 调查某一国有企业股权分置的改革情况，请你为该企业设计一份员工持股计划。

 案例分析

日本的员工福利计划和团体险

日本企业非常重视建立健全员工福利计划。完善的员工福利计划不仅是为了吸引优秀的人才及提高他们的工作热情，更是为了维护员工的健康和保证员工的生活品质，同时对国家的社会保障制度也提供了补充。日本的员工福利计划分为法定福利和补充福利。在法定福利制度中，企业提供的主要项目是健康保险、厚生年金保险、雇佣（失业）保险、工伤保险。

1. 补充福利的特点

除法定福利之外的厚生福利都属于补充福利，其种类较多，具有以下特点：

（1）覆盖范围广。日本的福利计划涉及员工生产生活的方方面面，惠及住宅、医疗保健、生活补助、喜庆丧事互助、文化体育娱乐、资金贷款、财产形成等。

（2）福利水平较高。日本的贫富差距较小，主要原因在于企业的补充福利为员工尤其是低收入员工提供了较高水平的生活保障。

（3）为福利计划供款时，企业和员工的责任简单清晰。由企业提供的住宅、文体娱乐设施、饮食服务等福利项目，通常由企业出资，员工以很便宜的价格就可以使用；而另外一些带有储蓄积累性质的福利项目，则主要由员工承担缴费义务。在日本，很少有企业和员工共同缴费形成的补充福利计划，这与法定福利不同（法定福利费中，企业和员工按一定比例分担，如健康保险费和厚生年金保险费就由双方各负担一半），也与其他国家差别明显。

（4）福利计划享受税收优惠。由企业提供的各种福利项目中，法定部分都能够税前列支。补充福利中，由企业供款的福利计划享有较大的税收优惠，即使是由员工独立缴费形成的福利计划，也能够减免赋税；如果员工通过自我储蓄购买相应福利，则无税收优惠，这是员工愿意参与企业福利计划的主要原因。

2. 团体险

根据企业的保险需求，日本的保险公司通常在养老保障、疾病或工伤保障、医疗保障、死亡后家属保障、家庭财产形成等方面有针对性地推出保险产品，为企业建立员工福利计划服务。

（1）养老保障。企业必须建立法定的退职金制度，以保障员工退休后正常的老年生活。除此之外，大多数企业也依据自身经营情况和管理特点举办各种补充福利制度，一般由企业负责缴费。由员工缴费的补充福利制度也称为"协助员工（董事）自我积累制度"。员工参加自我积累制度，缴费能够享受税收优惠。为协助企业建立补充福利制度，日本的寿险公司开发出多种年金产品供企业选择。

（2）疾病或工伤保障。疾病或工伤保障是法定强制保障，通常情况下，保险责任中覆盖的疾病责任是职业病，或与所从事的职业密切相关的疾病；工伤责任则必须是为企业利益工作负伤，由企业负担医疗费用的责任。在这一领域，保险公司提供的产品主要是"团体丧失劳动能力保障保险"。

（3）医疗保障。医疗保障的保障范围为非因工所致的疾病或伤害，是补充福利的重要内容。很多企业通过建立相应员工福利制度，为员工因病受伤住院、施行手术、定期看病提供资助。在实际运作中，保险公司提供了多种团体保险产品支持此项福利计划的开展，主要为医疗保障保险（团体型）、医疗附加特约（定期团体）保险、团体型三大疾病定期保险、快乐生活附加医疗保障计划。

（4）死亡后家属保障。死亡后家属保障由五个福利项目和一项作为补充的"员工（董事）自我积累的促成制度"组成。在日本，很多妇女结婚后成为专职家庭妇女。一旦丈夫亡故，如果缺少相应福利保障，遗孀和子女将不易维持生计，子女的学业也难以为继。因此，员工死亡后的家属保障在日本员工福利计划中占有很重要的地位，其保费可在一定限额内税前列支。为帮助企业有效建立此项福利制度，保险公司开发了多种相对低廉的团体保险产品。

（5）家庭财产形成。"家庭财产形成"是富有日本特色的一种企业补充福利，旨在为员工购买住房等提供资金支持。这种福利主要包括两类，第一类是为员工提供住房资金的住宅储蓄公积金保险。该保险主要由员工承担缴费责任，企业通常不负担保费，而是从员工工资中直接扣除，积累的资金享有较高的结算利率和一定的税收优惠（如可以免征储蓄利息税），员工可以提取来购置自有住宅，其用途也仅限于此（如使用于其他方面，将补缴税款）。第二类是为员工的家属提供财产保护。当员工意外亡故、无力偿付按揭的住房贷款时，其遗属可以求助于"团体贷款定期寿险"，保险公司通过提供贷款和其他款项，帮助遗属继续获取生活所需的住房和其他财产。

❓ 案例思考题

1. 请指出本案例哪些内容属于我国法定员工福利？哪些内容属于企业员工福利？
2. 本案例有什么特色？我们能够借鉴什么？

第 7 章

员工福利管理

学习目标

- 了解员工福利管理的定义、意义和职能，员工福利管理的内容，员工福利制度的性质、特点和作用，员工福利计划的含义、内容和步骤。
- 掌握员工福利管理的原则，员工福利管理的方式、方法和手段，员工福利制度的主要内容，学会员工福利制度的设计和管理。
- 掌握弹性福利的方案类型，学会拟订弹性福利计划。
- 掌握影响拟订员工福利计划的各种内外因素，学会拟订单项员工福利计划。
- 熟悉案例，通过案例分析，加深对员工福利的认识，提高拟订员工福利制度的水平。
- 熟悉弹性福利方案的优点和缺点，以及如何改进和调整。

学习导航

7.1　员工福利管理概述
7.1.1　员工福利管理的含义
7.1.2　员工福利管理的职能
7.1.3　员工福利管理的原则
7.1.4　员工福利管理的内容
7.1.5　员工福利管理的方式、方法、手段及流程

7.2　员工福利制度设计
7.2.1　员工福利制度概述
7.2.2　员工福利制度的主要内容
7.2.3　员工福利制度的设计和管理
7.2.4　弹性福利方案的设计
7.2.5　确定员工福利金办法

7.3　员工福利计划制定
7.3.1　员工福利计划制定的内容及步骤
7.3.2　影响员工福利计划制定的主要因素

7.1 员工福利管理概述

引导案例 7-1

核心员工个性化的福利政策

某跨国公司的中国分公司，在全国多个城市设有分支机构。这些分支机构的负责人已成为中国分公司重要的本地中高级管理人员，是该跨国公司在中国发展业务的核心员工。为了贯彻总公司的战略意图，这些中高级管理人员的大多数是从内部培养和提拔而来的。随着世界经济的发展和竞争的加剧，这些核心管理员工正成为许多公司猎取的目标。

为防止这些员工的流失，跨国公司保持这些员工的薪水在同行里具有较高竞争力的同时，在福利待遇方面也加大对核心员工的吸引力，如培训、保险等，为企业吸引和留住优秀人才发挥了积极的意义。

更重要的是，总公司下定决心为每一个核心员工制定更有针对性的保留方案。

总公司认为，每个企业发展阶段不同、战略选择不同，行业特点也不同，这些决定了每个企业的核心员工也不同。对于核心员工一定要认真分析和研究实际情况，制定针对性强、切实有效的个性化的管理模式。

经过一番细致调查，工作人员发现大多数核心员工年龄约为 30 岁，大多处于准备结婚或刚刚结婚的人生阶段，这个阶段生活的最大需求是住房。因此决定员工保留方案将围绕住房来设计。

解决住房有很多种方式。但是因为公司的分支机构分散在全国多个城市，决定以购房津贴的形式随月工资发放。

采用这种方式发放购房津贴，首先应明确以下几个问题：购房津贴金额数量、发放时间、发放期限等。在进行保留方案的具体设计工作中，首先设计目标住房的标准，即面积在 120 平方米左右的多层单元套房，位于距离市中心 30 分钟车程的地段。按照这些标准在全国城市收集商品房的价格信息；同时统计不同城市中高级员工的现金收入，并和所在城市的房价进行分析比较。由此得到以下假设：以公司发放薪水来计算，作为主管服务 3 年、部门经理服务 2 年后，其个人积蓄足以支付购房的首期款项。接下来以 10 年分期付款计算，月供楼的金额由个人节余和公司津贴共同承担。公司津贴平均占员工月工资25%左右；10 年按揭期结束，入住时需一次性交纳一笔尾款，同时需要装修费用，两项相加基本相当于一个员工的年收入额。

根据以上分析数据，在所增加的预算得到批准的情况下，可以制定核心员工保留方案如下：作为主管服务满 3 年、部门经理服务满 2 年，则可以向公司申请购房津贴；购房津贴为员工月工资的 20%，每月随工资发放；由申请之日起，可连续享受 10 年；10 年结束时，员工可一次性获得相当于其当年年收入额的入住补贴。

这个方案具有较大的吸引力，预期可以较稳定地保留大部分核心员工 10 多年，而后他们将步入中年，届时流失率将大大降低。

（资料来源：管理案例大世界，2009-02-25）

7.1.1　员工福利管理的含义

员工福利是薪酬体系的重要组成部分，是企业或其他组织以福利的形式提供给员工的报酬。员工福利管理是指为了保证员工福利按照预定的轨道发展，实现预期的效果而采用各种管理措施和手段，对员工福利的发展过程和途径进行控制或调整的活动。员工福利管理的目标就是在员工福利的发展过程中进行控制和调节，使员工的发展按照预设的途径进行，实现各阶段的既定目标，促使企业发展，达到员工满意。其意义有如下几个方面。

（1）通过制定相应的制度，对员工福利进行有效的管理控制，有利于员工实现各项目标。

（2）通过相应的管理机制和手段，对各种福利项目分门别类地规划，有利于顺利进行多样的福利项目的管理。

（3）通过相应的管理系统，结合企业的经济实力、员工满意度、制度的激励性等，对现状进行评估，有利于决定是否晋升到更高一级别的员工福利规划阶段。

（4）通过理顺员工福利各项目之间的关系，减少无端的浪费，有利于提高员工福利管理效率，减少管理成本。

（5）通过对实现结果进行客观的评估和评价，有利于改善员工福利管理制度，进行目标修订。

7.1.2　员工福利管理的职能

1．计划职能

员工福利规划作为一个宏观的行动纲领必须细化，分解为一个个具体的员工福利计划才能指导员工福利的具体实践。员工福利的执行和实施也离不开员工福利计划，计划是否周全和详细，在很大程度上决定着员工福利的实施效果。计划按照不同的标准又可分为不同的类型，如按照时间周期和跨度可分为员工年度计划、半年计划、月计划等；按照员工福利的项目内容可分为年假计划、实物计划、文化计划等；根据特定的日子或活动可将员工福利计划分为春节福利计划、中秋福利计划和企业成立周年日的福利计划等。

2．组织职能

组织职能包含两个层面：一是要确定员工福利管理的组织，即谁是管理员工福利的机构和人员。具有主观能动性的人力资源部的重要性已得到人们的共识，目前大部分企业由人力资源部管理员工福利。二是决定如何来组织员工福利的管理，即管理的方式是怎样的，这是员工福利的组织能够和应该解决的问题。

3．指挥职能

从事指挥工作需要管理者具有一定的素质。在员工福利的管理过程中，更需要采用适当的领导方式，掌握领导的艺术。因此，指挥不同于依靠职位所赋予的职权进行"管"，而含有领导的成分，组织的领导者应发挥自己的领导才能，在员工福利管理过程中运筹帷幄，全面指挥。

4．实施职能

实施职能一方面是指在考虑各种影响因素和可能遇到的问题的基础上，制定详细的实施方案，实施方案应包括实施主体、实施步骤、实施依据、实施手段等；另一方面是指员工福利管理实践活动本身。本质上讲，员工福利的管理就是对员工福利每个实施过程的改善与提高。

5．调节职能

调节职能是员工福利管理中必不可少的重要职能。员工福利的实施可以依照计划行事，但计划是在预测一些问题的基础上得到的，而预测难免与实际情况发生偏差，实践过程难免出现这样那样的特殊情况，如企业员工数量的突然增加，企业时间安排的突然变动等，所有这些都有可能使计划难以执行，必须对既定的计划进行调整。即使实践过程中，不发生特殊情况，也不能确保计划是百分百成功的，需要进行阶段性的检验和评估。如果阶段性的实施效果不够理想，没有达到既定目标，也需要对员工福利的计划、目标进行调整。因此，在员工福利管理过程中对预定的计划进行必要的调节是员工福利规划目标得以实现的又一保证。

6. 控制职能

控制职能是对员工福利的实施进行全面的控制，最终达到控制成本的目的。为了实现成本的控制，管理者应对管理的对象、管理的时间进度、福利项目种类、时间成本进行把握和控制。

7.1.3　员工福利管理的原则

1. 福利管理的主要原则

（1）合理性原则。所有的福利都意味着企业的投入或支出，因此，福利设施和服务项目应在规定的范围内，力求以最小费用达到最大效果。对于效果不明显的福利应当予以撤销。

（2）必要性原则。国家和地方规定的福利条例，企业必须坚决严格执行。此外，企业提供福利应当最大限度地与员工要求保持一致。

（3）计划性原则。凡事要计划先行，福利制度的实施应当建立在福利计划的基础上，例如，福利总额要有预算。

（4）协调性原则。企业在推行福利制度时，必须考虑到与社会保险、社会救济、社会优抚的匹配和协调。已经得到满意的福利要求没有必要再次提供，确保资金用在刀刃上。

（5）量力而行原则。遵循量力而行原则的科学做法应该是充分利用好企业的自身优势，既能充分发挥自己的能量，又不至于过度浪费资源。企业必须结合自身的财力和物力，拟定合理的福利管理原则，量力而行。

2. 福利管理的一般原则

（1）平等性原则。员工福利管理的平等性一是强调所有员工都应享有员工福利；二是所有员工享受的员工福利水平的差别不应过大，有差别也要控制在很小范围内。平等性主要强调的是"同"，员工拥有同样的权利，接受同样的管理方式和模式，不会因级别的差别和所在部门的差异有太大的区别。强调员工福利的平等性，也是有别于工资或奖金之处。

（2）感激性原则。通过设置符合员工需要的福利项目，改进员工福利管理的方式方法，改善员工福利的效果，增加员工对员工福利的满意度，从而达到感动激励员工为企业努力工作的目的。

（3）经济性原则。企业在强调福利对外具有竞争性和对内具有感激性的同时也要重视经济性，把钱花在"刀刃"上，尽量降低员工福利的管理成本，提高管理效率，追求利润最大化。

（4）透明性原则。员工福利同工资奖金一样属于薪酬系统，但又有所区别。主要区别是它们的机密程度不同。许多企业将工资奖金列为商业秘密范畴，而对员工福利都一致采取透明化的原则。这样设置一是为了让员工全面了解福利体系，以便从中获益；二是为了在更大的范围里听取员工意见，以改进员工福利的管理工作。

（5）先进性原则。先进性是对员工福利管理的方法和手段的技术要求，是指员工福利管理的方法和手段应采用科学技术的最新成果，体现时代特征，及时更新，尽可能提高员工福利的管理效率。

（6）动态性原则。为了更好地实现福利目标，以适应现实经济环境的变化，尤其是适应劳动力结构和员工生活方式的变化，必须实施员工福利的动态管理。从广义上讲，劳动者年龄和性别等基本结构要素对员工所希望得到的福利类型有非常重要的影响。比如，一支年龄偏大的员工队伍可能会对医疗保险覆盖范围，人寿保险和养老保险等福利更关注。而对年轻的未婚员工而言，则对上述的福利项目不感兴趣，他们期望的是更高的工资和奖金。同时员工的福利需求决定了某些福利项目的设置。反过来，福利项目及组合也对员工队伍的构成产生重要的影响。如果某企业实现了非常有利的医疗保健福利，就会吸引和保留一些本身具有较高保健成本的人。因此，企业需要考虑福利组合所放送出去的信号是什么，以及这种信号对于劳动队伍的构成会产生一种怎样的潜在影响，来实施福利的动态管理。

7.1.4　员工福利管理的内容

1．管理思想

员工福利的管理思想，主要体现在"以人为本"方面，它的核心内容体现在下面两段话中。

"管理问题从根本上讲是人的问题，只有尊重每一个人的价值和贡献，才能充分发挥每一个人的积极性。管理作为一种艺术和方法，就要以人为中心，使员工有主人翁的责任感，有精神上的满足，能在工作中成就事业。"（美国学者汤姆·彼得斯和南希·奥斯汀著《赢得优势——领导艺术的较量》）

"文武之政，布在方策。其人存，则其政举；其人亡，则其政息。"（孔子）

以人为本，是科学发展观的核心。"以人为本"思想的根本精神之一，是在于对人的尊重，对人的关怀，以人的价值和利益为根本目标，为员工服务，开发员工潜能，提升他们的能力和价值，成为企业管理的重要任务和使命。而重视和提升员工的工作满意度正是实现这一使命的具体体现。员工福利本身就是对员工的补偿与激励，体现了企业对员工的关怀。因此，员工福利的管理应该遵循"以人为本"的管理思想，从员工的需求出发，以员工对福利的满意为目标，体现对员工的尊重和重视，以符合科学发展观与办和谐企业、创和谐社会的时代潮流。

2. 管理原理

在员工福利管理活动中，常用的员工福利管理原理有物质动力原理、系统优化原理、需求递进原理和个性差异原理。

（1）物质动力原理。物质动力原理是指人们所从事的活动均与物质利益有关，人们有对基本物质的需要和物质享受的追求。从人类的需求层次来看有生存需要、享受需要和发展需要。物质动力原理就是用物质鼓励的方法，满足人们的物质追求，以激发员工的工作积极性。员工福利就是利用了这一原理，通过提供员工保险、住房、假期等一系列福利尽可能满足员工对物质的追求，实现提高员工工作积极性的目的。

（2）系统优化原理。系统优化原理是指员工福利管理系统经过组织、协调、运行和控制使其整体功能获得最优绩效的理论。系统是由两个以上元素组成的，相互联系又相互作用地向同一目标引动的有机组合体。系统优化原理的基本特点是系统的整体功能必须大于部分功能的代数和；系统的整体功能必须在大于部分功能之和的各值中取最优；系统的消耗必须最小。系统优化原理要求在员工福利管理中各要素必须和谐合作，整体向上发力，使整体的竞争力达到最强，使人的群体功效达到最优。

（3）需求递进原理。需求递进原理是指人们有物质需求，也有精神需求和文化需求，当处于低级的需求得到满足后，就会产生新的高级的需求。这一原理要求在员工福利管理中要注意动态变化，结合员工需求的实际情况，对福利项目种类进行调整。从纯粹的实物福利可以上升到文化福利，如发给员工大型音乐会的入场券等；或从直接的物质福利上升到闲暇时光的福利，如增加带薪假期的天数等。

（4）个性差异原理。个性差异原理是指人与人是不同的，在员工福利方面表现为寻求的项目不同，需求的层次不同，对同一种福利的反应不同等。这一原理就要求在员工福利的管理中，要考虑员工之间的差异性。以尽可能做到有的放矢，使员工福利起到更大的激励效果，它是弹性员工福利制度的理论基础。

3. 方案制定

方案制定结合了计划职能和实施职能，是这两项职能的具体体现。

4. 财务预算

财务预算既是员工福利计划的一个组成部分，又是执行员工福利控制职能必须考虑和依据的因素。财务预算数额的高低一般能反映企业的支付能力，对员工福利管理起着重要的作用。财务预算是决定员工福利水平的最主要因素，在很大程度上决定了员工对福利的满意度和员工福利对员工的激励作用。财务预算可按照企业的业绩、销售额进行预算，或按照人力资源成本进行预算。按照人力资源成本进行预算，可分为按照工资总额即人工成本的一定比例确定和直接确定一个既定数额的办法。财务预算应该考虑未来市场的变化、经营环境的变化、劳动成本占成本的比率等因素。

5．管理机构

管理机构是组织职能的一个重要体现，主要解决是否确定一个专门的管理机构和成立一个什么样的机构的问题，决定了管理人员工作职责的分工框架。管理机构的设置是与企业规模、企业所处的发展阶段、企业发展员工福利的指导思想、具体目标等因素密切相关的。

6．人员配备

人员配备是组织职能的一个重要内容，是运用和推动组织管理体系的必要环节。制定和实施员工福利计划、控制员工福利计划、控制员工福利管理过程离不开人，制度规范需要人去推行，整个员工福利系统的正常运转都要人来实现。因此，作为一个针对人的系统，员工福利系统本身的运行需要人的参与，因此提升员工的管理水平是必要的。人员配备，即有关管理人员的安排、配置、选拔和培养，是人力资源部内部的管理工作。只有做好相关人员的管理，才有可能做好员工福利的管理工作。

7．成本控制

成本控制是控制职能的一个重要内容。在财务预算的基础上，如何保证员工福利的各项成本能按照既定的预算方案进行，是成本控制的主要内容和要达到的根本目的。而要达到这一目的，需要全程的配合和努力，即需要计划的准确性、预算的可行性、制度的强制性和规范性、实施的严格性和相关管理人员恪守职责等。如果其中一个环节被忽略，就很有可能增加最终的成本。

8．调整变动

调整变动是调节职能的一个重要职能。企业是一个经济组织，"每分钱都应花在刀刃上"，如果花了很多钱却没有取得预期的效果，应该对员工福利的管理进行调整。因此，需要管理者对员工福利进行跟随，对员工福利的实施效果进行评估，以便进行有针对性的调整。

9. 效果评估

效果评估是调节职能的一个重要内容。评估的内容应该是员工对福利系统的反应和满意度，目的是改善员工福利的实施效果。效果评估的方法有问卷调查法、访谈法、合理建议法、意见反馈法等。问卷调查时可以设置调查这样一些内容：员工福利项目种类是否丰富，内容是否合理，员工对福利的满意度，员工对福利的管理人员、管理方式是否满意，员工对整个福利系统有什么建议等。

7.1.5　员工福利管理的方式、方法、手段及流程

1. 员工福利管理方式

从权限关系和组织结构来看，员工福利管理可以分为集中管理（纵向管理）和民主管理（横向管理）。

（1）集中管理。集中管理，指权限集中于组织高层，员工福利的诸多问题是由高层主管人员决定的。

✎ 相关链接

"集中管理"不等于"集权"管理。集中管理根本上是信息的集中，处理权仍在不同的利益团体；集权管理是通过"控制权"参数的设置，在集团不同层级上合理地设置"控制权"，实现"集权"与"分权"的统一，只是在集权范围内的事项处置权在集权部门。

（2）民主管理。民主管理是相对于绝对服从绝对权威的管理而言的。民主管理就是员工福利事务的决策权分散于下层管理人员甚至员工。

集中管理与民主管理并不是两者必居其一的关系，民主与集中不是绝对的，而是相辅相成的，关键在于把握民主与集中的度，即在多大程度上分权和多大程度上集权。民主管理与集中管理各有利弊，如集中管理协调统一但决策效率低，而民主管理在增加员工的参与意识的同时也带来协调困难的弊病。如何把握员工福利管理的权限关系，是选择民主还是集中或在多大程度上集中，要看特定阶段员工福利工作的内容复杂程度和专业程度，可以分散决策项目的多少和重要程度。具体地讲，员工福利管理是选择集中管理还是民主管理，取决于员工福利管理的体制、人员规模、所处阶段、信息沟通是否便捷顺畅和对环境变化的反应灵敏度等因素。

2．员工福利管理方法

员工福利管理方法是指将现代科学技术的最新成果运用于员工福利的管理中，主要有如下几种方法。

（1）员工福利人本管理方法。它是将在现代心理学和社会学基础上发展起来的行为科学管理方法，应用于企业的员工福利管理工作中，如"快餐式的福利"制度，或多元选择性福利制度。

（2）员工福利规划管理方法。它是将在运筹学基础上发展起来的各种规划方法，运用于公司员工福利管理活动中，如"企业的五年员工福利规划"、"公司的三年红利分红规划"等。

（3）员工福利计算机管理方法。它是将在计量经济学的基础上，结合计算机科学的发展而采用的各种资料统计和数据分析方法，应用于企业员工福利管理工作中，如每年企业的员工福利预算、统计数据报告分析等，原来用手工操作，现在都用计算机处理。

3．员工福利管理手段

这是指员工福利管理人员采用对本单位（部门）员工福利管理对象施加作用的有效管理工具和管理措施，即在企业员工福利管理工作中运用现代化的科学手段组织、调配，对人的思想、心理和行为进行恰当的诱导、控制和协调。员工福利管理手段包括应用计算机、设备及仪表等"硬手段"和战略管理、价值观念、企业文化等"软手段"。在新的发展理念的指导下，传统的"重硬轻软"风气已得到很大的改观。在强调以人为本、战略经营和企业文化的现代企业管理阶段，"软硬兼施"是企业提高竞争力应采纳的员工福利管理手段。在员工福利管理中，如果只注重"硬件"投入，忽视"软件"的深远影响，那么将会造成企业"事倍功半"的被动局面；如果单纯强调文化、心理及柔性管理等"软件"，没有相应的物质投入相匹配，那么一样达不到激励员工、增强企业凝聚力的目的，并且还会有浮夸、不实在之嫌，会影响企业的信誉，进而影响员工对企业的忠诚度。因此，企业应该在加大福利成本、加大物质投入的基础上，重视企业文化灌输、企业价值观的贯彻、人性化和柔性管理等，定会取得"事半功倍"的效果。

4．员工福利管理流程

按员工福利管理的各项职能来安排，应该遵循如图 7-1 所示的流程。

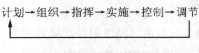

图 7-1　员工福利管理流程

7.2 员工福利制度设计

引导案例 7-2

宝洁为员工提供的 "工时性" 人性化福利

1. 每周一天在家办公，"非全职工作" 可自选

宝洁中国为员工增加了一项新福利，即在办公室工作的员工，都可以根据自己的需要，每周选择一天在家办公。保洁员工表示，在家办公，能把来回路上的 1 个半小时节约下来，在家能睡个好觉。宝洁公司人力资源部副总监翟玉燕对此表示，在家工作的新政，是宝洁公司从工作制度上解决雇员可能面对的工作生活失衡挑战的又一项策略之一。除了每周一天在家上班的福利以外，宝洁公司员工还可以申请一个 "非全职工作"，即员工可以根据自己的需要，申请一周工作 3 天或者 4 天。在这段时间里，员工将根据自己每周的工作时间，拿 60% 或者 80% 的工资，但公司不会扣发员工的其他福利，如社会保险金、意外保险等。其实，在欧美，超过 40% 的大公司采用 "弹性工作制"，其中包括施乐公司、惠普公司等著名企业，在我国近年来也涌现出一些试行该种制度的企业。专家指出，弹性工作时间，其实是一种工时性福利。在一些行业，不少员工可能会产生职业疲劳，所以企业采用这样的方式，能很好地解决这个问题。

2. 怀孕生产可申请一年 "无薪产假"

此外，待产女员工还可以申请提前 2 个月休 "产前假"。"2 个月产前假" 是指，除了法定的妇女产假外，宝洁允许待产女员工从怀孕 8 个月开始休产前假，生产后可以再休法定的产假。此外，那些需要照顾小宝宝的妈妈们，还可以申请一年的 "无薪产假"，公司将为她保留岗位和其他福利，等她的宝宝 1 岁后再回来上班。

（资料来源：市场报. 人民网，2007-10）

7.2.1 员工福利制度概述

1. 员工福利制度的性质

员工福利制度，又称小额优惠制度，是以附加或额外福利形式给予员工报酬的制度，是按人头而非工作时间支付的具有准固定成本性质的分配方案。

2．员工福利制度的特点

（1）补偿性。它规定了员工为组织劳动的物质补偿、形式、金额（或数量）。

（2）均等性。它规定使所有履行劳动义务的正式职工都有享受组织各种福利的权利。

（3）集体性。它规定组织兴办的是集体福利事业，员工集体消费或共同使用公共物品的形式。

（4）特殊性。它规定了福利非现金的实物支付形式（如免费工作餐、生活用品等）和延期支付形式（如退休金、在职培训等）。

3．员工福利制度的作用

（1）有利于吸引高素质人才，良好的福利制度有时比高工资对人才更具吸引力，而优秀的人才是现代组织中最宝贵的资源。

（2）有利于更好地发挥激励机制，提高员工的积极性、创造性和工作效率，稳定员工队伍。良好的福利制度使员工无后顾之忧，工作满意度上升，组织向心力提升，减少员工跳槽流动现象，强化员工的忠诚感。

（3）有利于激发员工高昂的工作热情、高效的工作业绩，能大大提高组织的利润水平和竞争力。

（4）与职位和贡献相结合的多元化补充福利可确保对员工的长期激励作用。

7.2.2　员工福利制度的主要内容

员工福利制度的内容庞杂，福利项目繁多，大体可分为以下几大类。

（1）组织按国家法律规定，履行其所承担的为员工提供社会保险法定职责的公共福利内容，主要是为员工提供的医疗保险、养老保险、失业保险、工伤保险和有再就业权的女工带薪产假等。

（2）组织根据自身条件和员工需要，为员工提供的退休金/退休计划和非工作过程中的意外伤害、伤病补助（补充养老和医疗保险）、牙病保险、人寿保险、员工直系亲属的保险或补助等。

（3）带薪假期，包括脱产培训、病假、事假、公休、法定节假日、带薪旅游、工作日内休息等。

（4）员工个人福利，如住房津贴、海外津贴、旅游津贴、探亲补贴、工作餐、辞退金、交通福利（接送班车、交通补助费等）、职工互助计划、储蓄计划、培训教育计划、年度体检等。

（5）向员工提供生活福利和服务，如法律服务（提供法律顾问、支付律师费用）、咨询服务（心理或理财等咨询）、贷款担保、免费或折价的生活用品和生活服务、子女教育费、日托设施（托儿所、托老所）、文娱和健身设施、餐厅、卫生设施等。

（6）特殊人员的福利，如对高层、中层的管理和技术人员，以及工作中有特殊需要的人员（如外勤人员），给予的额外福利，包括配车或额外的汽车补贴、通信补贴、意外险等。

员工福利制度中除法定的社会保险内容必须执行外，其他部分没有统一规定。组织的规模、目标和效益不同，其福利制度的内容和具体项目也不同。

7.2.3　员工福利制度的设计和管理

员工福利既是国家法律的外在强制规定，又是组织实现战略目标的内在必然要求，但是，员工福利的价值和作用能否充分体现，很大程度上取决于组织对员工福利制度的设计和管理。

1．员工福利制度的设计

员工福利制度的设计，包括员工福利制度的策划和员工福利项目的确定两个方面。

（1）员工福利制度的策划。除了国家法定的员工福利方案（社会保险制度）不能随意变动外，组织对其他的福利方案要有精心策划。

1）要使福利制度的设计与组织的人力资源战略、薪酬战略相统一并为之提供有效的支持，要研究什么样的福利方案（福利项目和支付方式）能最有效地实现组织的各种目标，同时又能满足员工的需求偏好，据此来做出合理的福利制度安排。例如，为了达到吸引和稳定员工的组织目标，而设计一种与员工在组织内资历密切相关的长期福利方案，则有助于减少员工的流动性。

2）要考虑组织对员工福利的承受能力，脱离组织支付能力的福利方案没有可行性，甚至会对组织和员工产生巨大的负效应。解决组织福利支付能力的一种有效方法是合理确定薪酬结构中福利所占的比例，合理利用组织薪酬资源。高薪水低福利的薪酬结构不可取，因为过高的薪水会使工资的边际效应递减，同时工资的替代效应小于收入效应，劳动力供给曲线后弯，这都不利于提高员工的工作积极性和劳动效率。相反，从高薪水中划出一部分作为组织的福利基金，增加福利项目，虽然总的薪酬资源没增加，但可使员工感到组织福利待遇的优厚，增强对组织的认同。

3）要重视福利的外部公平性、竞争性和充分性，组织的福利水平若过度低于其他同行（竞争对手）的福利水平，显然会降低组织的竞争力。若组织承受能力限制无法确保员工福利的充分性，设计有特色的福利方案或许能弥补这个不足。

4）要坚持福利策划的经济原则，把钱花在刀刃上，使有限的福利基金发挥最大的效能。为此，第一，要根据经济效用最大化原则（序数效用论可能更有效），合理安排福利项目，优化福利项目组合；第二，要利用成本效益分析方法，评估和核算独立的成本与效益，合理确定每一个福利项目的投入，以期获得最佳产出效应；第三，要使员工了解组织为其所提供福利的价值，感受到组织对其的关心，激发员工回报组织的热情；第四，要适当控制福利的总开支，由于福利的性质和特点不同于工资，以及员工视福利为免费"蛋糕"而产生"不吃白不吃，吃了也白吃"的现象，福利投入的激励作用和绩效功能显然低于工资，因此过高的福利水平也不足取。西方搞"福利国家"的教训，在某种意义上可供组织员工福利制度设计时借鉴。事实上，随着近年来员工福利开支的剧增，成本控制已成为发达国家组织实施福利计划和管理过程中的一个最大的问题。

（2）员工福利项目的确定。员工福利项目种类繁多，其中法定的福利项目（社会保险、法定节假日、带薪休假等）组织无权决定，必须按法律规定执行，其他福利项目均由组织自行确定。

组织在确定福利项目时，受到组织内部和外部各种因素的影响，如组织的规模和性质、雇主或经营管理者的偏好、组织的薪酬策略和支付能力、工会的态度和实力、员工的需求偏好、竞争对手提供的福利、法律法规的限制等。

在面临各种各样福利项目的选择时，坚持从组织的目标和现实条件出发、坚持从满足员工的实际需求出发、坚持福利效用最大化和福利方案的科学论证和可行性研究，在员工中进行全面的福利需求调查，这应当成为福利项目确定的一般原则和方法。

2．员工福利制度的管理

（1）员工福利管理要明确福利享受者是谁，及其享受福利的范围，主要指组织应当根据福利内容的项目，对在职的正式员工、在职的临时员工、病残员工、退休员工、员工家属所享受福利做出具体规定。要做出令所有人都满意的规定是很困难的，但有一点必须明确，福利的均等性要求每个员工都有享受福利的权利。可是这并不意味着每一个人都有享受同等福利的待遇，除了法定福利和诸如工作餐、带薪休假、组织的文娱体育设施等部分福利外，通常的做法是依员工的职级确定员工个人福利费用的预算，职级越高，福利相对越高，这也有助于加强组织晋升制度的激励力度。当然这种做法也要受到限制，避免成为高层员工搞特权的依据。例如，美国的有关法律中就有非歧视条款规定，要求给经理们的福利水平不能明显高于普通员工，一般普通员工的平均福利应等于或超过经理平均福利的 75%。

（2）员工福利基金的筹集和使用，要进行科学、民主、公开和规范的管理。福利基金筹集渠道应多样化，避免由组织单独承担，员工承担一部分福利费用有助于消除福利"免费蛋糕"的错误观念，有利于减少组织支出的福利成本，并使员工增强福利成本控制的意识，福利基金的使用应民主、公开、规范，福利项目的确定应经职工代表大会或工会讨论审批，各项费用支出应由福利委员会监管，账目公开，手续完备。

（3）员工福利管理要专业化。员工福利不但要由专门的机构管理，更要由专业的人才来管理。因为福利方案的制定、福利基金的筹集和运作、福利成本的控制、福利效果的评估，都离不开有关的经济、财务、法律、管理专家。国外不少公司已经采用福利管理的外包法，委托组织外部专业的福利管理机构管理组织的员工福利事业，并取得了明显的成效。

（4）员工福利管理过程必须保持组织与员工之间的沟通，这是达到福利目标的重要环节。因为对福利项目及其价值的认识不清会导致员工对福利方案的不满，而且组织缺乏员工关于福利的需求偏好和对福利评价等方面的信息，同样无法制定出较优的福利方案。有效的员工福利沟通应做好 3 方面的工作：一是组织宣传自己的福利方案和福利目标，增加员工对福利方案和福利目标的理解；二是以合适的媒介方式和简洁、直观、易懂的形式来传递这些信息，避免使用那些有碍交流的专业术语、编制福利手册或应用多媒体软件是常用的信息传递方式；三是提供更多的员工信息反馈渠道，增加员工对福利方案评价的机会，鼓励员工在组织的福利事业中采取更主动的合作态度，并承担起更多的责任。

7.2.4　弹性福利方案的设计

员工的福利寻求偏好因员工个人爱好（效用序数排列）不同或其家庭的需要不同存在很大差异，而受经费的限制，组织传统的标准福利方案是按一般员工的需要设计的，员工没有选择福利项目的权利，不可能照顾到每一个员工的实际需要。

弹性福利又称弹性福利计划，是一种有别于传统固定式福利的新员工福利制度。为了使有限的福利经费能更大限度地满足员工不同的需求、发挥更大的效用，国外于 20 世纪 70 年代开始实施更灵活、富有弹性的福利方案，即所谓的"自助餐式福利方案"。这种方案根据员工福利预算经费的数额，设计出不同的福利项目组合，让员工有更大的选择空间，自主选择他们认为对自己最有价值的福利项目，如单身员工不选择子女保健而选择附加养老金，双职工一方选择子女教育津贴而另一方选择住房津贴等。

1. 弹性福利方案类型

弹性福利方案在必须提供法定福利（社会保险）和规定每个员工福利限额的前提下，有几种类型。

（1）核心+弹性选择型。核心福利是每个员工必须享有的基本福利（如退休、医疗保险），弹性选择福利则附有福利项目供员工自由选择。

（2）附加型。这是最普及的一种形式，是在现有的福利计划之外，再提供其他不同的福利措施或扩大原有福利项目的水准，让员工去选择。

（3）套餐型。这是指企业同时推出不同的福利组合，每一个组合所包含的福利项目或优惠水准都不一样，员工只能选择其中一个的弹性福利制。性质如同餐厅里的套餐消费。

（4）弹性支用账户。这是比较特殊的一种，员工每年可从其税前总收入中拨取一定数额的款项作为自己的"支用账户"，专门用于选择认购组织提供的各种福利项目。各种福利项目可免交所得税，但必须在一年内用完，否则余额归组织所有，不能以现金形式返还员工。

（5）选高择低型。即组织提供各种不同的组合福利套餐，其金额高于或低于原有固定福利金额。员工可自主选择其中任一组合，该组合金额与原有固定金额的差额多退少补（在薪水内扣除或补发）。

2．弹性福利方案的优点和缺点

（1）弹性福利方案的优点。员工可根据自己的情况，自主选择福利方案以满足自身特定的需要；对员工具有激励作用；可以改善员工与企业的关系；可使组织的员工福利能适应员工队伍及其需求的动态变化；员工及其家庭参与福利方案的设计时只需把新项目列入福利组合方案中，成本较低；组织规定了员工福利预算的最高金额，员工是在其预算限额内自主选择，有利于福利成本控制。

（2）弹性福利方案的缺点。员工可能会做出错误的福利项目选择，因而面临突发事件缺乏必要的保障；增加了组织行政管理的工作量和费用，员工挑选福利因过于分散，可能降低福利资源培植的规模效应，增加了福利成本；限制了工会与企业讨价还价的能力而受到工会的反对；受到有关法律政策的限制较大。

总体而言，弹性福利方案利大于弊，因而在发达国家中已得到较为广泛的应用和发展。

7.2.5　确定员工福利金办法

确定员工福利金办法，有利于公司对员工福利金来源筹集渠道和比例进行管理，有利于加强员工福利金使用的针对性、规范性和时效性。

员工福利金办法通常包括以下内容：

（1）确定员工福利金来源。

（2）明确员工福利金的使用范围。

（3）规定员工福利金的运用。

（4）审议员工福利金的运用状况报告与控制。

（5）注明办法实施日期和审查机构。

7.3　员工福利计划制定

引导案例 7-3

员工福利计划新趋势

在"前程无忧"组织的全球人力资本论坛上，美世（中国）咨询公司公布了对上海 40 家跨国公司的最新薪酬调查报告，被调查的企业中包括微软、英特尔、摩托罗拉、杜邦、可口可乐等在同行业中处于领跑位置的跨国企业。调查结果显示，除了为员工提供具有吸引力的薪酬待遇之外，种类繁多的员工福利项目同样引人注目，如团体及额外保险、辅助教育资助项目、住房福利计划、股权及期权计划以及企业年金（补充养老金计划）。

1．1 美元与 6 美元

在对优秀人才争夺日趋激烈的今天，单纯依靠高薪已经无法确保吸引和留住优秀员工，如何为员工提供更具竞争力的福利计划，已经成为越来越多公司人力资源战略中至为重要的一个环节。

据统计，目前美国共有 8 500 多万名企业员工被纳入了员工福利计划，占其总人口的 33%，福利支出占工资总额的比重达 41.3%。"在员工福利计划中每投入 1 美元就能促进公司经济效益增长 6 美元"的观念已经成为一种共识。

通常，员工福利计划主要由以下部分组成：国家规定实施的各类基本的社会保障制度、企业年金（补充养老金计划）及其他商业团体保险计划、股权、期权计划、其他福利计划等。

基本社会保障项目有国家立法强制实施的社会保障制度，包括基本养老保险、医疗保险、失业保险、工伤保险等法定福利项目，这些是整个员工福利制度的基石，为社会大众所熟知。

企业年金（补充养老金）是由企业提供的除基本养老保险之外的补充养老金。在许多高福利的西方国家，企业年金已经发展成为社会养老保障体系中的一个重要组成部分。

2．401(K) 计划

美国最具代表性的补充养老金项目是 401(K)计划，该计划规定企业补充养老保障金由雇员和雇主按一定比例共同支付，这部分资金并不包含在员工的纳税收入中。员工可以和雇主协商决定其投资方式，根据风险和收益率获得不同程度的回报，其投资收益也可以享受延时纳税的待遇。不过员工个人无法随意支取其账户资金，只能在其退休后方可选择一次性支取或定期领取一定数额的账户资金。在过去的 20 年中，401(K)计划对美国的基金业发展起到了有力的推动作用，其投资领域涉及各行各业。以美国 ESI（Electro Scientific Industries，电子科技工业公司）的 401(K)退休储蓄计划为例：员工依照国税局的规定，选择存入最高可达薪资（税前）的 50%的补充养老金，对于员工存入退休储蓄计划中的每 1 美元（上限为薪资的 6%），ESI 公司会在其相对的存款账户中配合存入 0.5 美元。

3. 股票期权趋势

在满足公司事先约定条件的情况下，员工可在一定期限内以事先约定的价格，认购一定数量的公司股票，即员工股票期权。其中比较典型的员工持股模式为 ESOP，其主要运作方式如下：对于达到公司规定工作年限的员工，依其薪资总额，由公司每年摊提一定比例资金存入员工信托基金中，通过基金的提存，以平均市价购入该公司股票，而公司则在提存用于购买股票的信托资金后，将股票分配至员工的个人账户中。公司雇员如欲出售其所持股份，则公司拥有优先承购权，员工在退休或离职时，可带走其股权。ESI 公司所提供的员工股票认购计划（ESPP）通过一种直接的薪金扣除方式来认购股票，员工可以选择其扣税收入后的 1%～5%用于购买 ESI 公司股票，购买价格为发行价有效期的第一个工作日和最后一个工作日两天中较低股价的 85%。

在香港，上市公司也普遍将股权、期权计划（Share Option Scheme，SOS）作为公司员工福利计划的重要组成部分，包括联想香港公司、方正香港公司、上海实业及北京控股等。我国内地目前由于政策和相关法规的限制，股票期权计划的发展相对滞后，《公司法》明确规定上市公司不能通过股份回购方式取得其公司股票；在增发新股的政策中也缺乏相应的支持发展股票期权计划的条款。近年来，内地的许多上市公司也正在进行员工股票期权计划的积极探索。据统计，中国 1 000 多家上市公司中，正在或已经实施了不同类型的股票期权计划的公司，已有近百家。其中，东方通信、上海贝岭被证监会认定为首批股票期权试点企业；清华同方、清华紫光、方正科技作为校企改制的试点企业也向财政部提交了股票期权试点方案。此外，中关村、海星科技等高科技企业早前也曾向证监会和财政部提交股票期权方案，但由于相关管理办法未出台而被搁置。

4. 其他福利

（1）健康保险计划。提供综合医疗及牙科诊疗保险服务，员工可选择将其税前薪资的一部分存入一个灵活的个人账户或直接参加雇主为员工投保的团体医疗保险项目，用于支付个人及亲属额外的医疗健康开支，医疗计划可提供处方及个人健康治疗保险服务，牙科计划则可提供预防、治疗等基本的牙科保险服务。

（2）带薪休假。员工根据公司规定全年可累积获得一定时间（一般为三周左右）的弹性休假（FTO），通过与公司人事部门的协商可自主选择休假时间。除 FTO 外，员工还可凭其工作成绩和日常表现获得浮动假日，休假期间享受公司正常的工资和福利待遇。

此外，员工福利计划中还包括员工辅助计划、住房福利计划、教育辅助及培训计划等诸多员工福利项目。雇主可视具体情况为员工提供弹性的福利计划，通过菜单式福利操作，尽力满足员工实际的福利需求。

（资料来源：联英人才网，2009-02）

7.3.1　员工福利计划制定的内容及步骤

1.　员工福利计划制定的内容

在企业的具体实践过程中，一般来说，一个相对完备的员工福利计划的制定应当主要考虑以下 7 个方面的内容。

（1）企业为什么要向员工提出福利？也就是说，企业给员工提供福利的目的是什么？这是企业在制定员工福利计划时需要考虑的首要问题。如果企业向员工提供福利的目的是为了保障和提高员工的生活水平，那么福利水平的确定就要依据当地的生活水平，提供的福利也要侧重于实物和服务；如果企业提供福利的目的是为了保证整个薪酬水平的外部竞争性，那么福利水平的确定就要根据市场水平来确定。

（2）要向员工提供多少福利？也就是说，企业提供的福利应当是什么水平的？在实践中，福利水平体现为企业的福利开支。福利水平的确定主要包括两个层次的内容：一是确定企业整个的福利水平；二是确定员工个人的福利水平。由于福利是薪酬的重要组成部分，因此福利水平就成为反映企业薪酬水平的一个重要方面，企业就需要对自身的福利水平做出决策。此外，现在越来越多的企业在福利的实施中已经抛弃了平均主义的做法，开始实行差异化的员工福利，而福利水平的差异则是其中重要的内容，因此就有必要确定员工个人的福利水平。

（3）要向员工提供什么样的福利？也可以理解为员工提供福利的内容是什么？福利的内容直接决定着员工需求的满足程度，是员工满意度的主要影响因素。因此企业必须要合理地确定福利的内容，这样才能保证福利实施的效果。在实践过程中，有些企业对这个问题并没给予足够的重视，因此往往会出现"出力不讨好"的尴尬局面，虽然员工也耗费了大量的财力物力来实施员工福利，但是员工并没有感到满意。

（4）以什么样的形式来向员工提供福利？这也可以理解为员工提供福利的内容是什么？与基本薪酬和激励薪酬不同，作为间接薪酬的福利，其发放的形式更具灵活性，并非必须以货币的形式发放给员工，还可以借助于其他形式，因此企业需要对福利的各种形式进行比较，从中选择最为合适的形式。

（5）由谁来向员工直接提供福利？也就是说员工福利的实施主体是谁？员工福利的责任主体和实施主体是两个不同的概念，虽然员工福利的最终责任主体是企业，但是这并不意味着企业就一定要直接向员工提供福利，它可以将具体的实施责任委托给外部的组织或机构。这两种实施方式是各有利弊，因此需要企业综合考虑后做出决策。

（6）要向哪些员工提供福利？虽然从整体上来讲，福利实施的对象应当是企业全体员工，但是这并不是说每一项具体的福利都要针对全体员工来实施，由于不同的福利项目具有不同的特点，其适合的对象也是不同的，因此企业应当根据福利的具体内容来选择实施对象。此外，为了增强福利的激励作用，也需要对员工享受福利的资格条件做出规定，这同样也会产生选择福利实施对象的问题。

（7）在什么时间向员工提供福利？这主要是指福利实施的时机问题。即便是同样水平和同样内容的福利，在不同的时间提供给员工，给员工带来的效用也是不同的。因此，为了使福利的效用最大化，企业应当恰当地确定福利实施的时机，要在最合适的时间把福利提供给员工，从而充分地发挥福利对员工的激励效果。按照激励理论的观点，福利提供的时机应当遵循两个主要的原则：一是及时性的原则，要及时地把福利发放给员工；二是需要性的原则，要在员工最需要某种福利的时候给他们提供这种福利。

2．员工福利计划制定的步骤

（1）确定员工福利目的，保证员工福利水平。

（2）确定员工福利水平、数量，分解到部门和个人。

（3）确定员工福利项目，尽量使员工满意。

（4）确定员工福利发放形式，货币为主、实物为主，或服务为主，以其他为辅。

（5）确定员工福利发放机构，便于组织工作及方便员工领取福利。

（6）确定员工福利发放的对象，增强福利的激励作用。

（7）确定员工福利实施的时机，使员工福利的效用最大化。

7.3.2 影响员工福利计划制定的主要因素

1．企业外部的因素

（1）国家的法律、法规。一般来说，国家的法律、法规影响的主要是法定福利的水平及其内容的确定。例如，《失业保险条例》的第六条规定，城镇企业事业单位要按照本单位工资总额的 2%交纳失业保险费；再如，《中华人民共和国劳动法》第四十五条规定"国家实行带薪年休假制度。劳动者连续工作一年以上的，享受带薪年休假"。此外，它还会对法定福利的实施形式做出规定。例如，国务院颁布的《关于建立统一的企业职工基本养老保险制度的决定》指出"尽快将目前由企业发放养老金改为社会化发放，积极创造条件将离退休人员的管理服务工作逐步由企业转向社会"。除此之外，法律、法规对企业福利的实施也有一定的指导意义。例如，在我国养老保险制度的改革中，2000 年的辽宁试点政策就允许企业将工资总额的 4%列入成本，形成补充养老保险基金，为员工建立补充养老保险。

法定福利具有强制性的特点，任何企业都必须遵守，企业对此并没有太多的选择权和决策权，所以企业在制定福利计划时，首先需要考虑的就是这一因素，要在法律规定的范围进行活动。

（2）社会的物价水平。物价水平影响的主要是员工的福利水平和企业的福利支出。员工福利最基本的功能就是保障员工的生活，因此对员工来说更有意义的是实际的福利待遇。当企业以货币的形式向员工提供福利时，实际的福利待遇就等于货币福利（名义福利）与物价水平的比率。

这样，当整个社会的物价水平上涨时，为了保证员工福利水平不变，支付给他们的货币福利相应也要增加。当企业以实物的形式向员工提供福利时，虽然物价水平对于员工的实际福利待遇不会产生影响，但是会影响企业的福利支出，物价水平上涨时，为了保证员工的实际福利水平不变，企业就要支付更多的福利开支。

（3）劳动力市场的状况。劳动力市场状况影响的主要是福利的水平。按照经济学的解释，包括福利在内的薪酬是劳动力价值的货币表现，即劳动力的价格，在其他条件保持不变的情况下，它主要取决于劳动力供给和需求的对比关系。这样如果企业的需求一定，当由于劳动力市场的紧张造成供给减少时，企业薪酬福利水平相应就应当提高；反之，企业可以维持，甚至降低其薪酬福利水平。

（4）竞争对手的福利状况。竞争对手的福利状况对企业福利计划制定的影响是最为直接的，这是员工进行横向的公平性比较时非常重要的一个参照系，它几乎可以影响到福利计划所有内容的决策。当其他竞争对手的福利水平、福利内容、福利形式等发生变化时，为了保证外部的公平性，企业也要相应对自己的福利计划做出调整，否则往往就会造成在职员工的不满意，当不满比较严重时甚至会造成员工的流失。目前，在招聘过程中，企业所能提供的员工福利已成为应聘者进行决策时非常重要的一个因素。

2．企业内部的因素

（1）企业的发展阶段。企业在制定福利计划时也要考虑到自己所处的发展阶段，从而保证福利计划更符合企业的实际，如表 7-1 所示。

表 7-1　企业不同发展阶段下的薪酬管理

企业发展阶段		开 创	成 长	成 熟	稳 定	衰 退	再次创新
薪酬形式	基本薪酬	低	有竞争力	有竞争力	高	高	有竞争力
	激励薪酬	高	高	有竞争力	低	无	高
	间接薪酬（福利）	低	低	有竞争力	高	高	低

（2）企业的经济效益。企业的经济效益直接制约着福利水平的确定，它是福利计划各项决策得以实现的物质基础。良好的经济效益，可以保证福利水平的竞争力和福利支付的及时性。

从社会层次来看，经济发达地区的企业，其福利水平往往比经济落后地区的企业要好。

（3）员工个人的因素。在企业制定福利计划时，往往都会考虑员工个人的因素。这些因素主要有员工的需求、个人的绩效、工作的年限等。

1）员工的需求影响福利内容的确定。为了更好地激发员工的工作积极性，企业要根据员工的需求来提供福利，这样才能提高福利的针对性和有效性。有些企业并不重视这一问题，从而就导致了福利计划的实施效果不佳。

2）员工的绩效影响福利提供对象的确定。虽然相比激励薪酬，福利并不完全以绩效为基础来支付，但是这并不意味着福利就与绩效完全没有关系，采取平均主义的方式来向员工提供福利，只会削弱福利的激励效果，计划经济体制下国有企业工资福利管理的弊端就很好地说明了这个问题。因此为了提高福利实施的效果，福利还是应当在一定程度上与绩效挂钩，目前越来越多的企业在福利管理中采取了这种做法。

3）工作年限影响员工个人福利水平的确定。工作年限主要是指员工的工龄，一般来说，工龄越长的员工，企业提供的福利水平往往也越高。之所以会有这样的影响，其理论依据主要是组织社会化理论，就是说员工在企业中的时间越长，对企业和职位的了解就越深刻，当其他条件一定时，绩效就会越好，因此企业才愿意提供更多的福利。此外，保持员工队伍的稳定也是一个原因，工龄越长的员工，企业支付的薪酬福利越高，这样可以在一定程度上减少员工的流动率。

 本章重点概念

员工福利管理　　员工福利管理原理　　员工福利管理方式
员工福利管理方法和手段　　员工福利制度设计　　弹性福利的方案

复习思考题

一、判断题

1. 调节职能是员工福利管理中必不可少的重要职能。（　　）

2. 企业在推行福利制度时，必须考虑到与社会保险、社会救济、社会优抚的匹配和协调。（　　）

3. 财务预算既是员工福利计划的一个组成部分，又是执行员工福利控制职能必须考虑和依据的因素。（　　）

4. 员工福利人本管理方法是将在运筹学基础上发展起来的各种规划方法，运用于公司员工福利管理活动中。（　　）

5. 弹性选择福利是每个员工必须享有的基本福利（如退休、医疗保险），核心福利则附有价格供员工自由选择。（　　）

二、单选题

1. 控制职能是对员工福利的实施进行全面的控制，最终达到（　　）的目的。

A. 控制工资水平　　　　　　　　　B. 提高企业效益

C. 控制成本　　　　　　　　　　　D. 优化组织结构

2. 员工福利的管理思想，主要体现在（　　）。

A. 社会效益　　　　　　　　　　　B. 企业效益

C. 员工效益　　　　　　　　　　　D. 以人为本

3. （　　）是指员工福利管理系统经过组织、协调、运行和控制使其整体功能获得最优绩效的理论。

A. 物质动力原理　　　　　　　　　B. 系统优化原理

C. 需求递进原理　　　　　　　　　D. 个性差异原理

4. （　　）是组织职能的一个重要内容，是运用和推动组织管理体系的必要环节。

A. 人员配备　　　　　　　　　B. 成本控制

C. 调整变动　　　　　　　　　D. 效果评估

5. 法定福利具有（　　）的特点，任何企业都必须遵守。

A. 法制性　　　　　　　　　　B. 强制性

C. 公平性　　　　　　　　　　D. 都包括

三、多选题

1. 员工福利管理的职能包括（　　）。

A. 计划　　　　　B. 组织　　　　　C. 实施

D. 调节　　　　　E. 协调

2. 为了实现成本的控制，管理者应对（　　）进行把握和控制。

A. 管理的对象　　　B. 管理的时间进度　　　C. 福利项目种类

D. 时间成本　　　　E. 管理的目标

3. 福利管理的主要原则有（　　）。

A. 合理性原则　　　B. 计划性原则　　　C. 感激性原则

D. 协调性原则　　　E. 公平性原则

4. 在员工福利管理活动中，常用的员工福利管理原理有（　　）。

A. 物质动力原理　　B. 系统优化原理　　C. 需求递进原理

D. 个性差异原理　　E. 弹性福利原理

5. 影响员工福利计划制定的内部因素包括（　　）。

A. 企业的经济效益　　B. 员工个人的因素　　C. 劳动力市场的状况

D. 社会的物价水平　　E. 企业的发展战略

四、简答题

1. 简要分析员工福利管理要坚持透明性原则的原因。

2. 制定员工福利计划主要考虑哪几个方面的问题？

3. 如何进行员工福利制度的设计？

4. 简述弹性福利方案的优点和缺点。

5. 简述影响员工福利计划制定的主要因素。

 ## 调查研讨题

1. 调查某一企业的福利情况，根据福利具有满足员工多方面、多层次需要的原则，设计一份企业员工弹性福利方案。

2. 某股份制企业 2004 年赢利 100%，近 5 年前景看好，为了鼓励员工工作的创新精神和对企业的忠诚度，董事会决定给全体员工上一份商业养老保险。请你调查几个保险公司的情况后，替本公司草拟一份员工养老额外（商业）保险方案。

 ## 案例分析

取消额外福利引发员工不满

取消任何形式的额外福利都可能让员工感觉到被辜负，甚至对公司心生报复之意。

《纽约时报》刊文称，2008 年夏初，谷歌（Google）改变日托政策，大幅增加日托费用。闻此变化，员工纷纷表示不满。据了解，谷歌的婴儿日托费用从每月 1 425 美元涨至 2 500 美元，幼儿每年的日托费用从 33 000 美元涨至 57 000 美元。

沃顿教授和福利专家认为，人们对于谷歌改变日托政策的激烈反应折射出取消员工福利的难度之大。沃顿管理学教授南茜·罗思巴德说："一旦你给了员工福利，再把它拿走，就似乎是违反了你和员工之间签订的心理合约。"

员工额外福利包括从传统的公司派车、公司提供私人飞机、各种充裕的退休福利，到一些极为个性化的福利，如私人教练、洗衣服务和允许带宠物上班等。在谷歌，父母在小孩最初降生的几周内可以得到 500 美元用来买外卖食品。

2006 年，美国证监会为约束过分慷慨的员工福利，出台更加严格的信息披露法规，导致企业的员工福利逐步缩水。证监会颁布这些新法规部分也是因为媒体对通用电气前 CEO 杰克·韦尔奇离婚官司的负面报道，包括公司支付给他的丰厚退休福利，如月租金 8 万美元的曼哈顿公寓和观看纽约尼克斯队比赛的内场最佳座位。泰科前 CEO 丹尼斯·科佐洛斯基的福利包括位于纽约特朗普大楼价值 250 万美元的公寓，以及 15 000 美元的小狗造型雨伞架等。就连华伦·巴菲特也未能免俗。他称公司给他买飞机的理由是"站不住脚的"，并且还对一家澳大利亚新闻媒体说过："我用我能找到的最小字体把它写在年报中。"

1. "属于我的福利"

眼下经济局势不佳可能引发新一轮"削减福利"风潮。沃顿管理学教授彼得·卡普利认为一些成本不高，甚至没有成本的福利，如允许员工穿着休闲服上班，免费提供咖啡以及打折餐饮等，可能对提高员工士气和增加生产力的作用不大，但这些措施同样也不会消耗利润。企业在削减或者取消福利的时候必须非常当心。"不论你要取消什么，你都必须向员工解释取消的理由。假如这个理由是外部因素，员工就会更容易谅解。为提高股价而削减福利通常都无法获得大家的谅解。"

"我不建议公司取消福利，但如果公司有迫不得已的理由，管理层一定不要忘记，取消员工福利会让员工觉得不公平。因为他们通常认为哪怕再小的福利也是他们所拥有的。"沃顿管理学教授西格尔·巴塞德说。他认为取消福利是最容易直接激怒员工的手段之一，感到愤怒的员工会失去努力工作的动力，甚至产生报复行为。报复可以是心理形式，譬如减少对工作的热情，也可以是行为上表现出来，譬如不如以前工作认真。"假如管理层确实选择取消福利，他们必须非常清楚地向员工解释这样做的必要性，并且要以一种让员工觉得公平的形式来解释。"

以前额外福利一般是发放给高级管理人员，但罗思巴德指出，赢利不错的时候企业福利也会惠及层级较低的员工。谷歌的问题部分在于，以前的日托服务是很多员工都可以享受的，或者说至少公司是面向很多员工提供的，而现在员工认为，日托价格大幅上涨减少了可以享受这个福利的人数。

《纽约时报》的文章称，谷歌最早是三年半以前通过一家公司承包开办日托服务的。一年以后，这家公司又开设了一家日托机构，这家机构比第一家更加高档，由谷歌自己经营。后来谷歌意识到自己每年为每名员工子女的日托要补贴 37 000 美元，而其他硅谷大公司平均补贴 12 000 美元。但它并没有逐步减少费用让更多的员工子女可以入托，而是选择关闭第一家相对便宜的日托中心，大肆扩张第二家昂贵的日托机构，造成价格大幅上涨。罗思巴德说："很难说他们是故意要将级别降低的员工拒之门外。我认为他们应该是想强调质量，希望给员工提供档次更高的服务，只不过价格也上涨了而已。"

2．个性福利计划

哈佛商学院商业管理教授朱莉·沃尔夫认为，并不是所有的福利都需要很多成本，而这些福利也能起到激励员工和提高员工生产力的目的。2006 年，朱莉还在沃顿当教授时曾与他人合著"福利是否纯粹为了满足管理层的奢侈需求"。这篇论文对 1986 年至 1999 年期间上市的 300 多家公司进行了调查研究，结果发现许多福利的目的是提高管理层的业绩和整个公司的业绩。沃尔夫说："我们发现虽然福利在人们眼中是满足管理人员的奢侈需求，但我们的结论显示，公司提供福利的目的是改善他们的生产力。"

韬睿咨询高管薪资福利咨询师保拉·托德指出，要求额外福利个性化的呼声日益强烈，因为高管队伍现在越来越多样化。"以前的高管队伍都是清一色的白人男性，他们喜欢的东西也相同。而现在有些高管的孩子还年幼，比起俱乐部会员资格他们更喜欢公司提供的日托服务。"罗思巴德认为，员工和公司经常制定他们自己的"个性福利计划"，即由员工提出他们需要的额外福利。她说："通常这些计划都是不对外宣传的，因为大家会互相对比然后觉得自己的福利不如他人。"不论对员工还是公司，这种个性化的福利计划比"给所有人提供完全一样的福利"要诱人得多。

案例思考题

1. 谷歌公司福利政策改变为何引起如此强烈不满？
2. 员工福利的制定过程中应注意什么问题？
3. 试分析对于公司的发展，好的福利政策和高薪哪个更重要？

第 **8** 章

员工薪酬福利统计及计算工具

学习目标

- 了解员工薪酬福利统计工具的种类，工资支付、工作时间、经济补偿及个人所得税等概念。
- 掌握薪酬福利统计方法，不同工资形成的具体计算方法。
- 熟悉薪酬福利统计的相关概念以及编制工资表的主要内容。
- 熟悉案例，学会分配薪酬福利，提高为企业分配、计算、设计薪酬福利方案的能力。

学习导航

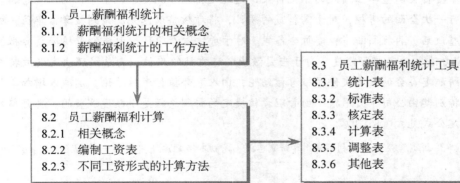

8.1　员工薪酬福利统计
8.1.1　薪酬福利统计的相关概念
8.1.2　薪酬福利统计的工作方法

8.2　员工薪酬福利计算
8.2.1　相关概念
8.2.2　编制工资表
8.2.3　不同工资形式的计算方法

8.3　员工薪酬福利统计工具
8.3.1　统计表
8.3.2　标准表
8.3.3　核定表
8.3.4　计算表
8.3.5　调整表
8.3.6　其他表

8.1 员工薪酬福利统计

引导案例 8-1

东风汽车股份有限公司月薪酬总额的确定

1. 对经营目标考核结果的运用

东风汽车股份有限公司以利润目标衡量工厂业绩并作为测算薪酬总额最重要的依据，具有合理性与灵敏性，它使中层管理者清醒地认识到，完成或实现了多少利润能得到多少报酬总额，它使员工真实、及时地感觉到自己的切身利益与企业效益是紧密相连的，个人的报酬与企业的成功是结合在一起的。

工厂薪酬总额的确定办法如下：

（1）当单位利润只完成 50%或更低时，薪酬总额只为薪酬基数的 30%或更低；

（2）当单位利润只完成 50%～80%之间时，薪酬总额为利润实现率减去 5%，然后再乘以薪酬基数；

（3）当单位利润完成 80%～100%之间时，薪酬总额为薪酬基数乘以利润实现率；

（4）当利润超过 100%时，按不同增值区间获取不同奖励比例。

2. 对管理目标考核的应用

由公司薪酬考核委员会根据《公司业绩考核规则》每月进行一次考核，《公司业绩考核规则》是薪酬委员会衡量单位绩效的一把标尺，通过这把尺子测量、调整单位的工资总额。

每月进行一次全面的考核，对于需扣减的项目，将考核整改意见反馈到被考核单位，被考核单位经整改后，再报薪酬考核委员会备案。对于考核增资项目，由薪酬考核委员会根据《即时奖管理办法》确定奖励额度，对于当月做出特殊贡献的单位，由总经理决定发放特别奖。每月以薪酬委员会的红头文件通报考核结论，由人事部执行考核结论，削减或增加单位薪酬总额，特别奖由公司下文通报。由管理考核决定的薪酬总额是小额度调整的。当月单位薪酬总额确定公式见式（8-1）。

$$\text{单位薪酬总额} = \underbrace{\text{实际利润率测算薪酬总额}}_{\text{主体}} - \underbrace{\text{考核扣减额度} + \text{即时奖} + \text{特别奖}}_{\text{微调}} \qquad (8\text{-}1)$$

（资料来源：刘胜军. 薪酬管理实务手册. 北京：机械工业出版社，2002）

8.1.1　薪酬福利统计的相关概念

1. 薪酬福利统计指标

薪酬福利统计指标包括薪酬福利总额和平均薪酬福利两项指标。

（1）薪酬福利总额是指各单位在一定时期内直接支付给本单位全部员工的劳动报酬总额。薪酬福利总额的计算应以直接支付给员工的全部劳动报酬为根据。

（2）平均薪酬福利是指一定时期内（月度、季度、年度等）员工平均每人所得的薪酬福利数额。

2. 薪酬福利效益统计

薪酬福利效益是指薪酬福利投入所产生的直接经济效益，即每支付一定量薪酬福利产生多少产品或创造与实现多少价值，它反映投入的薪酬成本所能取得的利润。

薪酬福利效益统计可以量化地反映实行某种薪酬福利制度所取得的经济效益。

8.1.2　薪酬福利统计的工作方法

1. 薪酬福利统计方法

（1）薪酬福利总额统计。按国家的有关规定，薪酬福利总额由 6 个部分组成：计时工资、计件工资、奖金、津贴和补贴、加班加点工资，以及特殊情况下支付的工资。

1）计时工资是指按计时工资标准（包括地区生活费补贴）和工作时间支付给个人的劳动报酬，包括对已做工作按计时工资标准支付的工资；实行结构工资制的单位支付给员工的基础工资和职务（岗位）工资；新参加工作员工的见习工资（学徒的生活费）。

2）计件工资是指按照合格产品的数量和预先规定的计件单位来计算的工资。它不直接用劳动时间来计量劳动报酬，而是用一定时间内的劳动成果来计算劳动报酬。它包括：① 直接计件工资。计件工人按完成合格产品的数量和计件单价来支付工资。② 间接计件工资。按工人所服务的计件工人的工作成绩或所服务单位的工作成绩来计算支付工资。③ 有限计件工资。对实行计件工资的工人规定其超额工资不得超过本人标准工资总额的一定百分比。④ 无限计件工资。对实行计件工资的工人超额工资不加限制。⑤ 累进计件工资。工人完成定额的部分按同一计件单价计算工资，超过定额的部分，则按累进递增的单价计算工资。

⑥ 计件奖励工资。产品数量或质量达到某一水平就给予一定奖励。⑦ 包工工资。把一定质量要求的产品、预先规定完成的期限和工资额包给个人或集体，按要求完成即支付工资。

3）奖金是指支付给员工的超额劳动报酬和增收支的劳动报酬，包括生产奖、节约奖、劳动竞赛奖、机关事业单位的奖励工资。

4）津贴和补贴是指为了补偿员工特殊或额外的劳动消耗和因其他特殊原因支付给员工的津贴，以及为了保证员工工资水平不受物价影响支付给员工的物价补贴。津贴包括补偿员工特殊或额外劳动消耗的津贴、保健性津贴、技术性津贴、年功津贴及其他津贴。物价补贴包括为保证员工工资水平不受物价上涨或变动影响而支付的各种补贴。

5）加班加点工资是指按规定支付的加班工资和加点工资。

6）特殊情况下支付的工资包括根据国家法律、法规和政策规定，因病、工伤、产假、计划生育假、婚丧假、事假、探亲假、定期休假、停工学习、执行国家或社会义务等原因按计时工资标准或计件工资标准的一定比例支付的工资；附加工资和保留工资。

（2）不列入薪酬福利总额范围的项目。

1）根据国务院发布的有关规定颁发的发明创造奖，自然科学奖、科学技术进步奖、支付的合理化建议和技术改进奖，以及支付给运动员、教练员的奖金；

2）有关劳动保险和职工人员待遇的各项支出；

3）有关离休、退休、退职人员待遇的各项支出；

4）劳动保护的各项支出；

5）稿费、讲课费及其他专门工作报酬；

6）出差伙食补助费、误餐补助、调动工作的旅费和安家费；

7）对自带工具来企业工作的员工所支付的工具等的补偿费用；

8）实行租赁经营单位的承租人的风险性补偿收入；

9）对购买本企业股票和债券的员工所支付的股息（包括股金分红）和利息；

10）劳动合同制员工解除劳动力单位支付的手续费或管理费；

11）支付给家庭工人的加工费和按加工订货办法支付给承包单位的发包费用；

12）支付给参加企业劳动的在校学生的补贴；

13）计划生育独生子女补贴。

（3）平均薪酬福利统计。计算公式见式（8-2）。

$$员工平均薪酬福利 = 薪酬福利总额 \div 员工人数 \qquad (8\text{-}2)$$

2. 薪酬福利效益统计方法

（1）每百元薪酬福利产品产量，公式见式（8-3）。

每百元薪酬福利产品产量=产品产量÷薪酬福利总额（百元）　　　　（8-3）

（2）每百元薪酬福利产品产值，公式见式（8-4）。

每百元薪酬福利产品产值=产值÷薪酬福利总额（百元）　　　　（8-4）

（3）每百元薪酬福利利润额，公式见式（8-5）。

每百元薪酬福利利润额=利润总额÷薪酬福利总额（百元）　　　　（8-5）

8.2　员工薪酬福利计算

引导案例 8-2

广东启用新薪酬计算方法

从广东省、广州市劳动保障部门获悉，按照国家劳动保障局正式公布新的职工全年月平均工作时间和工资折算办法，制度计薪日从原来的 20.92 天改为 21.75 天。

由于计算基数有变，今年起春节、五一等法定节假日和周六日休息日加班，加班费将有所减少。

根据本次颁布实施的新办法，按照《全国年节及纪念日放假办法》的规定，全体公民的节日假期由原来的 10 天增设为 11 天。劳动保障局专家表示，国家调整职工全年月平均工作时间和工资折算办法，理清了制度工作日和制度计薪日两个概念，原来都是 20.92 天，现在则分别为 20.83 天和 21.75 天。

据介绍，制度工作日主要用于工时管理，是判断超时加班的标准，制度计薪日则直接体现在日工资、加班工资方面。调整后，加班工资基数等于月薪除以 21.75 天，比原来除以 20.92 略有降低，因此自今年起春节等法定节假日和周六日休息日加班，加班费将有所减少。

例如，小李月薪（含工资、奖金等）3 000 元。假设 2008 年春节 7 天她都加班，那么她前 3 天每天加班费为 3 000÷21.75×300%，后 4 天每天加班费为 3 000÷21.75×200%，总加班费为 2 344.83 元。调整前，她的总加班费则为 2 437.86 元，降低了 3.8%左右。

（资料来源：江海人才网，2008-02-15）

8.2.1　相关概念

1．工资支付

为维护劳动者通过劳动获得劳动报酬的权利，规范用人单位的工资支付行为，我国对工资支付制定了明确的规定。

工资支付就是工资的具体发放办法，主要包括工资支付项目、工资支付水平、工资支付形式、工资支付对象、工资支付时间，以及特殊情况下的工资支付。用人单位应将工资支付给劳动者本人。劳动者本人因故不能领取工资时，可由其亲属或委托他人代领。用人单位可委托银行代发工资。

工资必须在用人单位与劳动者约定的日期支付。如遇节假日或休息日，则应提前在最近内的工作日支付。工资至少每月支付一次，实行周、日、小时工资制的可按周、日、小时支付工资，对完成一次性临时劳动或某项具体工作的劳动者，用人单位应按有关协议或合同规定在其完成劳动任务后即支付工资。

用人单位必须书面记录支付劳动者工资的数额、时间、领取者的姓名，以及签字，并保存两年以上备查。用人单位在支付工资时应向劳动者提供一份个人的工资清单。

劳动关系双方依法接触或终止劳动合同时，用人单位应在解除或终止劳动合同时一次付清劳动者工资。

劳动者在法定工作时间内依法参加社会活动期间，用人单位应视同其提供了正常劳动而支付工资。社会活动包括：依法行使选举权或被选举权；当选代表出席乡镇、区以上政府、党派、工会、青年团、妇女联合会等组织召开的会议；出任人民法庭证明人；出席劳动模范、先进工作者大会；工会法规定的不脱产工会基层委员会活动，及其他依法参加的社会活动。

劳动者依法享受年休假、探亲假、丧假期间，用人单位应按劳动合同规定的标准支付劳动者工资。

非因劳动者原因造成单位停工、停产在一个工资支付周期内的，用人单位应按劳动合同规定的标准支付劳动者工资。超过一个工资支付周期的，若劳动者提供了正常劳动，则支付给劳动者的劳动报酬不得低于当地的最低工资标准；若劳动者没有提供正常劳动，应按国家有关规定办理。

用人单位依法破产时，劳动者有权获得其工资。在破产清偿中用人单位应按《中华人民共和国企业破产法》规定的清偿顺序，优先支付欠本单位劳动者的工资。

用人单位不得克扣劳动者工资，有下列情况之一的，用人单位可以代扣劳动者工资。

（1）用人单位代扣代缴的个人所得税。

（2）用人单位代扣代缴的应由劳动者个人负担的各项社会保险费用。

（3）法院判决、裁定中要求代扣的抚养费、赡养费。

（4）法律、法规规定可以从劳动者工资中扣除的其他费用。

2．工作时间

工作时间是指劳动者为履行工作义务，在法定限度内，在用人单位从事工作或者生产的时间。根据国家关于职工每日工作 8 小时、每周工作 40 小时、每月工作 20.83 天的规定，以及法定节假日中新年（1 月 1 日放假 1 天）、春节（农历除夕、正月初一、初二放假 3 天）、劳动节（5 月 1 日放假 1 天）、国庆节（10 月 1 日、2 日、3 日放假 3 天）、清明节（放假 1 天）、端午节（放假 1 天）和中秋节（放假 1 天）的规定，用人单位在劳动者完成法定标准工作日以外的工作，应按以下标准支付工资。

（1）用人单位依法安排劳动者在日法定标准工作时间以外延长工作时间的，按照不低于劳动合同规定的劳动者本人日或小时工资标准的 150% 支付劳动者工资。

（2）用人单位依法安排劳动者在休息日工作，而不能安排补休的，按照不低于劳动合同规定的劳动者本人日或小时工资标准的 200% 支付劳动者工资。

（3）用人单位依法安排劳动者在法定休假节日工作的，按照不低于劳动合同规定的劳动者本人日或小时工资标准的 300% 支付劳动者工资。

实行计件工资的劳动者，在完成计件定额任务后，由于用人单位安排延长工作时间的，应根据上述规定原则，分别按照不低于其本人法定工作时间计件单价的 150%、200%、300% 支付其工资。

经劳动行政部门批准实行综合计算工时工作制的，其综合计算工作时间超过法定标准工作时间的部分，应视为延长工作时间，并应按本规定支付劳动者延长工作时间的工资。

实行不定时制度的劳动者，不执行上述规定。

3．经济补偿

因劳动者本人原因给用人单位造成经济损失的，用人单位可按照劳动合同的约定要求其赔偿经济损失。经济损失的赔偿，可从劳动者本人的工资中扣除。但每月扣除的部分不得超过劳动者当月工资的 20%。若扣除后的剩余工资部分低于当地月最低工资标准，则按最低工资标准支付。

新《劳动法》第八十五条规定，用人单位有下列情形之一的，由劳动行政部门责令限期支付劳动报酬、加班费或者经济补偿；劳动报酬低于当地最低工资标准的，应当支付其差额部分；逾期不支付的，责令用人单位按应付金额百分之五十以上百分之一百以下的标准向劳动者加付赔偿金：（一）未按照劳动合同的约定或者国家规定及时足额支付劳动者劳动报酬的；（二）低于当地最低工资标准支付劳动者工资的；（三）安排加班不支付加班费的；（四）解除或者终止劳动合同，未依照本法规定向劳动者支付经济补偿的。

4．个人所得税

个人所得税是调整征税机关与自然人（居民、非居民人）之间在个人所得税的征纳与管理过程中所发生的社会关系的法律规范的总称。在中国境内有住所，或者无住所而在境内居住满一年的个人，从中国境内和境外的取得都应依法规定交纳个人所得税，在中国境内无住所又不居住或者无住所而在境内居住不满一年的个人，从中国境内取得的所得，依照本法规定交纳个人所得税。对在中国境内无住所而在中国境内取得工资、薪金的纳税义务人和在中国境内有住所而在中国境外取得工资、薪金的纳税义务人，可以根据其平均收入水平、生活水平，以及汇率变化情况附加减除费用，附加减除费用适用的范围和标准由国务院规定。

8.2.2 编制工资表

编制工资表要求设计出薪酬福利的所有数据。通常每个员工的工资计算方式见式（8-6）。

$$实发工资=应发工资-应扣款=应发工资-（代扣款+直接扣款+代缴款）\qquad(8-6)$$

代扣款包括代扣的水电费、托儿费，代缴款包括个人所得税、保险费、公积金，直接扣款包括事假扣款等。表8-1是某企业使用的一种工资表。

表8-1 某企业工资表

姓名	工资代码	岗位津贴	基本工资	工龄工资	补发工资	应发工资
水电费	社保缴费	公积金	其他	个人所得税	应扣工资	实发工资

某单位工资制度改革以后的工资表如表8-2所示。

表8-2 某单位工资表　　2008年8月　打印时间：08/28/08

员工编号	工种或职务	姓名	工资标准		计时工资			加班工资	
			技能	岗位	工数	技能	岗位	工数	金　额

续表

各种津贴											
保健		夜班		矿龄 补贴	煤电 补贴	家属 补贴	书报 交通	副食 补贴	教护费	通勤	其他 补贴
工数	金额	工数	金额								

其他 工资	应付 工资 总额	各种扣款						实发工资 总额
		所得税	养老 保险	医疗 保险	失业 保险	住房 公积金	房水费	

编制工资表主要涉及两个方面的内容。

1．工资的计算

（1）根据员工所在的薪酬等级，对照岗位工资表、能力工资表确定员工的岗位工资标准和能力工资标准。

（2）根据员工所在的薪酬等级，确定各项津贴、补贴的金额，再根据员工考勤记录，扣除缺勤工资、各项社会保险的个人承担部分，以及个人所得税，计算员工的实际工资额。

（3）根据员工的绩效考核结果，个人所在的薪酬等级，以及由企业的经济效益和所在部门/小组的任务完成情况确定的企业奖金总额或部门/小组奖金总额，按奖金分配办法计算员工的奖金。

2．工资的汇总

企业一般在编制工资汇总表时，将个人和各部门的工资总额进行汇总。

8.2.3　不同工资形式的计算方法

1．计时工资制

（1）计时工资制的含义。员工的工资收入是用员工的工作时间乘以他的工资标准得出来的，计算公式见式（8-7）。

$$计时工资 = 工资标准 \times 工作时间 \qquad (8\text{-}7)$$

按照计算的时间单位不同，我国常用的计时工资制的形式有 3 种。

1）小时工资制，即根据工人的小时工资标准和实际工作小时数来计付工资。

钟点工一般采用小时制，在雇用时，双方可谈定雇用条件及小时工资标准，如钟点清洁工 1 小时 8 元，或者双方谈定月工资标准。计算小时工资标准采用该方法计算工资的公式见式（8-8）和式（8-9）。

$$小时工资标准 = \frac{月工资标准}{月法定工作小时数} \qquad (8-8)$$

$$实际工资 = 小时工资标准 \times 实际工作小时 \qquad (8-9)$$

2）日工资制，即根据工人的工资标准和实际工作日数来计发工资。日工资制的计算方法见式（8-10）和式（8-11）。

$$日工资标准 = \frac{月工资标准}{月计算日数} \qquad (8-10)$$

$$实付工资 = 日工资标准 \times 实际工作天数 \qquad (8-11)$$

3）月工资制，即按月计发工资制度。它不论大月、小月，一律按标准计发工资。

员工遇有加班或请假要加发或减发工资时，一般是按日工资标准处理，即本人月工资标准除以平均每月法定工作天数求得。

目前，我国计时工资一般是以月工资标准为基准，西方发达国家一般以小时工资标准为基准，对高级管理人员实行年薪制。

（2）计时工资制的特点。

1）计算工资的基础是按照一定质量（即达到某种劳动等级标准）劳动的直接的持续时间支付工资，工资数额的多少取决于员工工资等级标准的高低和劳动时间的长短。因此，这一特点决定了计时工资在其实行中表现出两点鼓励作用：一是能够鼓励和促进劳动者从物质上关心自己业务技术水平的提高；二是能够鼓励和促使员工提高出勤率。

2）由于时间是劳动的天然尺度，各种劳动都可以直接用时间来计算，并且计算简便，所以计时工资制简单易行、适应性强、适用范围广。

3）计时工资制并不鼓励员工把注意力集中在提高产品的数量上，它更加注意产品的质量。

4）计时工资制容易被广大员工所接受，员工的收入转为稳定，而且，员工不至于因追求产量而工作过于紧张，有益于身心健康。

（3）计时工资制的局限性。

1）计时工资制侧重以劳动的外延量计算工资，至于劳动的内涵即劳动强度则不能准确反映。

2）就劳动者本人来说，计时工资制难以准确反映其实际提供的劳动数量和质量，工资与劳动量之间往往存在着不相当的矛盾。

3）就同等级的劳动者来说，付出的劳动量有多有少，劳动质量也有高低之别，而计时工资制不能反映这种差别，容易出现干多干少，干好干坏一个样的现象。因此实行计时工资制对激励劳动者的积极性不利，此外计算单位产品直接人工成本也不如计件工资制容易。

（4）日工资制与月工资制的相同点和不同点。

1）相同点：二者都是计时工资的计算方法；都是以员工的工作时间作为劳动报酬的计算标准。

2）不同点：① 二者的适用情况不同。日工资制一般适用于非经常发生的工作报酬的计算，或适用于短时间在企业工作的员工的劳动报酬的计算。一般情况下，临时工的计时工资适用这种计算方法。月工资制一般适用于固定员工，或者说工作期限较长的员工。② 二者计算计时工资时对工资标准的运用方法不同，日工资制一般运用小时工资标准，月工资制一般运用日工资标准。③ 二者运用的广泛程度不同。在正常经营的企业中，一般运用月工资制来计算计时工资。

（5）日工资制和月工资制的具体操作。

1）日工资制的操作。日工资制在工资计算上不涉及各种福利待遇，一般日工资标准也是事先商定好的，因此日工资制下的计时工资计算相对比较简单。

例如，小张为某公司的临时工，事先商定的日工资标准为 40 元，请事假 9 天，不过其中有 8 小时仍在企业工作，10 月有 11 个节假日，实际工作时间为 20 天。根据上述条件，小张 10 月的计时工资计算如下：

小张计时工资=(20-9)×40+40÷8×8=480（元）

或=[(20-9)×8+8]÷8×40=480（元）

其中，20 天是小张 10 月的应工作天数，9 天是小张在 10 月应工作天数中的未工作天数（已扣除病事假中的节假日天数），11 天和 8 小时是考勤簿中记载的小张 10 月的实际工作时间。

2）月工资制的操作。采用月工资制计算计时工资，不论各月的实际日历天数是多少，每月的标准工资都是相同的。计算计时工资，每日的工作时间一般按 8 小时计算，如果员工出勤有不满 8 小时的情况，应根据日工资标准计算小时工资标准（日工资标准÷8），再按小时工资计算应付工资。

按月工资制计算员工工资，需要确定以下几个因素：① 月标准工资。月标准工资一般是企业与员工在劳动合同中已经约定的或者根据企业的薪酬政策能够确定的，因此是已知的固定数。② 日标准工资标准、小时标准工资标准。这两个工资标准是根据月标准工资和当月应工作天数计算出来的。③ 出勤和缺勤天数。员工的出勤和缺勤天数及其他原因不能工作的天数是员工考勤簿中已有的统计资料。④ 特定情况下计时工资比例。这个比例一般是国家已有的政策或企业规章明确规定的。因此在这 4 个需要确定的因素中，实际上仅有当月应工作天数需要我们运用正确的方法根据具体情况确定。

当月应工作天数的计算方法及计时工资的计算一般有以下三种情况。

- 第一种情况是按全年法定工作天数平均计算每月的应工作天数，并据此确定员工工资。

$$全年法定工作天数=365-104-11=250（天）$$

在上述公式中，104 天是指全年 52 个星期中的星期六和星期日两天法定休息日，11 天是指新年 1 天、春节 3 天、劳动节 1 天、国庆节 3 天、清明节 1 天、端午节 1 天、中秋节 1 天法定假日。

$$每月的应工作天数=250÷12≈20.83（天）$$
$$员工计时工资=月标准工资-缺勤天数×日工资标准-病假天数×$$
$$相应的工资扣发比例×日工资标准$$
$$日工资标准=月标准工资÷20.83$$

例如，小张月标准工资为 1 200 元，2008 年 10 月请事假 5 天，病假 6 天。事假和病假中各有法定节假日 1 天。小张参加工作已有 8 年，按公司有关规定，小张病假期间工资按其月标准工资的 70%支付。

由于按 20.83 天计算当月应工作天数，已将节假日排除在应工作天数之外。因此在计算计时工资时，员工的请假天数中如果含有节假日，节假日不应扣工资。根据以上条件，其计时工资的计算方法如下：

日工资标准=1 200÷20.83=57.61（元）

小张计时工资=1 200- (5-1)×57.61-(6-1)×57.61×(1-70%)=883.15（元）

- 第二种情况是全年每月的应工作天数都按30天计算，并据此确定员工工资。

全年每月应工作天数按 30 天计算时，除日工资标准的计算以外，员工计时工资计算原理同上。不过，每月应工作天数都按 30 天计算，节假日也视同工作天数。所以如果病假和事假中包含节日，按缺勤处理，是要扣工资的，仍用上例计算，小张 10 月份应得的计时工资如下。

日工资标准=1 200÷30=40（元）

小张计时工资=1 200-5×40-6×(1-70%)×40=928（元）

- 第三种情况是当月应工作天数按当月应满勤天数计算，并据此确定员工工资。

当月工资满勤天数等于当月日历天数减去当月星期六、星期日的天数，再减去当月其他节假日天数。计时工资按当月实际应工作天数计算时，由于每个月的当月应工作天数都会由于具体情况的不同而会有所变动，所以在这种计算方法下，每月的日工资率都要重新计算。另外，每月的应工作天数按实际日历计算，如果病假、事假中含有节假日的，不应扣工资。2008 年 10 月有 11 个节假日，实际应工作时间为 20 天，仍用上例计算，小张 10 月应得的计时工资如下。

日工资率=1 200÷20=60（元）

小张计时工资=1 200−(5−1)×60−(6−1)×(1−70%)×60=870（元）

2．计件工资制

（1）计件工资制的含义。计件工资是根据劳动者生产的合格产品的数量或完成的作业量，按预先规定的计件单价支付给劳动者报酬的一种工资形式。它包括实行超额累进计件、直接无限计件、限额计件、超定额计件等工资制，按劳动部门或主管部门批准的定额和计件单价支付给个人的工资，按工作任务包干方法支付给个人的工资，按营业额提成或利润提成办法支付给个人的工资。计件工资的计算公式见式（8-12）。

$$工资数额=计件单价×合格产品数量 \qquad (8\text{-}12)$$

（2）计件工资制的优点。

1）能够从劳动成果上准确反映出劳动者实际付出的劳动量，并按体现劳动量的劳动成果计酬，不但劳动激励性强，而且使人们感到公平。

2）同计时工资相比，它不仅能反映不同等级工人之间的劳动差别，而且能够反映同等级工人之间的劳动差别。即使同等级的工人，由于所生产合格产品的数量、质量不同，所得到的工资收入也就有所不同，从而促使劳动者关心自己的劳动成果，激发劳动积极性，促进劳动生产率的提高。

3）由于产量与工资直接相连，所以能够促进工人经常改进工作方法，提高技术水平和劳动熟练程度，提高工时利用率，增加产品数量。

4）易于计算单位产品直接人工成本，并可减少管理人员及其工资支出。

5）促进企业改善管理制度，提高管理水平。

（3）计件工资制的局限性。

1）实行计件工资制，容易出现片面追求产品数量，而忽视产品质量、消耗定额和不注意爱护机器设备的偏向，如只求数量，保持合格品的下限，在消耗定额内还会出现不去挖掘节约的潜力，超出其负荷进行掠夺性的生产等。

2）管理或技术改造后，生产效率会增加，提高定额也会遇到困难。如不提高定额，会增加产品成本；如提高定额，会引起不满。

3）因追求收入会使工人工作过度紧张，有碍健康。

4）在企业以利润最大化为目标时，容易导致对计件制的滥用，使"计件工资成了延长劳动时间和降低工资的手段"。

5）计件工资制本身不能反映物价的变化。在物价上涨时期，如没有其他措施对物价进行补偿，尽管劳动生产没有提高，也必须调整计件单价。

（4）计件工资制的具体操作。根据操作的方式和对象可以分为：计件单价的操作、个人计件工资的操作和集体计件工资的操作。

1）计件单价的操作。要正确计算计件工资，有两个问题需要解决好：一是要正确计量员工已完成的合格或视同合格的工作量；二是正确测算计件单价。关于正确计量员工已完成的合格或视同合格的工作量，有关部门应协助质检、保管、验收等部门对工资核算的原始记录如考勤记录、产量和工时记录、产品质量验收单、产品出库验收单和领用单等进行认真审核，保证这些记录的真实性、准确性和合理合规性。关于正确测算计量单价的问题，首先要确定生产某种产品需要什么技术、等级的员工，然后再确定单位时间内公允的产量定额。这里介绍两种计算计件单价的操作方法。

- 标准工作量法。标准工作量法是以单位时间内完成的工作量为计件工资的计算依据。其计算公式见式（8-13）。

某产品的计件单价=加工该种产品的某等级工人的标准工资（按日或按小时计算）÷
该种产品单位时间的产量定额（按日或按小时计算） （8-13）

例如，某种产品需要甲等工人制造，该等级工人的月标准工资是 1 500 元，经测定，在一小时内，一位甲等工人对这种产品进行合格加工的合理产量是 5 件，则该种产品的计件单价计算如下：

$$计件单价=1\,500÷(30×8)÷5=1.25（元/件）$$

这里 30×8 的含义是假设一个月为 30 天，每天的工作时间为 8 小时。1 500÷（30×8）是将月标准工资折算成标准小时工作率。

- 标准工作时间法。标准工作时间法是以完成单位产品应需的工作时间为计件工资的计算依据。其计算公式见式（8-14）。

某种产品的计件单价=加工该种产品的某等级工人的标准小时工资率×
该种单位产品制造所需的定额工时 （8-14）

例如，某种产品需要乙等工人制造，该等级工人的月标准工资是 1 200 元。经测定，一位乙等工人对这种产品进行合格加工所需的合理工时是 5 小时,则该种产品的计件单价计算如下：

$$计件单价=1\,200÷(30×8)×5=25（元/件）$$

若某种产品需要几个等级的工人同时参加，则应根据参加该产品生产的各位工人的标准小时工资率分别计算。

例如，某种产品需要甲、乙两种等级工人共同制造才能完成，甲等工人的月标准工资是1 500 元，乙等工人的月标准工资是 1 200 元。经测定，甲、乙等级各一位工人各自对这种产品进行合格加工所需的合理工时分别是 5 小时和 4 小时，则该种产品的计件单价计算如下：

$$计件单价=1\ 500÷(30×8)×5+1\ 200÷(30×8)×4=51.25（元/件）$$

2）个人计件工资的操作。个人计件工资是根据产品产量和工时记录所登记的每一个工人生产完工的合格品和视同合格品的数量，乘以按规定产量或工时的计件单价计算出的工资。要准确把握这一概念，需要区分以下两组概念。① 料废品和工废品。料废品即上述概念中提到的"视同合格品的数量"，是指非工人本人过失造成的不合格品数量。而工废品，不仅不计算工资，还需要赔偿损失。② 单一产品计件工资和多品种产品计件工资。前者是指加工单一品种产品情况下的个人计件工资，后者是指加工多品种产品情况下的个人计件工资。下面分别介绍这两种计件工资的操作方法。

● 单一产品加工情况下个人计件工资的操作，其计算公式见式（8-15）。

$$计件工资=（合格品数量+料废品数量）×计件单价-工废品数量×$$
$$单位工废品赔偿金额 \tag{8-15}$$

例如，小李 2008 年 5 月共加工甲类产品 1 000 件，经检验，其中合格品为 800 件，料废品为 150 件，工废品为 50 件。合格品的计件单价为 2 元/件，工废品单位赔偿金额为 4 元/件。小李 5 月的计件工资计算如下：

$$计件工资=(800+150)×2-50×4=1\ 700（元）$$

多品种产品加工情况下个人计件工资的操作，其计算公式见式（8-16）。

$$计件工资=\sum（合格品数量+料废品数量）×该种产品的计件单价-$$
$$某种工废品数量×废品的单位赔偿金额 \tag{8-16}$$

例如，高级工老王 2008 年 6 月共加工甲、乙两种产品各 100 件。经检验，其中甲产品的合格品为 80 件，料废品为 15 件，工废品为 5 件。甲产品合格品的定额工时为 2 小时/件，工废品单位赔偿金额为 3 元/件。乙产品的合格品为 90 件，料废品和工废品各为 5 件。乙产品合格品的定额工时为 1.5 小时/件，工废品单位赔偿金额为 2.5 元/件。老王的月工资为 1 200元，则老王 6 月计件工资计算如下：

$$小时工资率=1\ 200÷(30×8)=5（元/小时）$$
$$加工甲产品的计件工资=(80+15)×2×5-5×3=935（元）$$
$$加工乙产品的计件工资=(90+5)×1.5×5-5×2.5=700（元）$$
$$老王 6 月的计件工资总额=935+700=1\ 635（元）$$

3）集体计件工资的操作。集体计件工资是用集体完成的合格和视同合格的产品数量乘以计件单价，再减去工废品赔偿金额方法计算出来的工资。集体计件工资同个人计件工资的主要区别是个人计件工资可以将工资直接量化到个人，而集体计件工资则只能知道计件小组全体员工的计件工资额，而不能直接算出计件小组具体每个人的计件工资。要想得知个人计件工资，必须采用一定的分配标准，按照一定的分配方法，将计件工资总额分配到计件小组每个成员身上，从而计算出付给每个员工的计件工资。

　　分配集体计件工资的关键是计算计件小组计件工资总额，确定分配标准和分配计件工资。常用的集体计件工资的操作方法有如下两种。

- 用计时工资作为分配标准分配集体计件工资。此方法是综合考虑了员工的技术等级和实际工作时间两个因素，对影响集体计件工资分配的因素考虑得比较全面。从理论上讲较为合理，但计算较为复杂，适用于员工工资等级差别较大的情况。其具体计算方法见式（8-17）、式（8-18）和式（8-19）。

$$某员工应得的计件工资=该员工计时工资×计件工资分配率 \qquad (8-17)$$
$$某员工计时工资=该员工的实际工作小时数×小时工资率 \qquad (8-18)$$
$$计件工资分配率=集体计件工资总额÷集体员工实际工资之和 \qquad (8-19)$$

　　例如，某车间由小张、小王、小李、小赵 4 位等级不同的人组成加工小组，各人的月标准工资分别为 2 400 元、1 800 元、1 200 元和 600 元；各人 2008 年 9 月完成的实际工时分别为 120 小时、130 小时、140 小时和 160 小时。根据本月计件小组完成的产量和计件单价计算的计件工资总额为 12 000 元。计算步骤如下。

　　首先，计算各位工人的计时工资。

$$小张的计时工资=2\,400÷(30×8)×120=1\,200（元）$$
$$小王的计时工资=1\,800÷(30×8)×130=975（元）$$
$$小李的计时工资=1\,200÷(30×8)×140=700（元）$$
$$小赵的计时工资=600÷(30×8)×160=400（元）$$

　　其次，计算计件工资分配率。

$$计件工资分配率=12\,000÷(1\,200+975+700+400)≈3.664$$

　　最后，分配集体计件工资。

$$小张的计件工资=1\,200×3.664=4\,396.8（元）$$
$$小王的计件工资=975×3.664=3\,572.4（元）$$
$$小李的计件工资=700×3.664=2\,564.8（元）$$
$$小赵的计件工资=400×3.664=1\,465.6（元）$$

- 用实际工作天数（小时）作为分配标准分配集体计件工资。此方法只考虑员工的实际工作时间，没有考虑员工在技术熟练程度上的差异，因此它适用于计件小组员工的技术熟练程度（一般用标准工资表示）相差不大的情形。其计算公式见式（8-20）和式（8-21）。

某员工应得的计件工资=该员工实际工作天数（小时数）×每人每天（或每小时）应得　（8-20）

每人每天（或每小时）应得计件工资=集体计件工资总额÷

集体员工实际工作天数（小时数）之和　（8-21）

仍以上述实例为例，计算步骤如下。

首先，计算计件工资分配率。

计件工资分配率=12 000÷(120+130+140+160)≈21.818 2

其次，分配集体计件工资。

小张的应得计件工资=120×21.818 2=2 618.184（元）

小王的应得计件工资=130×21.818 2=2 836.366（元）

小李的应得计件工资=140×21.818 2=3 054.548（元）

小赵的应得计件工资=160×21.818 2=3 490.912（元）

由此可以看出，同一位工人同样的工时，在不同的工资制度下收入却大相径庭。因此，不同的工资制度对于员工的激励作用是不同的。

3. 计件工资制与计时工资制的区别

计件工资制是从计时工资制转化而来的，由于计件工资制的计件单价是根据计时工资标准计算的，因此计时工资制和计件工资制在本质上没有区别。它们之间不同表现在：

（1）计算原理不同，计时工资制的计算原理是将员工的出勤或视同出勤天数和规定的计时工资标准或计时工资比例相乘，计算员工工资。计件工资制的计算原理是用员工已完成的经检验合格或视同合格的工作量，乘以事先确定的计件单价来计算员工工资。

（2）计算依据不同，计时工资制是以一定质量的劳动的延续时间为计量工资的依据。计件工资制则是以一定时间内的劳动所凝结成的产品数量为计量工资的依据。

（3）计量方式不同，计时工资制是在劳动开始前就决定了的，计件工资制是在劳动完成以后才确定的。

（4）作用不同，计件工资制能够更准确地反映劳动者实际付出的劳动量，反映同等级劳动者之间以及劳动者本人不同时期的劳动差别。计时工资制不能反映上述的差别。

8.3　员工薪酬福利统计工具

编制某小型企业员工四项保险统计表

　　某市基本养老保险企业缴费费率是 20%，个人缴费费率是 8%；医疗保险企业缴费费率是 8%，个人缴费费率是 2%~3%；失业保险企业缴费费率是 2%，个人缴费费率是 1%；某企业有 10 名员工，其中月工资 5 000 元的 1 名，月工资 3 000 元的 3 名，月工资 2 000 元的 4 名，月工资 1 000 元的 2 名，请问该企业四项保险共需交纳多少保险费？每个员工应该交纳多少保险费？

（资料来源：安鸿章. 企业人力资源管理人员（上）. 北京：中国劳动社会保障出版社，2002）

　　员工薪酬福利统计工具是指在薪酬福利管理中使用统计表、标准表、核定表、计算表、调整表，以及其他表等来统计分析说明问题，以此为工具，故称之为员工薪酬统计工具。

8.3.1　统计表

　　员工薪酬统计表主要包括工资计划表、计件工资日报表、计件工资统计表、员工奖金合计表以及员工薪资单，如表 8-3 至表 8-7 所示。

1. 工资计划表（见表 8-3）

表 8-3　工资计划表

单位名称　　　　　　　　　　　　　　　　　　　　　　　　　　　　　　　　年　月　日

项目		平均人数	工资总额	岗位技能工资		计件工资		计时工资		奖金			加班工资	其他工资	平均工资	备注
				小计	月标准工资	小计	其中超额工资	小计	其中超额工资	小计	其中					
											附加	其他				
上期支付	全部员工	1	2	3	4	5	6	7	8	9	10	11	12	13	14	15

续表

项目		平均人数	工资总额	岗位技能工资		计件工资		计时工资		奖　金			加班工资	其他工资	平均工资	备注
				小计	月标准工资	小计	其中超额工资	小计	其中超额工资	小计	其　中					
											附加	其他				
本期计划	全部员工															

注：月标准工资指上期最后一个月实际完成的工资总额=3+5+7+9

人力资源部制

2．计件工资日报表（见表 8-4）

表 8-4　计件工资日报表

班别　　　　　　　　　　　　　　　　　　　　　　　　　　　年　月　日

姓　名	编　号	工程代号	工　时	数　量	单　价	应得工资	备　注

科长：　　　　　　班长：

人力资源部制

3．计件工资统计表（见表 8-5）

表 8-5　计件工资统计表

单位名称　　　　　　　　　　　　　　　　　　　　　　　　　　年　月　日

产品工程名称	××组						××组					
	人数	时间	件数	日产量	单价	工资额	人数	时间	件数	日产量	单价	工资额
合计												

科长：　　　　　　班长：

人力资源部制

4．员工奖金合计表（见表 8-6）

表 8-6　员工奖金合计表

单位名称　　　　　　　　　　　　　　　　　　　　　　　　　　年　月　日

本月营业额		千元		本月净利润		千元		
部门	职别	姓名	营业额奖金计点	营业额奖金金额	利润奖金计点	利润奖金金额	奖金合计
合计							

人力资源部制

5．员工薪资单（见表 8-7）

表 8-7　员工薪资单

单位名称　　　　　　　　　　　　　　　　　　　　　　　　　　年　月　日

单　位				员工编号			
应　发	薪资	津贴	加薪	加班费	夜点费	值班费	
	洗理费	交通费	误餐费			上月尾款	应发金额
应　扣	上半期预发	借支扣还	所得税	保险费	劳保费	伙食费	
	补扣	利息	分期付款	福利费	其他扣款	本月尾款	应扣金额
备　考	结薪日数　　日　　时加值 夜点次数　　值日				实发 金额		

人力资源部制

8.3.2　标准表

员工薪酬标准表主要包括工资标准表、岗位技能工资结构表以及新员工职务工资标准表，如表 8-8 至表 8-10 所示。

1．工资标准表（见表 8-8）

表 8-8　工资标准表

单位名称　　　　　　　　　　　　　　　　　　　　　年　月　日

职务/职称	职位等级	基本/岗位工资	职位补贴	技术补贴	特殊补贴
总经理					
副总经理					
三总师					
总经理助理					
经理、厂长					
副经理					
副厂长					
高级工程师					
科长、主任					
工程师					
副科长					
副主任					
助理工程师					
组长、班长					
一级技术员					
一级管理员					
副班长					
二级技术员					
二级管理员					
一级办事员					
三级技术员					
三级管理员					
二级办事员					
四级技术员					
四级管理员					
三级办事员					
五级技术员					
五级管理员					
实习员					

人力资源部制

2．岗位技能工资结构表（见表8-9）

表 8-9　岗位技能工资结构表

单位名称　　　　　　　　　　　　　　　　　　　　　　　　年　月　日

序　号	职　等	岗位工资	管理层	技术层	操作层
1	一		总经理		
2	二		副总经理		
3	三		副总经理	总工程师	
4	四		部长		
5	五		副部长		
6	六		副部长	高级工程师	
7	七		科长	副总工程师	
8	八		副科长	工程师	
9	九		副科长	工程师	高级技师
10	十		科员	工程师	高级技师
11	十一		科员	助理工程师	中级技师
12	十二		科员	助理工程师	中级技师
13	十三		科员	技术员	技师
14	十四			技术员	技师
15	十五				高级工
16	十六				高级工
17	十七				中级工
18	十八				中级工
19	十九				初级工
20	二十				初级工

人力资源部制

3．新员工职务工资标准表（见表8-10）

表 8-10　新员工职务工资标准表

单位名称　　　　　　　　　　　　　　　　　　　　　　　　年　月　日

进厂编号	姓　名	分发部门	担任工作	到厂日期	本　薪	技术津贴

续表

进厂编号	姓　名	分发部门	担任工作	到厂日期	本　薪	技术津贴

人事经办：　　　　　批示：　　　　　　审核：　　　　　　拟订：

人力资源部制

8.3.3　核定表

员工工资核定表主要包括员工工资职级核定表、计时工资核定表、新员工工资核定表、计件工资核定表、员工奖金核定表以及主管助理人员奖金核定表，如表 8-11 至表 8-16 所示。

1. 员工工资职级核定表（见表 8-11）

表 8-11　员工工资职级核定表

单位名称　　　　　　　　　　　　　　　　　　　　　　　　　年　月　日

姓名			职　务			等　级		
年龄	年　月　日　生		工　龄		年　月　日　至　年　月　日			
评定标准	说明	1	2	3	4	5	权数	点数
	学历	初中	高中	大专	本科	硕士		
	服务年资	1 年	2 年	3 年	5 年	10 年以上		
	相关经验	1 年	2 年	3 年	5 年	10 年以上		
	其他经验	1 年	2 年	3 年	5 年	10 年以上		
	成绩	丁	丙	乙	甲	优		
原等级		原评定点数		基本点数		合计		

员工薪酬福利管理（第2版）

续表

本年点数		核定本薪			职务加给		合计		

人力资源部制

2．计时工资核定表（见表 8-12）

表 8-12　计时工资核定表

单位名称　　　　　　　　　　　　　　　　　　　　　　　　　　　　年　月　日

产品名称规格			适用制造批号	
作业名称	工时数	产品质量等级	相应等级工资标准	应付工资总额

审核：　　　　　　　　　填表：

人力资源部制

3．新员工工资核定表（见表 8-13）

表 8-13　新员工工资核定表

单位名称　　　　　　　　　　　　　　　　　　　　　　　　　　　　年　月　日

工作部门		职　别	
姓　名		到公司日期	
学　历			

续表

工作经验	相关年	非相关年	共　年
能力说明			
要求待遇			
审核工作			

批示：　　　　　　　　　单位主管：　　　　　　人事经办：

人力资源部制

4．计件工资核定表（见表8-14）

表8-14　计件工资核定表

单位名称　　　　　　　　　　　　　　　　　　　　　　　　　　　　　年　月　日

产品名称规格						产品名称规格					
作业名称	件薪标准			新产品补贴	小订单补贴	新产品补贴	小订单补贴			新产品补贴	小订单补贴
	每件	每打	每箱				每件	每打	每箱		
产品名称规格						产品名称规格					

人力资源部制

5．员工奖金核定表（见表8-15）

表8-15　员工奖金核定表

单位名称　　　　　　　　　　　　　　　　　　　　　　　　　　　　　年　月　日

	本月营业额		本月净利润		利润率		
	可得奖金		调整比率		应发奖金		
	单位	姓名	职别	奖金	单位	姓名	职别	奖金
奖金核定								

199 ◀▶

续表

奖金核定标准	本月营业额	利润提成比率	本月利润	可得奖金（元）
	400 万元以下	0%	10 万元以下	0
	400 万～500 万元	10%	10 万～20 万元	200
	500 万～600 万元	20%	20 万～30 万元	400
	600 万～700 万元	30%	30 万～40 万元	600
	700 万～800 万元	40%	40 万～50 万元	800
	800 万元以上每增 200 万元	增 50%	50 万元以上每增 10 万元	增 200

总经理：　　　　　　　　核准：　　　　　　　　填表：

人力资源部制

6. 主管助理人员奖金核定表（见表 8-16）

表 8-16　主管助理人员奖金核定表

单位名称　　　　　　　　　　　　　　　　　　　　　　　年　月　日

部门	姓名	职别		省料率	省料奖金	效率	效率奖金	不良率	良品率奖金	员工流动率	流动率奖金	奖金合计
		主管	助理									

助理人员视职务类别决定金额，奖金总额在主管人员奖金的 50%～100% 之间

人力资源部制

8.3.4　计算表

　　员工薪酬计算表主要包括员工工资计算表、生产人员工资提成计算表、销售人员工资提成计算表以及员工超额完成计划指标累进提成计算表，如表 8-17 至表 8-20 所示。

1. 员工工资计算表（见表 8-17）

表 8-17　员工工资计算表

单位名称　　　　　　　　　　　　　　　　　　　　　　　　　　　年　月　日

工号	姓名	工作日数	日薪	本薪	生产奖金	假日津贴	全勤奖金	加班津贴	本期工资	扣除部分				实发工资
										福利费	伙食费	所得税	借支	
合计														

总经理：　　　　　经理：　　　　　会计：　　　　　填表：

人力资源部制

2. 生产人员工资提成计算表（见表 8-18）

表 8-18　生产人员工资提成计算表

单位名称　　　　　　　　　　　　　　　　　　　　　　　　　　　年　月　日

姓　名	任务名称	每月计划生产额	每月实际生产额	超额提成比率	提成工资总额

审核：　　　　　　　　　　　　　　　　　　　　　　　填表：

人力资源部制

3. 销售人员工资提成计算表（见表 8-19）

表 8-19　销售人员工资提成计算表

单位名称　　　　　　　　　　　　　　　　　　　　　　　　　　　年　月　日

任务名称	每月计划销售量	每月完成销售额	超额提成比率	提成工资总额

审核：　　　　　　　　　　　　　　　　　　　　　填表：

人力资源部制

4．员工超额完成计划指标累进提成计算表（见表 8-20）

表 8-20　员工超额完成计划指标累进提成计算表

单位名称　　　　　　　　　　　　　　　　　　　　　　　　年　月　日

作业名称

计划完成额	实际完成额	超额完成 50%～100% 部分提成 20%	超额完成 100%以上部分 提成 30%	奖金总额

审核人：

人力资源部制

8.3.5　调整表

员工薪酬调整表主要包括员工工资调整表和计件工资调整报告表，如表 8-21 和表 8-22 所示。

1．员工工资调整表（见表 8-21）

表 8-21　员工工资调整表

单位名称　　　　　　　　　　　　　　　　　　　　　　　　年　月　日

职别工号	姓　名	本　薪		技术津贴		合　计		备　注
		原工资	调　整	原工资	调　整	原工资	调　整	
合计								

人力资源部制

2．计件工资调整报告表（见表 8-22）

表 8-22 计件工资调整报告表

单位名称 年 月 日

产品名称			计件工资核定单编号		
作业名称	原计件工资标准	每件耗用时间	折算每日所得	拟调整比率	原因

批示： 报告单位： 主管：

人力资源部制

8.3.6 其他表

员工薪酬其他表是指员工薪酬统计表、标准表、核定表、计算表及调整表之外的表格，如员工薪资等级表、计件工资幅度调查表和员工出勤及补贴表（见表 8-23 至表 8-25）。

1．员工薪资等级表（见表 8-23）

表 8-23 员工薪资等级表

单位名称 年 月 日

等 级	职务/职称	起薪	级差	级 别					级 别	年薪金均值
				1	2	3	4	5		
1	实习员									
2	管理助理、技术助理									
3	管理员、技术员									
4	副主任、助理工程师									
5	主任、工程师									
6	副处长、副高级工程师									
7	处长、高级工程师									

续表

等 级	职务/职称	起薪	级差	级 别 1	2	3	4	5	级 别	年薪金均值
8	副总经理、总工程师									
9	总经理									

人力资源部制

2. 计件工资幅度调查表（见表 8-24）

表 8-24　计件工资幅度调查表

单位名称　　　　　　　　　　　　　　　　　　　　　　　　　　年　月　日

部 门			抽 查					统 计		
姓名	作业名称	作业件数	工资标准	实发工时	每小时工资	补 贴 无	小量	新品	原因分析	采取对策

人力资源部制

3. 员工出勤及补贴表（见表 8-25）

表 8-25　员工出勤及补贴表

单位名称　　　　　　　　　　　　　　　　　　　　　　　　　　年　月　日

编号		姓名			部门				年　月
日期	上午	下午	加班	小计	日期	上午	下午	加班	小计
1					17				
2					18				
3					19				
4					20				
5					21				
6					22				
7					23				
8					24				
9					25				

续表

编号		姓名			部门				年　月
日期	上午	下午	加班	小计	日期	上午	下午	加班	小计
10					26				
11					27				
12					28				
13					29				
14					30				
15					31				
16									
出勤情况统计									
津贴					餐费				
奖金					所得税				
加班费					劳保费				
交通费					借款				
应得小计					应扣小计				
合计					实支				

人力资源部制

📖 本章重点概念

薪酬福利统计指标　　薪酬福利总额　　薪酬福利效益统计　　薪酬福利效益
工资支付　　工作时间　　经济补偿　　个人所得税　　计时工资制　　计件工资制

 ## 自测题

一、判断题

1. 薪酬福利效益统计可以量化地反映实行某种薪酬福利制度所取得的经济效益。(　　)

2. 非因劳动者原因造成单位停工、停产在一个工资支付周期内的，用人单位不应按劳动合同规定的标准支付劳动者工资。(　　)

3. 用人单位依法破产时，劳动者有权获得其工资。(　　)

4. 计时工资制并不鼓励员工把注意力集中在提高产品的数量上，它更加注意产品的质量。（   ）

5. 工资必须在用人单位与劳动者约定的日期支付。（   ）

二、单选题

1. （   ）是指支付给员工的超额劳动报酬和增收支的劳动报酬。

A. 工资　　　　　　　　B. 津贴　　　　　　C. 加班加点工资　　　　D. 奖金

2. 用人单位必须书面记录支付劳动者工资的数额、时间、领取者的姓名，以及签字，并保存（   ）以上备查。

A. 一年　　　　　　　　B. 两年　　　　　　C. 五年　　　　　　　　D. 没规定

3. （   ）是根据劳动者生产的合格产品的数量或完成的作业量，按预先规定的计件单价支付给劳动者报酬的一种工资形式。

A. 超额工资　　　　　　　　B. 企业年金　　　　C. 计时工资　　　　　D. 计件工资

4. （   ）是指一定时期内（月度、季度、年度等）员工平均每人所得的薪酬福利数额。

A. 薪酬福利总额　　　　　　　　　　　　B. 平均薪酬福利

C. 薪酬福利效益　　　　　　　　　　　　D. 薪酬福利效益统计

5. 用人单位依法安排劳动者在法定休假节日工作的，按照不低于劳动合同规定的劳动者本人日或小时工资标准的（   ）支付劳动者工资。

A. 100%　　　　　　　　B. 150%　　　　　　C. 200%　　　　　　　　D. 300%

三、多选题

1. 薪酬福利统计方法有（   ）。

A. 薪酬福利总额统计　　　　　　　　　　B. 平均薪酬福利统计

C. 薪酬福利效益统计　　　　　　　　　　D. 福利薪酬支出统计

E. 平等薪酬福利设计

2. 工资支付主要包括（   ）。

A. 工资支付项目　　　　　　　　　　　　B. 工资支付水平

C. 工资支付形式　　　　　　　　　　　　D. 工资支付对象

E. 工资支付标准

3. 计时工资包括（   ）。

A. 小时工资制　　　　　B. 日工资制　　　　C. 月工资制

D. 年工资制　　　　　　E. 奖金

4. 员工薪酬标准表主要包括（　　）。

A. 工资标准表

B. 岗位技能工资结构表

C. 新员工职务工资标准表

D. 岗位职能工资表

E. 福利工资表

5. 员工薪酬计算表主要包括（　　）。

A. 员工工资计算表

B. 生产人员工资提成计算表

C. 销售人员工资提成计算表

D. 员工超额完成计划指标累进提成计算表

E. 管理人员工资计算表

四、简答题

1. 哪些项目费用应列入薪酬福利总额？哪些项目费用不应列入薪酬福利总额？

2. 编制工资表主要涉及几方面的内容？

3. 计件工资制的具体操作方法有哪些？

4. 简述计件工资与计时工资的区别。

5. 简要分析计件工资的优缺点。

 调查研讨题

1. 某一企业薪酬福利收入不透明，根据调查资料，请你给该企业设计一个"员工薪资单"。

2. 某一事业单位实行企业化管理，薪酬福利总额不变，请你给编制一份"岗位技能工资结构表"。

 案例分析

三种工资计算方法的比较

某工厂实行的是固定月薪制。某员工固定月薪为 600 元，2009 年 7 月应出勤 23 天，实际该员工请假 4 天，实际出勤天数为 19 天，平时晚上加班共计 21 小时。请问薪资如何计算。

目前针对固定月薪制工资计算大致有以下三种方法：

A：（固定月薪÷应出勤天数）×实际出勤天数+固定月薪÷20.83÷8×1.5×平时加班工时+固定月薪÷20.83÷8×2×周末加班工时。

B：（固定月薪–固定月薪÷20.83×缺勤天数）+固定月薪÷20.83÷8×1.5×平时加班工时+固定月薪÷20.83÷8×2×周末加班工时。

C：固定月薪÷20.83×实际出勤天数+固定月薪÷20.83÷8×1.5×平时加班工时+固定月薪÷20.83÷8×2×周末加班工时。

按照 A 方法，其工资为：600÷23×19+600÷20.83÷8×1.5×21=609.07（元）

按照 B 方法，其工资为：600−600÷20.83×4+600÷20.83÷8×1.5×21=598.2（元）

按照 C 方法，其工资为：600÷20.83×19+600÷20.83÷8×1.5×21=660.01（元）

可以看出同样的一个案例如果采取不同的薪资计算方法其工资金额相差很大。

案例思考题

1. 分析三种计算方法各自的优缺点？

2. 如果固定月薪计算工资时，哪一种算法更加合适？

第 9 章

特殊员工的薪酬福利管理

学习目标

- 了解销售人员的工作特点以及销售人员和钟点工的薪酬福利模式。
- 掌握基层管理人员和专业技术人员的薪酬福利模式。
- 结合应用案例，掌握专业技术人员薪酬福利设计中应注意的问题。
- 熟悉基层管理人员和专业技术人员的工作特点。

学习导航

9.1 基层管理人员的薪酬福利管理
9.1.1 基层管理人员的工作特点
9.1.2 基层管理人员的薪酬福利模式

9.2 专业技术人员的薪酬福利管理
9.2.1 专业技术人员的工作特点
9.2.2 专业技术人员的薪酬福利模式
9.2.3 专业技术人员薪酬福利设计中应注意的问题

9.3 销售人员的薪酬福利管理
9.3.1 销售人员的工作特点
9.3.2 销售人员的薪酬福利模式
9.3.3 销售人员薪酬福利设计中应注意的问题

9.4 钟点工的薪酬福利模式
9.4.1 采用钟点工薪酬福利模式的原因
9.4.2 采用钟点工薪酬福利分配模式应注意的问题

9.1 基层管理人员的薪酬福利管理

项目经理的薪酬福利模式

项目负责制是基于一些比较独立的工作课题、工程、项目而形成的一种由责任人（或责任团队）负责的工资制度。项目负责制在我国推广应用的时间较晚，也不是很成熟，但目前越来越多的科研企业、建筑、监理公司、咨询企业和其他企业都在充分探索并积极应用项目负责制的管理手法，并在一定的领域获得了较大的成功。

由于项目负责制的工作模式比较特殊，单纯以职务高低或工作时间长短来确定薪酬福利，显然很困难，因此，为项目经理设计一种适用的薪酬福利模式已成为必然。

图 9-1 是最常见的项目经理的薪酬福利模式。

图 9-1　项目经理的薪酬福利模式

项目经理的薪酬福利模式与其他薪酬福利模式的不同在于增加了项目提成这个部分，这也是区别其他模式的特征。项目提成通常是以课题、工程或项目的标的额为基础，按标的额的一定百分比提取，作为工作的回报。目前我国对建筑、监理、审计等行业项目提成的百分比做出了一定的规定，而其他行业对项目提成大多采用双方商讨约定的方法加以解决。

某集团建筑公司项目部把建筑市场的项目经理薪酬福利行情波动作为参考，采取长期激励的绩效薪酬制度，结合本公司经济实力，特设立了本公司项目经理的薪酬福利模式，其构成及比例如表 9-1 所示。

表 9-1　某公司 2008 年项目经理薪酬福利构成比例

薪酬福利	基本工资	工龄工资	涨幅工资	绩效工资	加班工资	福利津贴
构成比例（%）	55	7	6	22	0	10

（资料来源：杨剑等. 激励导向的薪酬设计. 北京：中国纺织出版社）

9.1.1 基层管理人员的工作特点

对于任何一个组织而言，管理者从来都是举足轻重的。管理人员是企业中从事管理工作的那部分员工，按职位高低可以将管理人员划分为三类：高层管理人员、中层管理人员和基层管理人员。对于这三类管理人员薪酬福利管理的侧重点有所不同。比如，对高层管理人员和部分中层管理人员，薪酬福利管理的重点主要是探讨长期激励措施的实施问题；而对于基层管理人员薪酬福利管理的重点则要放在如何通过薪酬福利管理，改善其工作绩效、提高其管理职能上。

 相关链接

> 高层管理人员：是指对整个组织的管理负有全面责任的人，他们的主要职责是制定组织的总目标、总战略，掌握组织的大政方针，并评价整个组织的绩效。
>
> 中层管理人员：是指处于高层管理人员和基层管理人员之间的一个或若干个中间层次的管理人员，他们的主要职责是，贯彻执行高层管理人员所制定的重大决策，监督和协调基层管理人员的工作。
>
> 基层管理人员：亦称第一线管理人员，也就是组织中处于最低层次的管理者，他们所管辖的仅仅是作业人员而不涉及其他管理者。他们的主要职责是，给下属作业人员分派具体工作任务，直接指挥和监督现场作业活动，保证各项任务的有效完成。

基层管理人员的工作特点如下：

（1）基层管理人员是公司战略的最终落实者，公司的战略只有通过基层管理人员的管理活动才能真正落到实处。

（2）基层管理人员是将公司政策和高层管理的旨意转变为员工行动的传达者。公司政策能否得到执行，高层旨意能否得到贯彻，首先取决于基层管理人员贯彻政策和旨意的态度及能力。

（3）基层管理人员是公司业务的主要执行者，公司业务能否顺利开展，业务范围能否不断扩大，效益能否提高，很大程度上取决于基层管理人员的主观努力程度和能否有效地调动下属的积极性，他们的工作稳定程度和办事效率高低对公司业绩的好坏起着十分重要的作用。

（4）基层管理人员是员工的直接主管，其管理活动和管理行为不仅是员工行为的示范，而且直接影响员工的工作效率和工作业绩。

9.1.2　基层管理人员的薪酬福利模式

基层管理人员的上述特点决定了基层管理人员的薪酬福利模式：基本薪金+奖金+福利。三者在基层管理人员整体薪酬福利中所占的比例没有统一的标准，而是随地区、行业、企业经济性质的不同而有所差别。据调查，在基层管理人员整体薪酬福利中，基本薪酬约占 60%，奖金约占 20%，福利约占 20%。

1．基本薪酬

基层管理人员基本薪金的确定可采取职位等级工资制，针对不同等级的职位赋予不同的薪金水平。基层管理人员职位等级的晋升要体现其管理能力、管理幅度、管理责任、管理难度和管理业绩。随着基层管理人员职位等级的晋升，其薪金也应逐步提升。

在确定管理层基本薪酬水平的时候，组织往往会考虑到多种因素，这些因素包括企业规模、组织盈利水平、销售状况、所占市场份额、组织的层级结构、其他员工群体的薪金水平等。

2．奖金

奖金包括短期奖金和长期奖金。在一般情况下，企业向管理人员支付短期奖金，意在对其在特定的时间段里（通常是一年）为组织绩效做出的贡献进行补偿和奖励；短期奖金大多是在一年时间到期的时候以现金的方式向管理人员进行的支付，而长期奖金通常是延期支付的，它与组织的长期经营绩效有紧密的联系。

基层管理人员的绩效表现为部门产量的增加、质量的提高等。基层管理人员的奖金设计要充分体现其业绩水平，以便更好地发挥奖金的激励作用，进一步提高其业绩水平。同时，也要有利于改善基层管理人员与普通员工的关系，拉近基层管理人员与普通员工之间的距离。因此在奖金的设计上要体现以下几方面的要求。

（1）制定定额。对基层管理人员必须有明确的、量化的定额指标。比如，与产量挂钩，应制定部门产量定额；与质量挂钩，应制定控制指标（如合格品率、次品率）；与收入挂钩，应制定收入计划；与成本的节约挂钩，应制定成本费用预算；与完成工作量挂钩，应制定工作量完成指标；与效益挂钩，应制定效益目标。

（2）奖金的提取以超额完成定额给企业带来的利润为基数，以一定的百分比为提取系数。比如与产量定额的制定取历史同期 3 年的平均值，超额完成定额给予奖金奖励，奖励的标准按超额部分利润的 10% 计算。

（3）奖金奖励的对象针对的是部门，而非个人。奖金奖励给部门后，由部门进行再分配，基层管理人员的奖金应控制在部门员工平均奖的 3~5 倍。这是对基层管理人员实施奖金奖励的一个重要特征，既要突出个人的业绩，同时也要照顾全面。

（4）奖金奖励以月度为周期。对基层管理人员的奖励不宜太长也不宜太短，太长了，起不到应有的激励效果；太短了，奖励过频，也容易使奖金奖励失去意义。奖金奖励是与企业的业务计划完成情况相配套的，要充分发挥奖金及时激励的作用，调动基层管理人员的积极性。

3. 福利

对于基层管理人员的福利计划也要体现其特点。

（1）基层管理人员承担着对员工的直接指挥任务，在其素质要求方面，对技术技能的要求比较高，因此要因人而异地为基层管理人员设计一些技术业务方面的培训计划，帮助基层管理人员提高技术技能。

（2）基层管理人员管理任务重，工作时间长，有的甚至要长期盯在生产岗位，与员工吃住在一起，无暇照顾家庭与子女。因此，要有意识地增加服务性福利项目，为基层管理人员提供更多的家庭服务，解决其后顾之忧，如提供子女入托、家务料理服务等。

（3）基层管理人员直接面对被管理者，在行使管理职能时容易与被管理者发生冲突，因此矛盾较为集中。尤其是如果被管理者素质较低，思想意识较低，那么基层管理者就会觉得常常面临着各种缺乏安全感的威胁，因此在安排福利计划时，为基层管理者设计保障性福利也符合基层管理者的福利需求。

（4）基层管理者长期坚守在本职岗位上，过着枯燥、乏味而又紧张的生活。基于此，可以考虑为其增加一些实物性福利项目。比如，可为其在工作场所设置球类体育设施，让其在紧张工作之余与员工一起从事一些球类活动；也可送其一些免费的电影票或球赛入场券，让其在观看电影或比赛中得到放松。当然也可以增加一些机会性福利项目，如给予其带薪休假的机会，或者安排家庭旅游活动。

（5）根据基层管理人员的工作环境设置福利项目。比如，基层管理人员如果是露天作业，就安排一些避暑福利项目，如提供饮料、避暑药品等；冬天安排一些取暖福利项目，如提供棉衣、棉裤、棉帽等；如果其工作环境是高温环境，就要为其提供高温补贴；如果工作带有伤害性或容易产生职业病，就需要为其提供免费定期体检、职业病免费防护等福利项目。

9.2 专业技术人员的薪酬福利管理

引导案例 9-2

技能取向型薪酬激励

　　某公司为国有电信企业，下设两级分公司，按行政区域设置。员工大约 2 万人，分布在公司总部和各级分公司，专业技术人员占全部员工数的 51%。过去该公司的薪酬体系为单一职位薪资制，员工薪资增长主要依靠管理职位提升，因此专业技术人员都不太愿意干技术，而喜欢干管理，千方百计往管理方面靠。这样的直接后果是：一方面管理队伍膨胀；另一方面高素质专业技术人才匮乏。为此公司特意聘请专家研究对策，改革薪酬体系，改变过去单一职位薪资制，为专业技术人员增设了技能取向型薪资模式。

　　所谓技能取向型薪资模式，是指根据专业技术人员的专业技术职务设计薪酬，而专业技术人员的专业技术职务提升与其专业技能成长紧密相关。

　　该公司根据专业技术人员技能成长规律，为专业技术人员的职业生涯设计两条不同的路径，一条是以职位等级提升为主线，另一条是以专业技术职务提升为主线。与此相配套，薪酬设计也并行设计管理和专业技术职务两条跑道，专业技术跑道比管理跑道低半个等级。由此构建了职位等级薪资与专业技术职务薪资并行的薪酬体系。

　　职位等级薪资是公司在综合考虑各级管理职位工作的责任、难度、重要程度以及对任职者的资格要求等因素的基础上建立起来的等级薪资制度。该制度仅针对管理职位，而不针对任职者。任职者根据其所在职位等级，享受所在等级薪资。

　　专业技术职务薪资则是在职位等级薪资之外，针对专业技术人员专业技能发展变化的特点确立的、以公司设立的专业技术职务为对象建立起来的薪资体系。公司根据专业技术工作的性质和需要，设立专业技术职务级别，在专业技术岗位上工作的员工，根据被聘用的专业技术职务，享受相应的薪资等级。专业技术职务薪资不针对专业技术岗位，只针对专业技术职务。

　　专业技术职务薪资与职位等级薪资的对接：

　　（1）每一个专业技术职务都有相应的职位等级与之相对应（见表 9-2），相应的职位等级的薪资就是对应的专业技术职务的薪资。员工专业技术职务不变，其薪资等级也不变。

　　（2）专业技术人员从一个专业技术职务晋升到上一级专业技术职务，其薪资等级跟随提升。

　　（3）职务薪资与职位等级薪资横向调整，指专业技术人员调任与之平行的管理职位，职务薪资变更为职位等级薪资，职等不变。

（4）职务薪资交叉晋升职位等级薪资，指专业技术人员交叉晋升至较高职等的管理职位，职务薪资变更为职位等级薪资，并相应调高职等。

表 9-2　专业技术职务与管理职位等级对应表

职　等	管理职位	技术职务	学　历	薪资标准	系　　数				
					A	B	C	D	E
一	总裁			1.750 0×S	5.7	5.6			
二	副总裁	资深专家		1.550 0×S	5.5	5.4	5.3		
三	总监	高级专家		1.350 0×S	5.3	5.2	5.1	5.0	
四	副总监	专家		1.250 0×S	5.0	4.9	4.8	4.7	
五	经理	主任工程师		1.150 0×S	4.7	4.6	4.5	4.4	4.3
六	副经理	高级工程师		1.125 0×S	4.4	4.3	4.2	4.1	4.0
七	主管	工程师		1.100 0×S	4.1	4.0	3.9	3.8	3.7
八	副主管	一级专业助理		1.087 5×S	3.8	3.7	3.6	3.5	3.4
九	主办	二级专业助理		1.075 0×S	3.5	3.4	3.3	3.2	3.1
十	副主办	三级专业助理		1.062 5×S	3.2	3.1	3.0	2.9	2.8
十一	一级助理	四级专业助理	博士	1.050 0×S	2.9	2.8	2.7	2.6	2.5
十二	二级助理	五级专业助理	硕士	1.037 5×S	2.6	2.5	2.4	2.3	2.2
十三	三级助理		本科	1.025 0×S	2.1	1.0	1.9	1.8	1.7
十四	四级助理		大专	1.012 5×S	1.8	1.7	1.6	1.4	
十五	五级助理		中专	1.000 0×S	1.5	1.4	1.3	1.1	1.0

专业技术职务等级与员工专业技能成长的关系：

（1）专业技能成长，专业技术职务等级晋升，薪资增长。这样为专业技术人员开辟了一条薪资增长渠道，增加了增资机会，改变了过去那种单纯依靠管理职位晋升实现增资的局面。

（2）专业技术人员享受较高起点的薪资标准。依据该公司规定，在专业技术岗位处于实习阶段的中专、大专、本科、硕士、博士分别可拿到相当于管理岗位五级、四级、三级、二级、一级助理的薪资；实习期满正常情况下可分别被聘任为五级、四级、三级、二级、一级专业助理，分别享受相当于管理岗位二级、一级、副主办、主办、副主管的薪资待遇。

（3）专业技术人员的技术职务晋升速度通过规定专业技术职务任职资格来调整，与员工学历紧密挂钩，学历越高，晋升速度越快，薪资增长较快；学历越低，晋升速度越慢，薪资增长也较慢。

（4）专业技术人员的技术职务及薪资晋升速度与员工专业技能成长相伴随，呈现快—缓—止的趋势。处于培育期和成长期的员工，专业技能成长较快，员工专业技术职务晋升速度也较快，薪资增长也较快；进入成熟期，专业技术职务的晋升速度放慢，薪资晋升速度也开始放慢。对于部分专业技能突出或者具有多方面才能的复合型专业技术人才，还可以通过提前晋升较高专业技术职务或者交叉晋升至较高管理职位，保持更快的薪资增长速度。进入鼎盛期，专业技术人员的专业技能提升受到限制，专业技术职务或者薪资也已晋升到一定程度，或者已接近公司内最高水准，此时薪资晋升趋于停止。

（5）为了促进专业技术职务与职位等级并行发展，培养复合型管理人才，该公司还规定相应职位等级的管理人员应当具备同职等或低一职等专业技术职务工作经验。部分具备一定管理潜能的优秀专业技术人员可安排在相应管理职位从事管理工作，这样有利于管理队伍的调整和不断更新。

问题：试分析该公司针对专业技术人员采取的技能取向型薪资模式的优缺点。

（资料来源：企业管理学习网，http://www.5ixue.com）

9.2.1 专业技术人员的工作特点

专业技术人员是指企业中具有专业知识或有专业技术职称，并在相关岗位上从事产品研发、产品研究、市场研究、财务分析、经济活动分析、人力资源开发、法律咨询工作的专门人员。他们主要从事脑力工作，这部分人员包括工程师、经济师、会计师、人力资源专家、法律顾问等。

专业技术人员对专业和技术的认同程度往往要比对企业的认同程度要高，这是专业技术人员一个很重要的特点。其工作特点如下：

（1）工作业绩不容易被衡量。他们的工作大多要动脑，一般在实验室或办公室，工作难度大，付出的辛苦多。但其业绩往往要经过很长一段时间方可显示出来，在此之前，他们常常被人误认为是企业的"闲人"。

（2）工作时间无法估算。表面上看，他们好像与其他人一样准时上班、准时下班，其实他们的工作时间远比正常上下班时间多得多，有时他们为了保持思维的连贯性，不要说节日加班加点，甚至连正常的睡眠时间都不能保证，有些人将所有的时间都投入到了专业工作中。

（3）工作压力大。例如，企业的研发任务下达后，时间是非常紧迫的，而研发结果是很难预料的，因此研发人员接到任务后，就必须全身心投入到研发中去，以实现最理想的结果，这是工作本身带来的压力；其次对于研发人员还存在着一种竞争性压力，这种压力来自研发小组之间、研发小组内成员之间，还有来自整个专业领域内的压力；再次社会乃至家庭的期望也是研发人员压力之源。

（4）市场价格高。企业各类专业人员是市场上的稀缺资源，是市场各类企业中争夺的焦点，自然具有较高的市场价格，即使市场价格很高，但由于他们是企业创新的骨干力量，他们构成或创造了企业的核心竞争力，因此他们给企业带来的价值与企业付给他们的价格之间仍然是不能相提并论的。

9.2.2　专业技术人员的薪酬福利模式

1．单一化高薪资模式

即给予高的年薪或月薪，一般不给奖金，较适合从事基础性、理论性研究的专业人员。他们的工作成果不易量化，而且短期内较难确定准确的工作目标。

2．较高薪资+奖金模式

该模式以职能资格（职位等级能力资格）为基础，给予较高的固定薪资，奖金仍以职位等级和固定薪资为依据，按照固定薪资的一定比例发放。

3．较高薪资+科技成果提成模式

除较高的固定薪资外，按研发为组织创造经济效益的一定比例提成，有按产品销售总额提成、按销售净收入提成、按产品利润提成等方法。该模式激励功能很强，很适合新产品研发人员。

4．科研项目承包模式

该模式将专业人员的薪酬福利列入其从事的科研项目经费中，按任务定薪酬福利，实行费用包干。该模式有利于激励专业人员快出结果，也有利于组织对专业人员人工成本的控制。如果再有配套的后续激励措施，如成果提成、科研业绩奖金等，效果更好。

5．薪资+股权激励模式

该模式薪资水平一般，加大股权激励的力度。如对专业人员实行期权制、技术入股、赠送干股、股份优先购买权等各种方式。它的优点是长期激励作用强，激励机制与约束机制并存，一旦组织发展会迅速给专业人员带来丰厚的回报，尤其适用高新技术产业组织和上市公司。

6．外籍"专才"薪酬模式

越来越多的大型集团企业、跨国企业和外资企业，聘用外籍雇员或有特殊才能的专业人才。这些特殊人才有些是从事技术的，有些是从事营销的，有些是从事管理的。几乎所有的人才我们都可能碰到，那么他们的薪酬福利模式如何去设计呢？

通常在解决外籍雇员或专家型人才的薪酬福利待遇时，需要清楚以下几个问题：

（1）他们在国外或中国人力资源市场上的薪资价位如何？

（2）企业能承受他们的高额薪酬吗？

（3）福利计划需要调整吗？要增加或删减哪些项目？

（4）他们的薪酬福利结构及薪酬福利管理有什么特殊性？

（5）如何处理与现有薪酬福利系统的关系？

大多数企业在聘用外籍雇员或专家型人才时，一般都把重点放在薪酬福利结构和薪资水平的调查和分析上，找出管理中需要解决的特殊性，然后再设计他们的薪酬福利模式。

图 9-2 是外籍雇员 Meek 在中国某电子厂的薪酬福利构成。Meek，男，37 岁，美国人，工程师，毕业于麻省理工学院，在该电子厂任技术总工程师。

图 9-2　外籍雇员 Meek 在中国某电子厂的薪酬福利构成

目前我国大多数中资企业、外资企业、集团企业在聘用外籍人员时，都采取了"薪酬福利参考"的做法，即以该外籍人员在外国企业获得的工资水平作为最主要的参考依据，在此基础上结合地区差别、消费水平、个人所得税等因素进行一定幅度的上下调整，融合到企业现有的薪酬福利制度中，就基本可以操作了。

企业聘用专家型人才，一般都是短期的，而且人数很少，所以大多数企业都采取简单原则，不会专门设计薪酬福利模式。一般企业实行高薪打包制，付给对方的薪酬福利总额包括工资、福利和津贴等全部内容，这也是比较容易操作的一种方法。

9.2.3　专业技术人员薪酬福利设计中应注意的问题

（1）应遵循尊重知识、尊重人才、保障专业人才人力资本产权实现和人力资本投资的补偿回报原则，给予较高的薪酬福利待遇。尤其对市场稀缺又是组织不可缺少的专业人才，组织的薪酬福利更要具有外部竞争力。

（2）既要按照市场经济规律的要求，发挥竞争机制的作用，高产出给予高报酬，又要按照科技研究规律的特点，不能片面强调急功近利的短期效益，这对于从事基础性、理论性研究的专业技术人员尤为重要。

（3）注重激励、鼓励创新。除了外在薪酬福利外，必须重视内在薪酬福利的激励作用。如工作成就感、满意度，尤其是晋升机会，因为专业技术人员的晋升不但是其外在薪酬福利提高的主要途径，而且是认定其工作价值，提高其在组织中的地位，实现其自我价值的主要途径。

（4）要结合组织实际状况，实行多样性，灵活性的激励形式，尤其是注重科技成果收益回报和长期激励的薪酬福利形式。

（5）薪酬福利设计中重点关注两个方面：一是专业技术人员职能资格的确定和区分；二是专业技术人员工作态度、实际工作效果的总体考核。薪酬福利的增长较多采用专业技术人员的职业经验曲线来确定。职业经验曲线从动态的角度说明了专业技术人员的技术水平随着工作时间而发生变化的情况，以及它与技术人员的薪酬收入变化之间的关系，如图 9-3 所示。

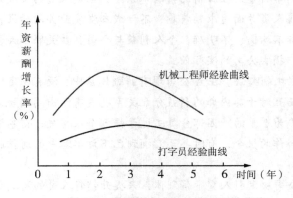

图 9-3 专业技术人员的职业经验曲线

9.3 销售人员的薪酬福利管理

引导案例 9-3

某电信公司销售人员宽带薪酬体系的设计

A 公司是一家大型电信运营公司的地市级分公司，公司主要业务经营领域为固定电话、宽带以及小灵通，同时还开办电信网络增值、网元出租和系统集成等业务，现有员工 500 余人，其中销售及营销服务人员占员工总数的53%。与大多数国有企业一样，A公司的销售人员薪酬体系采用固定工资加提成的形式。其中，提成的计算方法是按照不同业务的实际销售额乘以一个对应的提成比率，但在奖金发放与销售团队的内部分配方面，公司没有成文的统一规定。

1. 薪酬管理问题浮出水面

第一，薪酬政策激励性不足。A公司销售人员每月收入来源主要为以下三个方面：固定工资、销售提成与定额车辆补贴（约占固定工资的50%），其中固定工资分为基本工资与绩效工资两部分。尽管销售人员的绩效工资比其他岗位员工的绩效工资要少一些（约为50%），但他们却比别人多出了销售提成和车辆补贴这两项收入。这么一来，即使销售人员不去发展业务（没有提成），也照样可以通过定额的车辆补贴而获得与其他员工数额相当的固定薪酬收入。而且，销售人员业务分配采用包干形式，依据区域或者业务种类进行划分，所以其内部也不存在竞争性。对于销售人员来说，目前的薪酬政策根本起不到激励作用。

第二，业绩评估机制不科学。在目前的薪酬体系中，销售人员的提成是根据销售量来计算的，这就容易导致销售人员片面追求销售量、不计成本发展业务的后果，业绩评估机制不科学，销售人员业绩目标不均衡、不明确，个人利益与公司利益关联不大，甚至会对销售人员的工作方式产生误导，损害公司的实际效益。

第三，销售团队激励机制欠缺。在A公司现有薪酬体系中，没有制定针对销售团队整体进行激励的相关措施，而且对于其内部的利益分配关系也没有做出明确规定。因此销售人员缺乏团队合作的激情，更为严重的是因部分员工过于强调个人得失，信息资源不共享，从而错失了许多与客户达成合作的机会，有时甚至影响到已下订单客户的通信服务提供，危害到公司的声誉和整体收益。

针对这些问题，A公司决定引入宽带薪酬体系来提升销售人员的薪酬管理效率，提高薪酬的激励作用。

2. 宽带薪酬体系设计方案

宽带薪酬方案设计三步走，在A公司新的薪酬方案中，销售人员的薪酬结构由标准工资和销售提成两部分构成，其中标准工资又分为基本工资与绩效工资。

第一步：确定基本工资。为了科学地确定销售人员的基本工资，首先需要做好职等职级的划分。以通信产品的销售人员为例，通过岗位分析与职位评价可以将其划分为4个职等，从低到高依次为：S1（通信产品经理）、S2（通信产品顾问）、S3（通信产品高级顾问）和S4（通信产品资深顾问）。在完成职等划分之后，鉴于同一职等中的销售人员存在实际业务技能差异，为了激励业绩优秀的员工，公司又依据岗位任职资格标准，通过科学的评价程序将每一职等内部的基本工资分为10级。接着结合公司历史薪酬数据的统计分析结果与市场薪酬调查结果，确定了通信产品销售人员的最低和最高基本工资分别为 400 元和 2000 元，并由此确定了各等各级的基本工资额。

第二步：确定绩效工资。在明确了基本工资之后，就进入到绩效工资的制定环节。员工实际得到的绩效工资数额受两个因素影响，即绩效工资基数与绩效工资浮动系数，其中，绩效工资基数与基本工资的比例为 3：7，由此可以计算出销售人员的绩效工资基数，在此基础上乘以绩效工资浮动系数，得到上下浮动的实际绩效工资额。

A 公司的绩效工资浮动系数有两个，一个是根据公司整体经营情况而设定的绩效工资"整体目标挂钩兑现系数"，取值范围是 0.8～1.2，对应表示公司整体经营目标实际完成的五种情形：没有完成（0.8）、基本完成（0.9）、全部完成（1.0）、超额完成（1.1）和超额很多（1.2）；另一个是"员工个人考核浮动系数"，要求各层级管理者按月对销售人员个人进行绩效考核，用强制正态分布法评出 A、B、C、D、E 五个等级。各等级人员数目分别为总人数的：10%、20%、40%、20%、10%，对应的"员工个人考核浮动系数"

计算公式总结为：

实际绩效工资=绩效工资基数×绩效工资浮动系数

=基本工资×3/7×绩效工资浮动系数

=基本工资×3/7×整体目标挂钩兑现系数×员工个人考核浮动系数

第三步：确定销售提成。销售人员实际提成额的计算方法是目标提成额乘以提成实现率。其中，目标提成额由员工标准工资乘以不同系数来确定，系数值取决于公司规定的销售提成占销售人员总薪酬的比例。提成实现率从销售额目标达成率和销售价格实现率这两个维度来考虑，这可避免单纯以销售数量为唯一考核指标的弊端。

计算公式总结为：

销售人员的实际提成额=目标提成额×提成实现率

=（标准工资额×系数）×销售额目标达成率×销售价格实现率

=（标准工资额×系数）×（实际销售额÷目标销售额×100%）×100%

3．薪酬方案的实施与完善

（1）分类型分时期的薪酬发放制度。在 A 公司销售人员宽带薪酬体系中，基本工资、绩效工资以及销售提成的发放时期有所不同。基本工资按月发放；绩效工资按考核周期发放（一般考核周期为月）；提成部分相对复杂，具体来说是按季度滚动发放，每月预发一部分并按季进行累积，在前三季度每季度末根据绩效目标的实际完成情况确认应发提成额后进行清算，在年末根据全年的绩效目标完成情况发放全年的应付提成额（扣除前面已经预发的部分）。

（2）增强激励效应的团队提成额计算与分配。针对销售人员团队合作精神欠缺，薪酬对团队激励性不高的问题，A公司决定从销售提成额入手，规定在团队项目中，所有成员的提成均按团队整体业务完成情况计算。同时对团队内部的利益分配方式做出规定，通过设定具体分配比例或通过规定团队成员个人的最高提成限额的方式来实现有效管理。

（3）促进薪酬体系推广实施的辅助工作。在制定、推广实施销售人员宽带薪酬体系的过程中，A公司的HR非常重视前期宣传工作，通过内部报刊或BBS论坛等形式，向销售人员充分介绍公司薪酬制定的原则与依据，帮助他们理解变革的目的与意义。在实施过程中，通过员工座谈、满意度调查、薪酬制度问答等方式，做好员工沟通工作，随时解答他们的疑问，并根据员工的反馈意见对方案进行必要的调整与完善。

A公司销售人员的宽带薪酬设计可以说是目前国有企业工资制度变革的一个趋势，这种薪酬"宽带化"的特点是，将薪酬等级压缩的同时拉大了每个职等内部从低到高的跨度（有时会有1～2倍之差）。这对于销售人员来说，更能起到有效的激励作用。

（资料来源：人力资源，2007年12期）

9.3.1　销售人员的工作特点

销售人员是企业从事销售业务的人员，他们相对于基层管理人员和专业技术人员来说，具有明显的群体特征，其工作也表现出独特性，主要体现在以下几个方面。

（1）工作业绩直接影响到企业的生存。销售工作与其他各项工作不同，其他各项工作对企业的影响都只是局面的，而销售工作则影响企业的全局。一个企业如果销售工作没有开展起来，则该企业的其他各项工作都无法正常进行。

（2）工作时间不确定。基层管理人员和专业技术人员尽管因为管理任务或研发任务繁重，有时工作时间和业余时间很难划分清楚，但是总有一个相对固定的工作时间。销售人员则不一样，由于外部市场环境以及客户、竞争对手的情况时刻都在发生变化，因此销售人员的工作时间、地点、方式都没有一个定式，他们的时间分配取决于客户，很难有一个确定的工作时间，因此就无法对他们进行严格的考勤。

（3）工作过程无法实施有效的控制和监督。对基层管理人员的工作进行监督是必要的，也会起到应有的效果；对销售人员工作的监督则很难实施，也无法达到预期的目的。销售人员往往是基于个人的知识、经验、社会联系、销售技巧等开展工作。销售人员的工作很大程度上取决于自觉和主观努力，如果一个销售人员本身对销售工作没有兴趣，那么再多的监督也不会有任何效果。因此，想要通过销售人员的工作态度、行为或工作时间来考核并确定他们的薪酬，难度是相当大的。

（4）工作业绩能够衡量。专业技术人员的工作在短期内无法衡量，销售人员的工作业绩则在短期内就能体现出来，其业绩表现为一定时期内的销售额、新客户开发数、货款回收额等，业绩指标具体而又明确。这就使得对销售人员的绩效评价很自然的是以结果为导向的，而不是以过程为导向的。

（5）工作业绩的风险性，业绩不稳定，波动性大。基层管理人员的业绩绝大部分取决于自己的主观努力，因此其业绩是可以由自己左右的，是比较稳定的；而销售人员的业绩除了自己的主观努力以外，很大一部分还取决于外界环境因素，这不是由销售人员所能控制的，因此其业绩常常表现为不稳定性，各统计期间业绩的差距常常很大。

9.3.2　销售人员的薪酬福利模式

1．纯薪水/固定薪酬制

纯薪水/固定薪酬制指根据销售人员的工作时间而不考虑销售数量，来支付固定薪水的报酬形式。这种形式较适合产品畅销、不用花很大工夫就能得到大量订单的企业。

（1）纯薪水/固定薪酬制的优点。销售人员收入可获保障，有安全感；计算简便，适合团队形式的销售工作，使员工保持高昂的士气和忠诚度；易于管理，组织对销售人员在不同地区或不同产品销售工作的调动阻力较小。

（2）纯薪水/固定薪酬制的缺点。由于对销售人员缺少金钱的刺激，容易形成"大锅饭"氛围和平均主义倾向，不利于提高销售人员的工作热情和工作效率；不能形成有效的竞争机制和激励机制，不能吸引和留住进取心较强的销售人员，不利于提高企业的收益和竞争力；实施固定工资制给销售人员的业绩评估带来困难，不利于形成科学合理的工资晋升机制，不利于公司控制销售费用。

2．纯提成/佣金制

纯提成/佣金制即根据销售人员销售工作成果或销售数量，按一定比例提成给予佣金，但没有固定的薪水。支付佣金除了考虑销售量或销售额外，销售工作难度（如热销产品与滞销产品）、销售利润和成本、增加新客户或巩固老客户、售后服务状况、货款回收率等因素都应当考虑。提成比例可固定，也可累进或累退，应根据销售情况和企业的营销方针、政策、策略来选择。这种形式较适合推销难度大、市场广阔而很难界定营销范围的行业，如房地产、人寿保险业等。

（1）纯提成/佣金制的优点。销售目的非常明确，报酬的透明度非常高，有强烈的激励机制，能充分调动销售人员的积极性，发挥佣金的激励作用，销售人员可获得较高的报酬；计算简单，将销售风险完全转移到销售人员自身，大大降低了公司运营成本的压力，易于控制销售成本。

（2）纯提成/佣金制的缺点。销售人员的目标过于单一，收入不稳定，受销售环境影响而波动性大，有的热衷于有利可图的交易，有时甚至会损害公司的形象，对销售人员管理调配比较困难，尤其是指派销售人员到不同地区或从事不同产品的销售时，因直接影响到个人收益，矛盾较大；纯佣金制给销售人员带来了巨大的风险和压力，可能导致销售人员收入差距悬殊、内部竞争过度而降低一些销售人员对企业的认同和忠诚度，从另一个角度减弱了销售队伍的稳定性和企业凝聚力。

经验告诉我们，为了减少纯佣金制中销售人员收入波动大的副作用，可采取平均分摊式的佣金制度，即每提取一笔佣金时，不是一次性给付，而是分成数次按月支付。在现代市场营销中，销售人员不是单纯的推销员，还要承担市场调查、信息搜集分析、售后服务、人员培训、企业公关等许多任务，所以纯佣金制已较少采用。

3. 薪水+佣金制

这是由固定的基薪（一般约占总酬比例 5%）加浮动的佣金所组成的营销人员的报酬形式。这种混合型的报酬形式，既吸收了纯薪水制收入稳定、有安全感的优点，又弥补了其缺乏弹性和激励机制的缺点，使销售人员的销售业绩与其佣金挂钩，有效地调动了销售人员的积极性，使销售人员不至于对未来收入产生恐慌，是目前较为普遍采用的一种销售人员的薪酬形式。

4. 薪水+奖金制

这是由固定的薪水加可变动的奖金所组成的，奖金额取决于销售人员完成一定的销售额及其他业绩，如新产品推销、新客户开发、市场调查、完成工作、销售成本节约等。奖金与佣金的区别在于具有间接性，即奖金必须达到计奖指标才能获得，而佣金直接与销售量挂钩。

5. 薪水+佣金+奖金制

这种综合型报酬形式利用固定基薪、佣金和奖金各自的特点和优点扬长避短，以便有效发挥薪酬促进营销工作的作用，但这种方式需要有较高的管理水平和管理成本。

6．特别奖励制度

这是指对销售人员做出了优异业绩（超额销售或节约成本）或特殊贡献（开发新市场）后，给予的规定报酬以外的奖励，包括货币奖励（增加薪水、佣金或福利）和非货币奖励（如旅游、颁发奖章和纪念品）。其优点是激励作用更广泛有力，能满足销售人员多层次需求。其缺点是奖励标准或基础不够可靠，容易在销售人员之间引起关于薪酬公平问题的争论。

9.3.3　销售人员薪酬福利设计中应注意的问题

（1）销售人员对薪酬福利形式的要求。据国外的研究，营销人员对直接货币报酬的需求程度大于晋升机会、成就感、个人成长等非货币报酬形式，所以营销人员薪酬福利设计应着重考虑货币报酬，即基础薪酬和激励薪酬。

（2）营销工作特点决定了销售人员薪酬福利形式的特殊性。强调把激励性薪酬与个人绩效紧密相连。因此，通常销售人员的薪酬福利设计是以销售量为基础，佣金提成和奖金等激励薪酬占据重要地位。但也不能绝对化，而应根据实际情况，灵活应用。

（3）组织的战略和目标。销售人员的薪酬福利设计应有利于引导销售人员的行为与组织的战略和目标相一致，如实行以优质售后服务来扩大市场占有率的战略，就不适合采用以销售佣金为主的薪酬福利方案，而应提高基础薪酬，并在激励薪酬中较多考虑顾客满意度因素。若组织的战略目标是促进销售额和利润增长，则扩大佣金的比重，注重销售单价、销售成本和坏账率与薪酬福利水平的联系就十分重要。

（4）销售产品和服务的性质。若销售产品复杂，科技含量和售后服务要求高，则销售人员的素质技能要求和培训成本都很高，即该产品领域的进入障碍也会很高，此时应提高基本薪酬占薪酬总额的比例，这可以减少销售人员的收入风险，有利于他们花更多时间用于学习培训，并避免或减少这些人力资本含量很高的优秀人才跳槽。若所销售产品领域的进入障碍低，对销售人员素质和培训要求也较低，则可提高激励薪酬的比重，以促进实际销售量。

（5）外部竞争性。销售人员往往是组织的竞争对手重点争夺的人才（优秀的销售人员投向竞争对手带来的损失往往是致命的），销售人员的工作性质也使其有更多机会与竞争对手直接交流。所以，优秀销售人员的薪酬福利水平应当具有一定的竞争优势，但是这种优势主要并非建立在高基薪基础上，而是建立在销售人员绩效与报酬之间存在合理的、可行的、明确的内在联系基础上。组织根据不同的销售群体和绩效水平，规定不同的、有挑战性的、激励性强的及合理明确的目标薪酬，是提高竞争力的明智之举。

9.4 钟点工的薪酬福利模式

钟点工的薪酬福利模式

某大型商场位于深圳市繁华区，是经营家电、家具、百货、建筑材料的综合超市，在全国有百余家连锁店。过去招聘多是固定员工，企业成本较大，市场化程度不高。2008年该企业全面实行了市场化管理，固定员工和钟点工及兼职员工按需而聘，大大提高了工作效率，提升了企业利润，降低了用人成本，形成了较为规范的钟点工薪酬福利模式。

表9-3是该大型商场钟点工的薪酬福利模式，该商场根据不同岗位的工作特点设计了不同等级的时薪。比如，总办和送货部钟点工的时薪最高为1.30A，商场部钟点工的时薪最低为1.00A（A为钟点工的基薪）。

表9-3 某大型商场钟点工的薪酬福利模式

层级	总办	仓储部	客户服务部	人力资源部	送货部	商场部	时薪比例
F1	√				√		1.30
F2		√					1.25
F3			√				1.20
F4				√			1.10
F5							1.05
F6						√	1.00

公司按照劳动力市场的参考价确定钟点工工资，在销售旺季招聘具有高中以上学历的钟点工，各部门按时薪比例系数确定不同岗位的钟点工工资。

9.4.1 采用钟点工薪酬福利模式的原因

企业为了在激烈的竞争中实现利润最大化目标，需要用最少的人工成本投入达到最大的产出。而用什么样的人、用多少人，以及在什么时候用人，对人工成本有重大影响。由于钟点工和兼职员工的薪资较低，又不需支付福利保险费用，人工成本比正式员工低廉很多，所以很多企业（尤其是建筑施工等流动性特征明显的企业，以及旅游餐饮服务业、民办教育、农林渔牧业等季节性特征明显的企业）都大量使用钟点工或兼职员工。

一般需要钟点工的岗位，岗位本身的工作价值较低，对工作技能的要求较简单。钟点工工资是以时薪为基础的一种薪酬福利计算方法，员工获得薪酬福利的多少按工作时间的长短来计算。大多数临时的或兼职的员工，他们的薪酬福利计算通常都采用钟点工的薪酬福利模式。

9.4.2 采用钟点工薪酬福利分配模式应注意的问题

（1）钟点工的薪酬福利一般按照钟点工或兼职员工的能力与专业程度，再参考相关劳动力市场的市场工资率来决定，通常不考虑年龄、年资等因素，而主要考虑职业类型与层次等因素。对能力和专业要求较高者给予较高工资。

（2）钟点工的薪酬福利形式。主要是小时工资，能采用计件的临时工作可采用计件工资，也可采用"发包"形式由其承包。

（3）密切关注劳动力市场的供需状况动态。根据劳动力市场供需关系的变化，及时调整钟点工或兼职员工的薪酬福利水平，有助于在保证组织对劳动力需求的前提下，减少人工成本。

（4）对钟点工同样要人性化管理，尊重其人格，关心其工作和生活，调动其工作积极性。根据组织的状况和条件，给予一些津贴、奖金、困难补助，以及提供一些员工福利等。这些措施花费不多，但其投入产出效应非常高。

（5）严格执行国家有关法律法规，保障钟点工或兼职员工的合法权益。薪酬福利水平不能低于国家最低工资标准，履行组织与钟点工或兼职员工签订的劳动合同中的各项规定，不能拖欠钟点工或兼职员工的薪酬。

（6）对工作时间较长者予以区别对待。对工作时间超过一年以上的钟点工，可适当增加工资或福利待遇。对工作时间更长、工作表现突出的临时工，考虑将其转为正式工。

📖 本章重点概念

基薪制　　纯薪水制　　纯提成制　　职业经验曲线

自测题

一、判断题

1. 公司政策能否得到执行，高层旨意能否得到贯彻，首先取决于基层管理人员贯彻政策和旨意的态度及能力。（　　）

2. 企业专业管理人员是市场上的稀缺资源，是市场各类企业中争夺的焦点。（　　）

3. 销售人员的工作在短期内无法衡量，专业技术人员的工作业绩则在短期内就能体现出来。（　　）

4. 企业为了在激烈的竞争中实现利润最大化目标，需要用最少的人工成本投入达到最大的产出。（　　）

5. 基层管理人员管理任务重，工作时间长，与员工吃住在一起，无暇照顾家庭与子女。（　　）

二、单选题

1. （　　）是员工的直接主管，其管理活动和管理行为不仅是员工行为的示范，而且直接影响员工的工作效率和工作业绩。

A. 高层管理人员　　　　　　　　　B. 中层管理人员

C. 基层管理人员　　　　　　　　　D. 底层管理人员

2. 钟点工工资是以（　　）为基础的一种薪酬福利计算方法。

A. 时薪　　　　B. 日薪　　　　C. 周薪　　　　D. 年薪

3. 钟点工的薪酬福利主要考虑（　　）等因素。

A. 学历　　　　　　　　　　　　　B. 工作经验

C. 综合素质　　　　　　　　　　　D. 职业类型与层次

4. （　　）强调把激励性薪酬与个人绩效紧密相连。

A. 基层管理人员薪酬福利　　　　　B. 高层管理人员薪酬福利

C. 技术人员薪酬福利　　　　　　　D. 销售人员薪酬福利

5. （　　）管理活动和管理行为不仅是员工行为的示范，而且直接影响员工的工作效率和工作业绩。

A. 高层管理人员　　　　　　　　　B. 中层管理人员

C. 基层管理人员　　　　　　　　　D. 专业技术人员

三、多选题

1. 管理人员是企业中从事管理工作的那部分员工，按职位高低可以将管理人员划分为（　　）。

A. 高层管理人员　　　　B. 中层管理人员　　　　C. 基层管理人员

D. 底层管理人员　　　　E. 一般员工

2. 专业技术人员的工作特点有（　　）。

A. 工作业绩不容易被衡量　B. 工作时间无法估算　　C. 工作压力大

D. 市场价格高　　　　　　E. 工作业绩不容易被评估

3. （　　）的工作大多要动脑，一般在实验室或办公室，工作难度大，付出的辛苦多。

A. 一般员工　　　　　　B. 专业技术人员　　　　C. 高层管理人员

D. 基层管理人员　　　　E. 销售人员

4. 销售人员的工作特点包括（　　）。

A. 工作业绩直接影响到企业的生存　　　　　B. 工作时间不确定

C. 工作过程无法实施有效的控制和监督　　　D. 业绩不稳定，波动性大

E. 工作压力大

5. 专业技术人员的薪酬福利模式有（　　）。

A. 薪资+股权激励模式　　B. 科研项目承包模式　　C. 较高薪资+奖金模式

D. 单一化高薪资模式　　　E. 多元化薪资模式

四、简答题

1. 基层管理人员的奖金应该如何设计？
2. 销售人员的薪酬福利普遍采用哪些模式？原因是什么？
3. 对钟点工的薪酬福利如何支付？
4. 专业技术人员的薪酬福利模式有哪些？
5. 销售人员薪酬福利设计中应注意哪些问题？

 调查研讨题

1. 调查几家私企，讨论采用钟点工薪酬福利管理应注意哪些问题？
2. 以某一中型国企为例，调查专业技术人员薪酬福利设计的新模式及应注意的问题。

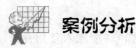 **案例分析**

麦当劳公司的薪酬福利调整方案

1. 薪酬福利调整的准则

在麦当劳的经营中有一个深入人心的准则：质量、服务、干净、价值。它被公司的创始者——公司主席雷·克罗克称为 QSCV，也是麦当劳公司不断进行薪酬福利调整的准则。

2. 薪酬福利调整的原因

1963—1972 年，为了使快餐店的管理人员获得更出色的业绩，公司尝试了几种不同的报酬系统，但是没有一个系统能让一线员工和高级管理层完全满意。

在 1963 年之前，快餐店经理的奖金仅仅是由该店销售额相对于上一年的增长额所决定的，经理们常常抱怨销售变动频繁，而且往往不在他们的控制之中，因此他们都争抢那些具有良好销售增长前景的快餐分店的职位。另外这个方案中同样对公司有害的还有它忽视了那些致力节省成本的经理的努力。因此，1963 年，这个方案被取消了。

在接下来的 3 年里，公司实际上没有正式的激励报酬系统，奖金完全按照主观的评价发放。许多经理感觉到他们的地区经理没有充分认识到他们的成绩，他们的努力没有得到应有的回报。1967 年，这个非正式的方案被废止了。

接下来，麦当劳第一次开始试图提供一个全面而公平的报酬系统。公司将分店经理和他们的第一助理经理的基本工资与他们达到 QSCV 标准的能力挂钩，每季度的奖金由他们对利润的贡献决定。

但这个方案仍然不受一线管理人员的欢迎。由于对快餐店利润的贡献在很大程度上是来自销售额的增长而不是成本的控制，出色的管理和成本的控制往往得不到相应的奖励。1971 年，这个方案也被废除了。

3. 薪酬福利调整方案

（1）制定薪酬福利调整方案。1972 年，一个针对一线管理人员的一系列薪酬福利方案被制定出来。麦当劳公司一方面平息经理们的不满，另一方面着手协调管理激励问题和公司目标的矛盾。一个分店经理每年的收入包括基本工资和季度奖金。季度奖金取决于他达到一些预先设定的目标的程度，它们包括人工成本、食品和文件成本、QSCV 和销售目标。

1）基本工资。在调查了拥有麦当劳分店的每个市场后，公司根据劳动生产率和其他经济指标建立了三个工资浮动等级。第一等级是最高的，它主要适用于大都市地区；第二等级适用一些较小一点地区，在那里工业和农业对劳动力市场的影响差不多是相等的；第三等级适用于那些受工业影响比较小的地区。另外，每年如果在一个等级内雇员的工作被认为是出色或令人满意的，那他们的工资也会增加。

2）奖金。经理如果达到了"最优的劳动人员成本"，就可以得到相当于他基本工资5%的奖金。这个"最优的劳动人员成本"是根据每季度计划销售额和每月所需的员工数算出来的。

地区主管和分店经理将根据当前的批发价、产品搭配和其他与该分店有关的经营因素来决定食品和文件成本的目标。如果分店经理达到了他自己确定的目标，他就可以再获得另外5%的奖金。

每月管理层会对每个分店的QSCV进行评级，这种方法现在还在使用。根据每季度分数的平均数，公司把各个分店分为A、B、C三个等级。A级分店经理可以获得他基本工资10%的奖金，B级分店经理可以获得他基本工资5%的奖金，C级分店的经理就没有额外的奖金了。

另外，分店经理还可以获得本年销售额相对于上年增加的奖金，最高不超过他基本工资的10%。

这样，对于一个A级分店的经理来说，如果他达到所有的个人目标，他可以获得相当于他基本工资20%的奖金，如果他所管理的分店的销售额有较大的增长，他还能再得到相当于他基本工资10%的奖金（他的第一助理可以得到相当于他收入6%的奖金）。

（2）薪酬福利调整备选方案。尽管1972年报酬系统消除了过去那些方案的种种缺点，但经理们认为它过于复杂。而且，又开始有人抱怨这个方案中存在一些不适当的主观判断，并且对销售模式过分依赖。麦当劳的高级管理人员又重新设计出以下4种备选方案。

1）A方案：分店经理的初始基本工资仍然由等级系统所决定。每月地区的经营人员会按照6个因素，即质量、服务、干净、培训与能力、销售额和利润对其进行评级。在每个因素中，0分代表不满意，1分代表满意，2分代表出色。在每半年中，如果一个分店经理积12分则可以得到相当于他基本工资40%的奖金，积11分可以得到35%的奖金，依次类推。在年末，将分店经理上、下半年的分数进行平均。如果是12分，他的下半年基本工资就可以增12%，得11分基本工资可以增11%，依次类推，直到他遇到更强的竞争者。

2）B方案：在第一年，分店经理的基本工资仍然由先前提到的等级系统算出。然后，他第二年的收入就是一个与前一年的基本工资有关的佣金。这个佣金相当于销售额增长的10%和利润的20%（假定总利润至少是总销售额的10%）。例如，若销售额今年增长了5万美元（总销售额为55万美元），而利润率为12%（利润为6.6万美元），这个分店经理的总收入就是 $10\% \times 50\,000 + 20\% \times 66\,000 = 18\,200$（美元）。

这个方案根据销售规模存在变化：当销售额在50万美元以下的时候，总收入为销售额增长的10%加上利润的20%；当销售额在50万~70万美元的时候，总收入为销售额增长的7%加上利润的17%；当销售额在70万美元以上的时候，总收入为销售额增长的7%加上利润的15%。

3）C方案：和B方案有点相似，在这个所谓的"超级经理"的计划中，经理的基本总收入将仅仅由销售额决定。对于那些销售额等于或低于 50 万美元的分店经理来说，工资将分为几个不同的级别。比如说，销售额为 30 万美元的分店经理的工资为 10 500 美元，销售额为 40 万美元的分店经理的工资为 11 500 美元，销售额为 50 万美元的分店经理的工资为 12 500 美元。

对于那些销售额超过 50 万美元的分店经理来说，他们的工资由两部分组成，一半是 12 500 美元的级别工资，另一半是销售额超过 50 万美元部分的 2%，例如，一个销售额为 75 万美元的分店经理，他的收入为 12 500 美元加上 5 000 美元。一些新开设或地段不佳的分店经理在 12 个月里的基本工资为 12 500 美元。

4）D 方案：每个分店管理人员的收入总和将由该分店管理人员的数量和销售额来事先决定。接下来地区的经营管理人员将对每个人的业绩做出评价，以此来决定这个总的金额将如何分配给各个管理人员。表 9-4 列出了不同的收入总量。

表 9-4　根据管理层人数决定的分店管理人员收入总和

单位：美元

销售额	2 人	3 人	4 人	5 人
0 ~ 300 000	19 500	28 500		
301 000 ~ 400 000	20 000	30 000		
401 000 ~ 500 000	22 500	32 500	45 000	
501 000 ~ 600 000		33 000	48 000	60 000
601 000 ~ 700 000		35 000	49 000	63 000
701 000 ~ 800 000			52 000	64 000
801 000 ~ 900 000			54 000	67 000
901 000 ~ 1 000 000			55 000	70 000

? 案例思考题

1. 为什么在 1963—1972 年中麦当劳公司的薪酬福利进行了多次调整？

2. 分析 1972 年制定的薪酬福利调整方案的优点和不足？

3. 麦当劳 1972 年制定的年薪酬福利系统消除了过去那些方案的种种缺点，为什么公司高层领导还要设计 4 个薪酬福利备选方案？

第10章

薪酬福利管理法规

学习目标

- 了解薪酬福利管理法规知识。
- 了解住房公积金的政策、交纳住房公积金的标准和管理程序以及企业在执行《个人所得税法》的过程中承担的责任。
- 掌握个人所得免税及减税项目，能够计算个人所得税。
- 熟悉案例，正确理解和分析案例中的有关问题。

学习导航

10.1　薪酬管理法规知识
10.1.1　《宪法》的有关规定
10.1.2　关于工资的规定
10.1.3　关于工资制度的规定

10.2　福利管理法规知识
10.2.1　关于社会保险的规定
10.2.2　关于经济补偿和经济赔偿的规定
10.2.3　《劳动保障监察条例》的相关规定
10.2.4　关于住房公积金的规定

10.3　个人所得税法知识
10.3.1　个人所得应纳税项目
10.3.2　个人所得税的税率
10.3.3　个人所得免税及减税项目
10.3.4　个人所得税的计算
10.3.5　企业在执行《个人所得税法》的过程中所承担的责任
10.3.6　其他有关规定

10.1　薪酬管理法规知识

引导案例 10-1

变相克扣工资违反《宪法》

2008 年 9 月 14 日，某县下属的党政机关、事业单位干部、职工接到县政府的紧急通知：当月工资不发了，改做"捐款"，直接划入县建设委员会专用账户，支援县重点工程建设。县里还要求各单位领导促职工写自愿捐资"保证书"，不写的话，由所在单位领导代写。

最近一段时间，一些地区在发展经济中，突然刮起针对机关、事业单位干部职工的强行"捐资"风，引起强烈不满。他们说，政府投资困难，怎能强掏干部"腰包"解决；靠行政命令强行"捐资"是滥用"公共权力"，是违法行政。

1. 交不上借资款就下岗

2007 年年底，为了尽快改变县城面貌，某县同时新建、改建 6 条县城街道，由于资金缺口达 6 000 多万元，开工不久就大面积"窝工"。2008 年 4 月初，县委、县政府决定，向全县 1.7 万多名财政人员有偿借资，正处级干部每人借 3 万元，副处级干部 2 万元，科级干部 1 万元，副科级干部 5 000 元，一般职工 3 000 元。

由于该县普通干部月工资仅 500～700 元，最低 3 000 元的借资款收起来非常难。为了完成任务，一些单位甚至提出："交不上借资款，卷铺盖走人。"

农机站一位职工说："我一个月工资只有 500 元，3 000 元借资款交起来实在难，可领导说，谁不交钱就把档案抽走。为了怕下岗，我先后向三位邻居借钱。"

2. 收取"捐资"1 000 多万元

某县提出了打造"教育强县"的口号，投资 5 000 多万元建设一所现代化的省级重点高中，可新校舍建成后，却缺少资金购买配套教学设施。于是县里下发"红头文件"，要求县直机关、各乡镇、县管各企业、各人民团体的干部职工向新高中捐资。文件规定：县处级以上干部每人捐 400 元，科级干部每人捐 300 元，一般干部职工捐 200 元以上，并限定于 4 月 18 日新高中建成庆典前交齐。

县里的一些干部职工反映，像这样借办教育、搞绿化、搞城建等所谓的"民心工程"的名义，向干部职工强行"借钱"，县里已搞过多次，仅新高中前期基础设施建设，就收取"捐资"1 000 多万元。

10.1.1 《宪法》的有关规定

《中华人民共和国宪法》（以下简称《宪法》）是国家的根本大法，具有最高的法律效力。《宪法》是《中华人民共和国劳动法》（以下简称《劳动法》）制定的基础，对国家劳动法律制度的制定和实施起着最终的调节作用，因此《宪法》对企业薪酬管理行为有着至高无上的指导作用，企业的一切薪酬管理行为都必须在《宪法》确定的基本原则内进行。《宪法》有关劳动问题的原则规定有 26 条之多，其中涉及薪酬问题的主要包括以下一些内容。

1．关于合法收入保护

《宪法》第十三条规定，国家保护公民的合法收入、储蓄、房屋和其他合法财产的所有权。薪酬是劳动的合法财产和收入，受到《宪法》保护。

2．关于劳动报酬、福利待遇和奖励

《宪法》第四十二条规定，国家通过各种途径，创造劳动就业条件，加强劳动保护，改善劳动条件，并在发展生产的基础上，提高劳动报酬和福利待遇。同时还规定，国家提倡社会主义劳动竞赛，奖励劳动模范和先进工作者。《宪法》以非常简洁的文字概括了我国目前现行的薪酬的主要内容：薪酬、福利和奖金。

3．关于休息休假

《宪法》第四十三条规定，中华人民共和国劳动者有休息的权力，国家发展劳动者休息和休假的设施，规定员工的工作时间和休假制度。这一规定为薪酬管理中有关加班加点工资的计算和支付确定了基础。

4．关于退休

《宪法》第四十四条规定，国家依照法律法规实行企事业组织的员工和国家机关工作人员的退休制度。退休人员的生活受到国家和社会的保障。这里实质上是有关企业员工的社会保险问题的原则规定，这是薪酬管理的重要内容之一。

5．关于劳动妇女报酬的保护

《宪法》第四十八条规定，国家保护妇女的权力和利益，实行男女同工同酬。

此外《宪法》还规定了许多其他非货币性的薪酬内容，如就业培训、参与管理等内容，这些内容也属于薪酬的范畴。

在薪酬管理中，用人单位本应该遵照《宪法》的有关规定执行，但是一些政府或企业出现违宪行为。对案例中一些政府缺钱而强掏干部、职工"腰包"的这种做法，法学专家称其为变相克扣工资，违反《宪法》。

10.1.2 关于工资的规定

工资问题是《劳动法》调整的一个重要范畴。有关的劳动法律法规中关于工资调整的内容很多，具体来讲主要包括以下几个方面的内容。

1. 关于工资分配原则

关于工资分配原则，主要包括以下几方面。

（1）工资分配应当遵循按劳分配原则，实行同工同酬。

（2）工资水平在经济发展的基础上逐步提高，国家对工资总量实行宏观调控。近几年来国家劳动行政管理部门在建立、健全企业工资收入宏观调控指导体系方面做了大量的工作。

1）建立工资指导线制度。到1999年，全国已有20多个省市试行工资指导线制度。通过发布工资指导线，间接指导企业合理确定工资水平和年度工资增长幅度，实现对社会平均工资和行业、企业之间分配关系的调节。

2）对部分行业、企业实行工资控制线。1996年劳动部、国家计委发出《关于对部分行业、企业实行工资指导线办法的通知》，主要控制员工工资水平偏高、增长过快行业的工资发放，对部分行业、企业工资总额发放增长速度实行上限控制。

3）建立劳动市场指导价位制度。政府在调查统计的基础上，定期颁布主要岗位（职务）劳动者的平均工资水平，作为劳动力市场指导价位，间接引导企业合理确定不同岗位（职位）职工的工资水平，理顺企业内部的工资分配关系。

4）建立企业人工成本预警制度。政府管理部门通过建立人工成本检测指标体系，定期向社会发布企业人工成本信息，以便有利于加强企业人工成本核算，提高企业的市场竞争能力。

（3）用人单位根据本单位的生产经营特点和经济效益，依法自主确定本单位的工资分配形式和工资水平。用人单位依法自主确定单位的工资分配形式和工资水平，包括以下4个方面的含义：

1）用人单位可自主确定本单位的基本工资制度，可以根据本单位的生产经营特点自主选择岗位工资制、结构工资制、岗位技能工资制、岗位薪级工资制、岗位薪点工资制等工资制度，并且可在本单位对不同的岗位实施不同的工资制度。

2）用人单位可自主确定本单位的工资形式，可选择使用计件工资、计时工资、奖金、津贴等不同的工资形式。

3）用人单位可自主确定本单位的工资水平。当然工资水平的确定有一个前提，就是不违反国家有关法律和规定。

4）用人单位可自主确定本单位的工资结构。员工之间的工资关系由用人单位自主确定，不受外来干涉。

2．关于最低工资制度

（1）最低工资制度的形式和组成。我国政府于 1984 年 5 月正式承认并接受国际劳工组织公约的相关条款。《劳动法》规定，国家实行最低工资保障制度。最低工资的具体标准由省、自治区、直辖市人民政府规定，报国务院备案。用人单位支付劳动者工资不得低于当地最低工资标准。1994 年 10 月，劳动部发布的《关于实施最低工资保障制度的通知》，明确规定："建立最低工资保障制度是适当社会主义市场经济要求，推动劳动力市场建设与工资分配法制化，充分保障劳动者合法权益的一项重要举措。""正常劳动"是指劳动者按劳动合同的约定，在法定工作时间内从事的劳动。劳动者依法律、法规的规定休假、探亲以及参加社会活动等，应视同提供了正常劳动。劳动者由于本人原因造成在法定工作时间未提供正常劳动，不能得到最低工资的保护。

关于最低工资的组成部分，有关政策法规规定将下列收入排除在最低工资之外：

1）加班加点工资；

2）中班、夜班、高温、低温、井下、有毒有害等特殊工作环境、条件下的津贴；

3）国家法律、法规和政策规定的劳动者保险、福利待遇；

4）用人单位通过贴补伙食、住房等支付给劳动者的非货币性收入。

根据上述排除的情况，实际上最低工资就是由计时工资（即基本工资）和奖金两部分组成。实行计件工资或提成工资等工资形式的企业，必须进行合理的折算，其相应的折算额不得低于按时、日、周、月确定的相应的最低工资标准。最低工资标准是指单位劳动时间的最低工资数额。

最低工资保障制度是国家通过法律手段强制规定用人单位（雇主）支付给劳动者的工资下限，以满足劳动者自身及其家庭基本生活需要的制度。最低工资保障制度是国家对劳动市场进行干预的一种重要手段。

（2）关于最低工资标准（最低工资率）的测算。

1）最低工资标准的测算公式。最低工资标准的确定可参照式（10-1）。

$$M=f\left(C, A, L, U, E, a\right) \quad A > M > I \tag{10-1}$$

该公式表明，最低工资标准 M，是城市人均居民生活费用（C）、平均工资（A）、劳动生产率（L）、失业率（U）、经济发展水平（E）的函数。式中 a 是调整因素，I 是社会救济金或失业保险金的标准。M 的确定，应以当地政府统计部门提供的数据和实地社会调查所得的信息为依据，再选择适当的测算方法。

2）最低工资标准的测算方法。

目前的测算方法有恩格尔系数法、比重法、累加法、平均数法、分类综合计算法、超必需品剔除法、生活状况分析法、经济计量分析法等。下面介绍常用的恩格尔系数法与比重法。

● 恩格尔系数法。恩格尔系数法的计算公式见式（10-2）。

$$M=Z/N \times S+T \tag{10-2}$$

该方法是先计算出居民人均最低食物支出需求费用 Z，再除以恩格尔系数 N，求出个人最低生活费标准后，去乘以就业者平均赡养系数 S，最后加上一个调整额 T（国际上 T 通常是为了满足最低工资相当于平均工资的 40%～60% 的要求设置的调整值，可以是正数或负数），求出最低工资标准 M。

例如，某市人均最低食物支出费用为 100 元，N 为 0.5，就业者平均赡养系数为 1.5，平均工资为 650 元，则 T 可定为 25 元。最后计算出该市最低工资标准为 325 元。

● 比重法。比重法的计算公式见式（10-3）。

$$M=P \times S+T \tag{10-3}$$

该方法是先依据对城镇居民家统计调查所得的数据，确定一定比例最低收入者家庭的人均生活费用支出（P），乘以就业者平均赡养系数 S，加上调整额 T，得出最低工资标准 M。

例如，某市最低收入家庭人均月生活费为 150 元，S 为 1.5，平均工资为 500 元，则 T 可定为 25 元，最后计算出该市最低工资标准为 250 元。

最低工资标准计算出后，必须进行可行性验证，尤其要考虑大部分企业的承受力与劳动力再生产的最低费用两个基本因素，最后确定并实施。

（3）最低工资标准的调整。企业应以法定货币按时支付工资，其水平不准低于最低工资标准；最低工资标准应根据经济状况变化而适时调整，但每年最多调整一次。

3. 劳动力市场工资指导价位制度

劳动力市场工资指导价位制度是国家通过对劳动力市场工资率的指导性管理，对宏观薪酬水平和各地区、各部门薪酬差异进行有效调控的重要手段。

（1）劳动力市场工资指导价位制度的含义。劳动力市场工资指导价位制度是市场经济体制下，国家对企业工资分配进行指导和间接调控的一种方式。政府有关部门对各类职业（工种）工资水平进行广泛调查，经过汇总、分析和修正，公布有代表性的职业（工种）的工资指导价位，以规范劳动力市场供需双方的行为，从微观上指导企业合理确定劳动者个人工资水平和各类人员的工资关系。

（2）劳动力市场工资指导价位制度的作用。在劳动力市场价格机制不健全、市场信息不畅的情况下，政府发布劳动力市场工资指导价位，为企业和劳动者提供指导和服务，产生了良好的社会效果，对推进企业工资制度改革和劳动力市场建设发挥了重要作用，主要体现在 3 个方面。

1）有利于促进劳动力市场的发展和劳动力市场价格机制的形成和完善，使劳动力市场不仅有场有市，而且有市有价。市场机制的核心之一是价格机制，政府通过建立劳动力市场工资指导价位制度，有利于促进劳动力市场形成合理的劳动力价格水平，为劳动力供求双方协商确定工资水平提供比较客观的市场参考标准，减少供求双方报酬需求的盲目性，提高就业的成功率和劳动力市场运作的整体效率；也有利于促进劳动力价格机制与劳动力供求机制紧密结合，通过工资价格信号，引导劳动力根据经济结构的需要和调整合理流动。

2）有利于充分发挥市场机制对工资分配的调节作用。实行工资集体协商是对企业工资决定机制的重要改革，工资指导价位为企业进行工资集体协商提供了重要依据，企业可根据经济效益和工资指导价位，通过协商合理确定本企业工资水平。同时，企业可以根据发布的劳动力市场工资指导价位，合理确定内部各工种（岗位）的工资标准，调整内部各类人员的工资关系，克服内部工资分配上的平均主义和盲目攀比行为。还可以参照经营者工资指导价位，将经营者的市场价格信号，引入其收入分配，有利于促进经营者收入分配制度的改革。

3）有利于促进政府职能转换。建立工资指导价位制度，是政府对企业工资分配管理方式的重大改革，有利于促进政府对企业工资分配从直接管理向间接调控、从总额调控向水平调控、从行政手段向经济和法律手段转变。劳动力市场工资指导价位制度的建立，使市场机制调节工资分配有了基础，企业自主分配有了市场依据。政府则可以实现职能转换，通过调控市场达到间接调控企业工资分配的目的。

在各级劳动保障部门的共同努力下，通过几年的试点工作，劳动力市场工资指导价位制度在 88 个中心城市已初步建立，并且对全国其他地区建立这一制度起着重要的示范和引导作用。这一制度的建立，促进了劳动力市场的发育和完善，推动了企业工资制度改革，并受到用人单位和广大劳动者的普遍欢迎。

建立劳动力市场工资指导价位制度是市场经济国家的通行做法，有利于充分发挥市场机制对工资分配的基础性调节作用，促进市场均衡工资标准的形成；有利于指导企业根据劳动力供求状况和市场价格，形成企业内部科学合理的工资分配关系；同时，也有利于企业工资宏观调控体系建设。

（3）建立劳动力市场工资指导价位制度的目标和程序。总体目标是建立以中心城市为依据，广泛覆盖各类职业工种，由国家、省（直辖市、自治区）和市多层次汇总发布的劳动力市场工资指导价位制度，使之成为科学化、规范化、现代化的劳动力市场的有机组成部分。

具体目标是建立规范化的信息采集制度，保证统计调查资料的及时性和准确性，定时发布劳动力市场工资指导价位。

其程序为制定调查方案（包括调查范围、调查内容、调查方法、调查对象、调查表）→实施调查（信息采集和信息筛选修正）→汇总分析和制定工资指导价位（对采集数据进行检查分析调整后，将同一职业工种的薪酬收入由高至低进行排列，确定有关职业工种的市场工资指导价，包括最高价、中位价和最低价三个数值）→发布市场工资指导价位（每年一次，6月底前通过专用网站、报刊电视等媒体和政府劳动管理部门下发文件等方式向社会公布）。

4．工资增长指导线制度

（1）工资增长指导线制度的含义和主要内容。工资增长指导线制度是在社会主义市场经济体制下，国家通过每年定期发布各地区工资增长指导线，规定各地区工资增长率的弹性区间，对企业工资增长水平进行宏观调控的一种制度。工资增长指导线的主要内容包括3方面。

1）经济形势分析。经济形势分析包括国家宏观经济形势分析及其对本地区的影响；地区经济运行的评估及年度经济增长情况预测；地区工资增长情况的历史分析及其相关经济指标的比例关系分析；周边地区经济形势及其年度发展趋势预测，并同本地区经济形势进行比较；周边地区工资增长及人工成本情况分析，并同本地区情况进行互相比较。

2）工资增长建议。各地区根据经济形势分析，提出地区企业年度工资增长建议。工资增长建议可以根据不同情况采用不同的形式。主要有以下形式：

- 平均工资增长幅度。一般包括工资增长下线、工资增长基准线、工资增长预警线。现在一般采用该种形式。
- 平均工资增加绝对额。例如，某地区针对不同类型企业，规定增加工资1 000元、800元、500元。
- 平均工资增长幅度+平均工资增加绝对额。
- 工资增长指导原则，即不规定具体的增长数据，只是提出原则性要求。

3）对企业工资增长的要求。各地区根据不同企业的实际情况，提出不同企业执行工资增长建议的具体条件和要求。如以本地区人均年工资收入额为基准，规定企业工资增长幅度，一般情况下，企业实际工资超过地区平均工资越多，其工资增长率越低。

（2）工资增长指导线的实施。工资增长指导线的实施方式为有关地区结合当年国家对企业工资分配的总体调控目标，综合考虑本地区当年国民经济增长速度、物价指数、工资总额、就业状况、城市居民人均可支配收入、消费价格指数等指标的测算，以及国家财政政策、国际经济环境等宏观经济因素，确定和提出本地区当年企业工资增长指导意见，企业根据国家的指导意见，在生产发展、经济效益提高的基础上，合理确定本企业当年的工资增长率。

工资增长指导线的实施步骤为有关地区将本地区当年企业工资指导线方案报劳动和社会保障部审核后，经地方政府审批，由地方政府（或其委托劳动保障行政部门）颁布，劳动保障行政部门组织实施。

（3）工资增长指导线的组成。工资增长指导线由工资增长预警线、工资增长基准线和工资增长下线组成。

1）工资增长预警线（上线）是政府依据对宏观经济形势和社会收入分配关系的分析，对工资水平较高企业提出的工资适度增长的预警提示。

2）工资增长基准线（中位线）是政府对大多数生产发展、经济效益正常的企业工资正常增长的基本要求。

3）工资增长下线是政府对经济效益下降或亏损企业工资增长的起码要求。明确规定这类企业的实际工资可以是零增长或负增长，但支付给提供正常劳动的员工的工资不得低于当地最低工资标准。

5．关于工资支付

（1）概述。工资应当以货币形式按月支付给劳动者本人，不得克扣或者无故拖欠劳动者的工资。劳动部于 1994 年印发的 489 号《工资支付暂行规定》以及 1995 年印发的《对〈工资支付暂行规定〉有关问题的补充规定》，明确规定了单位的工资支付行为以及维护劳动者通过劳动获得劳动报酬的权利。

1）支付形式。工资应当以法定货币支付，不能以实物或有价证券代替货币支付。因此现实生活中有的企业用本单位生产的产品代替货币支付员工工资是违法的。

2）工资支付对象。用人单位应将工资支付给劳动者本人，劳动者本人因故不能领取工资时，可由亲属或委托他人代领。用人单位可委托银行代发工资。用人单位必须以书面形式记录支付劳动者工资的数额、时间、领取者的姓名以及签字，并保存两年以上备查。用人单位在支付工资时应向劳动者提供一份其个人的工资清单。

3）支付时间。工资必须在用人单位与劳动者约定的日期支付。如遇假日或休息日，则应提前在最近的工作日支付。工资至少每月支付一次，实行周、日、小时工资制的可按周、日、小时支付工资。

对完成一次性临时劳动或某项具体工作的劳动者，用人单位应按有关协议或合同规定在其完成劳动任务后即支付工资。

劳动关系双方依法解除或终止劳动合同时，用人单位应在解除或终止劳动合同时一次付清劳动者工资。

（2）休假期间工资支付。

1）《国务院关于职工工作时间的规定》第三条规定，"职工每日工作 8 小时，每周工作 40 小时"。

2）《全国年节及纪念日放假办法》第二条规定："全体公民放假的节日：（一）新年，放假 1 天（1 月 1 日）；（二）春节，放假 3 天（农历除夕、正月初一、初二）；（三）清明节，放假 1 天（农历清明当日）；（四）劳动节，放假 1 天（5 月 1 日）；（五）端午节，放假 1 天（农历端午当日）；（六）中秋节，放假 1 天（农历中秋当日）；（七）国庆节，放假 3 天（10 月 1 日、2 日、3 日）。"

3）《职工带薪年休假条例》规定，国家实行带薪年休假制度，劳动者连续工作一年以上的，享受带薪年休假，具体办法由国务院规定。

4）相关法律法规规定，劳动者在法定休假日和婚丧假期间以及依法参加社会活动期间，用人单位应当依法支付其工资。① 劳动者在法定工作时间内依法参加社会活动期间，用人单位应视同其提供了正常劳动而支付工资。社会活动包括依法行使选举权或被选举权；当选代表出席乡（镇）、区以上政府、党派、工会、青年团、妇女联合会等组织召开的会议；出任人民法庭证明人；出席劳动模范、先进工作者大会；《中华人民共和国工会法》规定的不脱产工会时间、其他依法参加的社会活动。② 劳动者依法享受年休假、探亲假、婚假、丧假期间，用人单位应按劳动合同规定的标准支付劳动者工资。③ 因非劳动者原因造成单位停工、停产在一个工资支付周期内的，用人单位应按劳动合同规定的标准支付劳动者工资。超过一个工资支付周期，若劳动者提供了正常劳动，则支付给劳动者的劳动报酬不得低于当地的最低工资标准；若劳动者没有提供正常劳动，应按国家有关规定办理。④ 用人单位依法破产时，劳动者有权获得其工资。在破产清偿中用人单位应按《中华人民共和国破产法》规定的清偿顺序，首先支付欠付本单位劳动者的工资。

（3）加班工资支付。关于加班工资支付，《劳动法》和有关规章做了明确规定，用人单位在劳动者完成劳动定额或规定的工作任务后，根据实际需要安排劳动者在法定标准工作时间以外工作的，应按以下标准支付工资：

1）用人单位依法安排劳动者在法定标准工作时间以外延长工作时间的，按照不低于劳动合同规定的劳动者本人小时工资标准 150%支付劳动者工资。

2）用人单位依法安排劳动者在休息日工作，而又不能安排补休的，按照不低于劳动合同规定的劳动者本人日或小时工资标准的 200%支付劳动者工资。

3）用人单位依法安排劳动者在法定休假节日工作的，按照不低于劳动合同规定的劳动者本人日或小时工资标准的 300%支付劳动者工资。

实行计件工资的劳动者，在完成计划定额任务后，由用人单位安排延长工作时间的，应根据上述规定的原则，分别按照不低于其本人法定工作时间计划单价的 150%、200%、300%支付其工资。

经劳动行政部门批准实行综合计算工时工作制的，其综合计算工作时间超过法定标准工作时间的部分，应视为延长工作时间，并应按本规定支付劳动者延长工作时间的工资。

实行不定时工时制度的劳动者，不执行上述规定。

（4）特殊人员工资支付。关于特殊人员的工资支付，有关规章做了如下规定。

1）劳动者受处分后的工资支付：① 劳动者受行政处分后仍在原单位工作（如留用察看、降级等）或受刑事处分后重新就业的，应主要由用人单位根据具体情况自主确定其工资报酬。② 劳动者受刑事处分期间，如收容审查、拘留（羁押）、缓刑、监外执行或劳动教养期间，其待遇按国家有关规定执行。

2）学徒工、熟练工、大中专毕业生在学徒期、熟练期、见习期、试用期及转正定级后的工资待遇由用人单位自主确定。

3）新就业复员军人的工资待遇由用人单位自主确定；分配到企业的军队转业干部的工资待遇，按国家有关规定执行。

（5）用人单位不得克扣或者无故拖欠劳动者工资。

1）克扣是指用人单位无正当理由扣减劳动者应得工资（即在劳动者已提供正常劳动前提下用人单位按劳动合同规定的标准应当支付给劳动者的全部劳动报酬）。不包括以下减发工资的情况：① 国家的法律、法规中有明确规定的。② 依法签订的劳动合同中有明确规定的。③ 用人单位依法制定并经职代会批准的厂规、厂纪中有明确规定的。④ 企业工资总额与经济效益相联系，经济效益下浮时，工资必须下浮的（但支付给劳动者工资不得低于当地的最低工资标准）。⑤ 因劳动者请事假等相应减发工资等。

2）无故拖欠是指用人单位无正当理由超过规定付薪时间未支付劳动者工资。不包括：① 用人单位遇到非人力能抗拒的自然灾害、战争等原因，无法按时支付工资。② 用人单位确因生产经营困难、资金周转受到影响，在征得本单位工会同意后，可暂时延期支付劳动者工资，延期时间的最长限制可由各省、自治区、直辖市劳动行政部门根据各地情况确定。其他情况下拖欠工资均属无故拖欠。

3）有下列情况之一的，用人单位可以代扣劳动者工资：① 用人单位代扣代缴的个人所得税。② 用人单位代扣代缴的应由劳动者个人负担的各项社会保险费用。③ 法院判决、裁定中要求代扣的抚养费、赡养费。④ 法律、法规规定可以从劳动者工资中扣除的其他费用。

因劳动者本人原因给用人单位造成经济损失的，用人单位可按照劳动合同的约定要求其赔偿经济损失。经济损失的赔偿，可从劳动者本人的工资中扣除，但每月扣除的部分不得超过劳动者当月工资的 20%。若扣除后的剩余工资部分低于当地月最低工资标准，则按最低工资标准支付。

（6）欠工资可罚双倍支付。2004年11月14日，国务院公布的《劳动保障监察条例》（以下简称《条例》）规定，逾期不支付劳动者的工资报酬的用人单位将向劳动者加付赔偿金。

《条例》第二十六条规定，用人单位有下列行为之一的，由劳动保障行政部门分别责令限期支付劳动者的工资报酬、劳动者工资低于当地最低工资标准的差额或者解除劳动合同的经济补偿；逾期不支付的，责令用人单位按照应付金额50%以上1倍以下的标准计算，向劳动者加付赔偿金：① 克扣或者无故拖欠劳动者工资报酬的。② 支付劳动者的工资低于当地最低工资标准的。③ 解除劳动合同未依法给予劳动者经济补偿的。

《条例》还规定，用人单位违反劳动保障法律、法规或者规章延长劳动者工作时间的，由劳动保障行政部门给予警告，责令限期改正，并可以按照受侵害的劳动者每人100元以上500元以下的标准计算，处以罚款。

10.1.3　关于工资制度的规定

工资制度，是为了贯彻执行按劳分配原则，计量劳动者的劳动消耗和计算劳动报酬而建立的一套完整、系统的准则和办法。十几年来，我国改革旧的、落后的工资体制，采取了一系列工资制度改革的措施，颁布了一系列政策法规和规章。1985年1月5日，国务院发出《关于国营企业工资改革问题的通知》，该通知规定"企业职工工资的增长应依靠本企业的经济效益的提高"；为了贯彻落实国务院的通知，劳动人事部、财政部、国家计委、国家经委及中国人民银行 5 个部门联合制定下发了《国营企业工资改革试行办法》，对实行企业工效挂钩工作中的有关政策做了具体规定；为了贯彻落实中共十四大和八届全国人大一次会议"关于推行公务员制度，加快人事制度与工资制度改革"的精神，中共中央、国务院决定从1993年10月1日起，国家机关公务员制度和国家机关、事业单位的工资制度改革同时进行。通过这一系列政策法规、规章的颁布，形成了我国目前按部门、分行业建立工资制度的体系。例如，企业单位实行工资与经济效益挂钩，大多数执行以岗位或岗技为主的"结构工资制度"；国家机关实行"职级工资制度"；事业单位则按其类型分别制定专业技术职务等级制度、专业技术岗位工资制度、艺术结构工资制度、体育津贴、奖金制度、行员等级工资制度等；对于机关、事业单位的工人则分别制定技术工人等级工资制度和普通工人岗位工资制度，对于事业单位的管理人员则制定了职员职务等级工资制度等。无论哪种工资制度，其规定的主要内容概括起来主要有以下几方面。

（1）规定了工资的构成内容。例如，企业以岗位工资为主的"结构工资制"，其工资的构成为：岗位工资（管理岗位、专业技术岗位、工人岗位）、工龄工资、效益工资（浮动工资和奖金）和津贴补贴 4 部分；还有的企业规定其工资的构成为：岗位工资、质量工资（奖金）、效益工资（奖金）、年功工资和各种津贴、补贴等部分；国家机关的"职级工资制度"规定，工资由职务工资、级别工资、基础工资和工龄工资 4 部分构成；事业单位中的"专业技术职务等级工资制度"规定，工资主要由专业技术职务工资和津贴部分构成；"专业技术职务岗位工资制度"规定，工资由专业级数职务工资和岗位津贴两部分构成；"艺术结构工资制度"规定，工资有艺术专业职务工资、表演档次津贴和演出场次津贴 3 部分构成；"体育津贴、奖金工资制度"规定，工资由体育基础津贴、运动员成绩津贴和奖金 3 部分构成；"行员等级工资制度"规定，工资由行员等级工资和责任目标津贴 2 部分构成等。

（2）规定了工资标准。工资标准是指按一定的工作时间为各职工规定的工资数额。我国一般规定各职级职工的月工资标准，通常是用月工资标准除以规定的月工作日数、月工作小时数计算求得。

（3）规定了工资晋升。例如，1993 年机关、事业单位工作人员工资改革时新确定的各种工资制度都规定了正常晋升工资办法主要有在考核称职的基础上，每两年可在本职务工资标准内晋升一个工资档次；工作人员晋升职务，级别相应地增加工龄工资；定期调整工资标准等。

（4）规定了工资的考核，原始记录，工资的计算与发放等。工资制度及其实施细则是国家有关法律、法规的具体化，既规定了有关政策界限、标准等，又有实际可操作性，它是进行工资管理的直接依据，同时也是衡量管理规范与否的标准。

10.2　福利管理法规知识

引导案例 10-2

试用期内用人单位也应当交纳社会保险费吗

胡先生与某公司约定了签 2 年期的劳动合同，可是胡先生现在已经工作近 5 个月了（公司承诺试用期为 6 个月），公司还不与胡先生签订合同，只是口头说已经转正了。在这种情况下，胡先生担心工作未满 6 个月，他就被裁员，那么公司是否可以以"试用期为 6 个月，他还没有转正"为由，拒绝给他交纳保险和支付经济补偿金呢？试用期内用人单位与职工是否存在劳动关系，用人单位是否应该为职工交纳社会保险费？

专家分析

试用期是用人单位与劳动者建立劳动关系后为相互了解、双方选择而约定的考察期限，关于试用期的期限应由双方当事人协商一致，但前提是不得违反强制性法律规定，并且试用期包括在劳动合同期限内。

实践中，一些用人单位单方甚至和员工协商决定，试用期内不交社保，试用期后如果转正再行补交。其实，这是误解劳动和社会保障法律法规造成的结果。社会保险是国家为员工的生活、医疗保障而实行的强制性保险。所谓强制性，就是由法律法规直接对双方的权利义务做出规定，双方当事人不得自由协商。因此社会保险是否交纳、如何交纳都不是用人单位与员工之间可以相互商量的事宜，用人单位应该按照法律法规的规定执行。即使双方有书面约定，只要与法律法规强制性规定相违背，约定也是违法的，订约双方还是应该按照法律法规来执行。

劳动关系建立后必须为员工办理社会保险，用人单位对于建立了劳动关系应该交纳社会保险应该已有了清晰的概念。但是不少用人单位却提出，他们并不认为试用期已经建立了劳动关系，尤其是实践操作中试用期并不签订劳动合同或者单独签订试用期劳动合同的现象非常普遍。

用人单位要彻底抛弃试用期不签订劳动合同的错误想法，根据《劳动法》和劳动部《关于贯彻执行〈中华人民共和国劳动法〉若干问题的意见》的相关规定，试用期应当是在劳动合同中约定的，无劳动合同即无所谓试用期。若是单位与员工仅仅签订了试用期合同，那么试用期合同将会被认定为劳动合同，试用期将会被认定为劳动合同期限。可见，上述不签合同或者签试用期合同都是违法的，对单位都是不利的。对此，新出台的《劳动合同法》惩罚力度更大。

10.2.1　关于社会保险的规定

社会保险是由法律规定的专门机构负责实施、面向劳动者建立、通过向劳动者及其雇主筹措资金建立专项基金，以保证在劳动者失去劳动收入后获得一定程度的收入补偿的制度。我国的社会保险包括养老保险（含城镇职工基本养老保险、企业年金、个人储蓄性养老保险、农村养老保险等）、医疗保险（含城镇职工基本医疗保险、城镇居民医疗保险和新农村合作医疗保险）、失业保险、工伤保险、生育保险五种。

我国主要社会保险基金征缴对象和征缴标准如表 10-1 和表 10-2 所示。

表 10-1　我国主要社会保险基金征缴对象表①

基本养老保险费征缴范围	基本医疗保险费征缴范围	失业保险费征缴范围	工伤保险费征缴范围
国有企业、城镇集体企业、外商投资企业、城镇私营企业和其他城镇企业及其职工、实行企业化管理的事业单位及其职工。省、自治区、直辖市人民政府根据当地实际情况,可以规定将城镇个体工商户纳入基本养老保险范围	国有企业、城镇集体企业、外商投资企业、城镇私营企业和其他城镇企业及其职工、国家机关及其工作人员、事业单位及其职工、民办非企业单位及其职工、社会团体及其专职人员。省、自治区、直辖市人民政府根据当地实际情况,可以规定将城镇个体工商户纳入基本医疗保险的范围	国有企业、城镇集体企业、外商投资企业、城镇私营企业和其他城镇企业及其职工、事业单位及其职工。省、自治区、直辖市人民政府根据当地实际情况,可以规定将社会团体及其专职人员、民办非企业单位及其职工,以及有雇工的城镇个体工商户及其雇工纳入事业保险的范围	中华人民共和国境内的各类企业、有雇工的个体工商户。应为本单位全部职工或者雇工交纳工伤保险费

表 10-2　我国主要社会保险基金征缴标准表②

项　目	个人缴费	企业缴费	政府责任	其　他
养老保险	个人月基本工资的8%	不超过职工基本工资总额的20%	财政补贴	利息滞纳金
医疗保险	个人月基本工资收入的2%	职工基本工资的6%	财政补贴	利息滞纳金
失业保险	个人月基本工资收入的1%	职工基本工资的2%	财政补贴	利息滞纳金
工伤保险	个人不交纳保险费	职工基本工资总额的核定比例（按本行业差别费率确定）	财政补贴	利息滞纳金

注：① 根据《社会保险费征缴暂行条例》和《工伤保险条例》整理。

② 根据相关法规整理。

10.2.2　关于经济补偿和经济赔偿的规定

劳动法律、法规对企业和劳动者分别规定了在处理劳动权利、义务过程中所应承担的经济补偿和经济赔偿的责任。

1. 经济补偿责任

经济补偿责任主要是指企业在处理劳动权利、义务关系中所应承担的责任。对此，1994年 12 月 3 日劳动部发布的《违反和解除劳动合同的经济补偿办法》，完善了经济补偿责任的有关内容。

（1）经济补偿的情形及补偿标准。

1）用人单位克扣或者无故拖欠劳动者工资的，以及拒不支付劳动者延长工作时间工资报酬的，除在规定的时间内全额支付劳动者工资报酬外，还须加发相当于工资报酬 25% 的经济补偿金。

2）用人单位支付劳动者的工资报酬低于当地最低工资标准的，要在补足低于标准部分的同时，另外支付相当于低于部分 25% 的经济补偿金。

3）经劳动合同当事人协商一致，由用人单位解除劳动合同的，用人单位应根据劳动者在本单位工作年限，每满一年发给其相当于一个月工资的经济补偿金，最多不超过 12 个月。工作时间不满一年的按一年的标准发给经济补偿金。

4）劳动者患病或者非因工负伤，经劳动鉴定委员会确认不能从事原工作也不能从事用人单位另行安排的工作而解除劳动合同的，用人单位应按其在本单位的工作年限，每满一年发给其相当于一个月工资的经济补偿金，同时还应发给不低于 6 个月工资的医疗补助费。患重病和绝症的还应增加医疗补助费，患重病的增加部分不低于医疗补助的 50%，患绝症的增加部分不低于医疗补助费的 100%。

5）劳动者不能胜任工作，经过培训或者调整工作岗位仍不能胜任工作，由用人单位解除劳动合同的，用人单位应按其在本单位工作的年限，工作时间每满一年，发给其相当于一个月工资的经济补偿金，最多不超过 12 个月。

6）劳动合同订立时所依据的客观情况发生重大变化致使原劳动合同无法履行，经当事人协商不能就变更劳动合同达成协议，由用人单位解除劳动合同的，用人单位按劳动者在本单位工作的年限，工作时间每满一年发给其相当于一个月工资的经济补偿金。

7）用人单位濒临破产进行法定整顿期间或者生产经营状况发生严重困难，必须裁减人员的，用人单位按被裁减人员在本单位工作的年限支付经济补偿金。在本单位工作的时间每满一年，发给其相当于一个月工资的经济补偿金。

8）用人单位解除劳动合同后，未按规定给予劳动者经济补偿的，除全额发给经济补偿金外，还须按该经济补偿金数额的 50% 支付额外经济补偿金。

（2）经济补偿金的计算和提取。

1）经济补偿金的工资计算标准是指企业正常生产情况下，劳动者解除合同前 12 个月的平均工资。

2）对劳动者的经济补偿金，由用人单位一次性发给。

3）经济补偿金在企业成本中列示，不得占用企业按规定比例应提取的福利费用。

2. 经济赔偿责任

经济赔偿责任针对的是企业和用人单位双方，因此分为用人单位对劳动者和劳动者对用人单位两种情况。

（1）用人单位对劳动者的经济赔偿责任。

1）违反劳动者工资权益的经济赔偿。根据劳动部发的[1994]532 号文《违反〈中华人民共和国劳动法〉行政处罚办法》规定，用人单位有下列侵害劳动者合法权益行为之一的，应责令支付劳动者的工资报酬、经济补偿，并可责令按相当于支付劳动者工资报酬、经济补偿总和的 1～5 倍支付劳动者赔偿金：① 克扣或者无故拖欠劳动者工资的；② 拒不支付劳动者延长工作时间工资报酬的；③ 低于当地最低工资标准支付劳动者工资的；④ 解除劳动合同后，未依照法律、法规规定给予劳动者经济补偿的。

2）根据劳动部发的[1995]223 号关于发布《违反〈劳动法〉有关劳动合同规定的赔偿办法》的通知规定，用人单位有下列情形之一对劳动者造成损害的，应赔偿劳动者损失：① 用人单位故意拖延不订立劳动合同，即招用后故意不按规定订立劳动合同以及劳动合同到期后不及时续订劳动合同的。② 由于用人单位的原因订立无效劳动合同，或订立部分无效劳动合同的。③ 用人单位违反规定或劳动合同的约定侵害女职工或未成年工合法权益的。④ 用人单位违反规定或劳动合同的约定解除劳动合同的。

3）用人单位违反合同赔偿劳动者的赔偿金额的计算方法。① 造成劳动者工资收入损失的，按劳动者本人应得工资收入支付给劳动者，并加付应得工资收入 25%的赔偿费用。② 造成劳动者劳动保护待遇损失的，应按国家规定补足劳动者的劳动保护津贴和用品。③ 造成劳动者工伤、医疗待遇损失的，除按国家规定为劳动者提供工伤、医疗待遇外，还应支付劳动者相当于医疗费用 25%的赔偿费用。④ 造成女职工和未成年工身体健康损害的，除按国家规定提供医疗期间的医疗待遇外，还应支付相当于其医疗费用25%的赔偿费用。

4）用人单位对劳动者原用人单位的经济赔偿责任根据《劳动法》第四十六条、《违反〈劳动法〉有关劳动合同规定的赔偿办法》第六条规定，用人单位招用尚未解除劳动合同的劳动者，对原用人单位造成经济损失的，除该劳动者承担直接赔偿责任外，该用人单位应当承担连带赔偿责任。其连带赔偿的份额应不低于对原用人单位造成经济损失总额的70%，向原用人单位赔偿下列损失：① 对生产、经营和工作造成的直接经济损失。② 因获取商业秘密给原用人单位造成的经济损失，按《反不正当竞争法》第二十条规定，经营者违反本法规定，给被侵权的经营者造成损害的应当承担赔偿责任；被侵害的经营者的损失难以计算的，赔偿额为侵权人在侵权期间因侵权所获得的利润，并应当承担被侵害的经营者调查该经营者侵害其合法权益的不正当竞争行为所支付的合理费用。

（2）劳动者对用人单位的经济赔偿责任。

1）劳动者违反劳动合同的经济赔偿责任。劳动者违反规定或劳动合同的约定解除劳动合同，对用人单位造成损失的，劳动者应赔偿用人单位下列损失：① 用人单位招收录取其所支付的费用；② 用人单位为其支付的培训费用，双方另有约定的按约定办理；③ 对生产、经营和工作造成的直接经济损失；④ 劳动合同约定的其他赔偿费用。

2）劳动者违反保密规定的赔偿责任。劳动者违反劳动合同中的约定的保密事项，对用人单位造成经济损失的，按《反不正当竞争法》第二十条的规定支付用人单位赔偿费用。

10.2.3 《劳动保障监察条例》的相关规定

1．瞒报工资总额或职工人数的处罚

2004 年 11 月 14 日，国务院公布的《劳动保障监察条例》（以下简称《条例》）规定，用人单位向社会保障经办机构申报应交纳的社会保障费数额时，瞒报工资总额或者职工人数的，由劳动保障行政部门责令改正，并处瞒报工资数额 1 倍以上 3 倍以下的罚款。

《条例》规定，骗取社会保险待遇或者骗取社会保险基金支出的，由劳动保障行政部门责令退还，并处骗取金额 1 倍以上 3 倍以下的罚款；构成犯罪的，依法追究刑事责任。

此外，《条例》还规定，职业介绍机构、职业技能培训机构或者职业技能考核鉴定机构违反国家有关职业介绍、职业技能培训或者职业技能考核鉴定的规定的，由劳动保障行政部门责令改正，没收违法所得，并处 1 万元以上 5 万元以下的罚款；情节严重的，吊销许可证。

2．安排女职工从事矿山井下等劳动的处罚

《条例》规定，用人单位安排女职工从事矿山井下等劳动的，由劳动保障行政部门责令改正，并处以罚款。

《条例》规定，用人单位有下列行为之一的，由劳动保障行政部门责令改正，按照受侵害的劳动者每人 1 000 元以上 5 000 元以下的标准计算，处以罚款：

（1）安排女职工从事矿山井下劳动、国家规定的第四级体力劳动强度的劳动或者其他禁忌从事的劳动的；

（2）安排女职工在经期从事高处、低温、冷水作业或者国家规定的第三级或者孕期禁忌从事的劳动的；

（3）安排怀孕 7 个月以上的女职工夜班劳动或者延长其工作时间的；

（4）女职工生育享受产假少于 90 天的；

（5）安排女职工在哺乳未满 1 周岁的婴儿期间从事国家规定的第三级体力劳动强度的劳动或者哺乳期禁忌从事的其他劳动，以及延长其工作时间或者安排其夜班劳动的；

（6）安排未成年工从事矿山井下、有毒有害、国家规定的第四级体力劳动强度的劳动或者其他禁忌从事的劳动的；

（7）未对未成年工定期进行健康检查的。

10.2.4　关于住房公积金的规定

为建立适应社会主义市场经济要求的新城镇住房制度，形成稳定的住房资金来源，促进住房资金的积累、周转和政策性抵押贷款制度的建立，转换住房分配机制，提高职工解决自身住房能力，根据《国务院关于深化城镇住房制度改革的决定》，财政部、国务院住房制度改革领导小组、中国人民银行联合制定，并以[1994]财综字第 126 号文颁发了《建立住房公积金制度的暂行规定》。

1. 住房公积金的有关制度规定

（1）按照中国人民银行的有关规定，应当在指定的银行办理住房公积金贷款、结算等金融业务和住房公积金账户的设立、缴存、归还等手续。

（2）应当与受委托银行签订委托合同，在受委托银行设立住房公积金专户，单位应当到住房公积金管理中心办理住房公积金缴存登记，经住房公积金管理中心审核后，到受委托银行为本单位员工办理住房公积金账户设立手续，每个员工只能有一个住房公积金账户。

（3）住房公积金管理中心应当建立员工住房公积金明细账，记录员工个人住房公积金的缴存、提取等情况。新成立的单位应当在成立之日起 30 内到住房公积金管理中心办理住房公积金缴存登记，并自登记之日起 20 日内持住房公积金管理中心的审核文件，到受委托银行为本单位员工办理住房公积金账户设立手续。

（4）单位合并、分立、撤销、解散或者破产的，应当自发生上述情况之日起 30 日内由原单位或者清算组织到住房公积金管理中心办理变更登记或者注销登记，并自办妥变更登记或者注销登记之日起 20 日内持住房公积金管理中心的审核文件，到受委托银行为本单位员工办理住房公积金账户转移或者封存手续。

（5）单位录用员工的，应当自录用之日起 30 日内到住房公积金管理中心办理缴存登记，并持住房公积金管理中心的审核文件，到委托银行办理员工住房公积金账户的设立或者转移手续。

（6）单位与员工终止劳动关系的，单位应当自劳动关系终止之日起 30 日内到住房公积金管理中心办理登记，并持住房公积金管理中心的审核文件，到受委托银行办理员工住房公积金账户转移或者封存手续。

2．员工住房公积金的缴费

（1）员工住房公积金的月缴存额为员工本人上一年度月平均工资乘以员工住房公积金缴存比例。

（2）单位为员工缴存的住房公积金的月缴存额为员工本人上一年度平均工资乘以单位住房公积金缴存比例。

（3）新参加工作的员工从参加工作的第二个月开始缴存住房公积金，月缴存额为员工本人当月工资乘以员工住房公积金缴存比例。

（4）单位新调入的员工从调入单位发放工资之日起缴存住房公积金，月缴存额为员工本人当月工资乘以员工住房公积金缴存比例。

（5）员工和单位住房公积金的缴存比例均不得低于员工上一年度月平均工资的 5%；有条件的城市，可以适当提高缴存比例。具体缴存比例由住房委员会拟订，经本级人民政府审核后，报省、自治区、直辖市人民政府批准。

（6）员工个人缴存的住房公积金，由所在单位每月从其工资中代扣代缴。

（7）单位应当于每月发放员工工资之日起 5 日内将单位缴存的和为员工代缴的住房公积金汇缴到登记公积金专户内，由受委托银行计入员工住房公积金账户。

（8）单位应当按时、足额缴存住房公积金，不得逾期缴存或者少缴。

（9）对缴存住房公积金确有困难的单位，经本单位员工代表大会或者工会讨论通过，并经住房公积金管理中心审核，报住房委员会批准后，可以降低缴存比例或者缓缴；待单位经济效益好转后，再提高缴存比例或者补缴。

（10）住房公积金自存入员工住房公积金账户之日起按照国家规定的利率计息。

（11）住房公积金管理中心应当为缴存住房公积金的员工发放缴存住房公积金的有效凭证。

3．住房公积金的列支方式

单位为员工缴存的住房公积金，按照下列规定列支：

（1）机关在预算中列支；

（2）事业单位由财政部门核定收支后，在预算或者费用中列支；

（3）企业在成本中列支。

4．住房公积金的提取

员工有下列情形之一的可以提取员工住房公积金账户内的存储余额：

（1）购买、建造、翻建、大修自住房的；

（2）离休、退休的；

（3）完全丧失劳动能力，并与单位终止劳动关系的；

（4）户口迁出所在的市、县或者出境定居的；

（5）偿还购房贷款本息的；

（6）房租超出家庭工资收入的规定比例的。

员工死亡或者被宣告死亡的，员工的继承人、受遗赠人可以提取员工住房公积金账户内的存储余额纳入住房公积金的增值收益。员工提取住房公积金账户内的存储余额的，所以单位应当予以核实，并给出具体提取证明。

10.3　个人所得税法知识

引导案例 10-3

个人所得税的交纳办法

1．在境内有住所的个人取得的数月奖金如何征税？

对在中国境内有住所的个人一次取得数月奖金或年终加薪、劳动分红（以下简称奖金，不包括应按月支付的奖金），在计算个人所得税时，可单独作为一个月的工资、薪金所得计算纳税。由于对每月的工资、薪金所得计税时已按月扣除了费用，因此，对上述奖金原则上不再减除费用，全额作为应纳税所得额直接按适用税率计算应纳税额。如果纳税人取得奖金当月的工资、薪金所得不足 800 元的，可将奖金收入减除"当月工资与 800 元的差额"后的余额作为应纳税所得额，并据以计算应纳税款。

例如，2007 年 1 月，于某在任职单位取得工资、补贴 1 000 元，年终奖金 2 000 元，于某应纳个人所得税的计算如下：

工资所得应纳税额=(1 000−800)×5%=10（元）

奖金所得应纳税额=2 000×10%−25=175（元）

若于某当月工资为 600 元，则于某应纳个人所得税为：

[2000−(800−600)]×10%−25=155（元）

2. "双薪制"如何交纳个人所得税？

国家机关、事业单位、企业和其他单位在实行"双薪制"（按照国家有关规定，单位为其雇员多发放一个月的工资）后，个人因此而取得的"双薪"收入，应单独作为一个月的工资、薪金所得计征个人所得税。

具体来说就是，计算"双薪"个人所得税时，以月工资800元为界限，若超过800元，则发放的"双薪"收入应全额征税，否则可以将其和工资相加后减去800元计税。

例如，2007年12月，职工张某取得工资1 000元，并取得"双薪"收入1 000元；职工李某取得工资700元，并取得"双薪"收入700元。张、李二人各自应纳个人所得税的计算如下：

$$张某12月份工资应纳税额=(1000–800)×5\%=10（元）$$
$$"双薪"奖励应纳税额=1000×10\%–25=75（元）$$

李某12月份工资700元，未达到800元的标准，免征个人所得税。

$$应纳税额=(700+700–800)×10\%–25=35（元）$$

3. 实行年薪制的企业经营者如何交纳个人所得税？

在建立现代企业制度过程中，一些地方政府对企业经营者试行年薪制，即企业经营者平时按规定领取基本收入，年度结束后根据其经营业绩的考核结果再确定其效益收入。对这种试行年薪制的企业经营者取得的工资薪金所得应纳的税款，可以实行按年计算、分月预缴的方式计征个人所得税，即企业经营者按月领取的基本收入，应在减除800元的费用后按适用税率计算应纳税款并预缴，年度终了领取效益收入后，合计其全年基本收入和效益收入，再按12个月计算实际应纳的税款。

用公式表示为：

$$应纳税额=[(全年基本收入和效益收入/12–费用扣除标准)×税率–速算扣除数]×12$$

例如，王某为某股份有限公司董事长，经批准试行年薪制。王某2009年每月领取1 500元基本收入，年终考核后获取效益工资20 000元。王某应纳个人所得税的计算如下：

$$每月应纳税额=（月基本收入–费用扣除标准）×税率–速算扣除数$$
$$=（1 500–800）×10\%–25=45（元）$$
$$全年应纳税额=[(全年基本收入和效益收入/12–费用扣除标准)×税率–速算扣除数]×12$$
$$=\{[(1 500×12+20 000)÷12–800]×15\%–125\}×12=2760（元）$$
$$年终应补税额=2760–45×12=2220（元）$$

4. 受有关单位聘请临时坐堂或售药取得的收入怎样交纳个人所得税？

受医疗机构临时聘请坐堂门诊及售药，由该医疗机构支付报酬或收入与该医疗机构按比例分成的人员，其取得的所得，按照"劳务报酬所得"项目交纳个人所得税，以一个月内取得的所得为一次，税款由该医疗机构代扣代缴。

例如，张某受私立医院临时聘请在该院门诊部坐堂，每月报酬 5 000 元，张某每月应纳个人所得税为：

$$应纳税额=5000×(1-20\%)×20\%=800（元）$$

5．个人在广告设计、制作、发布过程中提供其他劳务取得的收入，应该如何交纳个人所得税？

个人在广告设计、制作、发布过程中提供其他劳务取得的收入，视其情况分别按照税法规定的劳务报酬、稿酬所得、特许权使用费所得等应税项目计算纳税。劳务报酬所得以纳税人每参与一项广告的设计、制作、发布所取得的所得为一次；稿酬所得以在图书、报刊上发布一项广告时使用其作品而取得的所得为一次；特许权使用费所得以提供一项特许权在一项广告的设计、制作、发布过程中使用而取得的所得为一次。劳务报酬、稿酬所得、特许权使用费所得每次收入额不超过 4 000 元的，减除费用 800 元，收入额超过 4 000 元的，减除 20% 的费用，其余额为应纳税所得额。

例如，A 公司一项新产品的大型户外广告由陈某设计，刘某完成制作，二人分别获取报酬 20 000 元、30 000 元。陈某、刘某应纳个人所得税的计算：

陈、刘二人所获报酬应按"劳务报酬所得"应税项目分别征收个人所得税。

陈某应纳税额为：

$$20\,000×(1-20\%)×20\%=3\,200（元）$$

刘某应纳税额为：

$$30\,000×(1-20\%)×30\%-2000=5\,200（元）$$

《中华人民共和国个人所得税法》（以下简称《个人所得税法》）规定，在中国境内有住所，或者无住所而在境内居住满一年的个人，从中国境内和境外取得的所得，依照本法规定交纳个人所得税。在中国境内无住所又不居住或者无住所而在境内居住不满一年的个人，从中国境内取得的所得依照本法规定交纳个人所得税。可见依照个人所得税法的规定，只要在中国境内取得所得，就必须交纳个人所得税。

10.3.1　个人所得应纳税项目

《个人所得税法》规定，下列各项个人所得，应纳个人所得税。

（1）工资、薪金所得；

（2）个体工商户的生产、经营所得；

（3）对企事业单位的承包经营、承租经营所得；

（4）劳务报酬所得；

（5）稿酬所得；

（6）特许权使用费所得；

（7）利息、股息、红利所得；

（8）财产租赁所得；

（9）财产转让所得；

（10）偶然所得；

（11）经国务院财政部门确定征税的其他所得。

10.3.2　个人所得税的税率

《个人所得税法》规定，个人所得税的税率包括以下几种：

（1）工资、薪金所得适用超额累进税率，税率为 5%～45%，具体税率如表 10-3 所示。

表 10-3　个人所得税率表

级　数	全月应纳税所得额	税率（%）
1	不超过 500 元的部分	5
2	超过 500～2 000 元的部分	10
3	超过 2 000～5 000 元的部分	15
4	超过 5 000～20 000 元的部分	20
5	超过 20 000～40 000 元的部分	25
6	超过 40 000～60 000 元的部分	30
7	超过 60 000～80 000 元的部分	35
8	超过 80 000～100 000 元的部分	40
9	超过 100 000 元的部分	45

（2）个体工商户生产、经营所得，对企事业单位的承包经营，承租经营所得，适用 5%～35%的超额累进税率，具体税率如表 10-4 所示。

表 10-4　个人所得税税率表

级　数	全年应纳税所得额	税率（%）
1	不超过 5 000 元的部分	5
2	超过 5 000～10 000 元的部分	10
3	超过 10 000～30 000 元的部分	20
4	超过 30 000～50 000 元的部分	30
5	超过 50 000 元的部分	35

（3）稿酬所得，适用比例税率，税率为 20%，并按应纳税额减征 30%。

（4）劳务报酬所得，适用比例税率，税率为 20%。对劳务报酬所得一次收入高的，可以实行加成征收，具体办法由国务院规定。

（5）特许权使用费所得，利息、股息、红利所得，财产租赁所得，财产转让所得，偶然所得和其他所得，适用比例税率，税率为 20%。

10.3.3　个人所得免税及减税项目

《个人所得税法》规定，下列各项个人所得，免纳个人所得税：

（1）省级人民政府、国务院部委和中国人民解放军军以上单位，以及外国组织、国际组织颁发的科学、教育、技术、文化、卫生、体育、环境保护等方面的奖金；

（2）国债和国家发行的金融债券利息；

（3）按国家统一规定发给的补贴、津贴；

（4）福利费、抚恤金、救济金；

（5）保险赔款；

（6）军人的专业费、复员费；

（7）按照国家统一规定发给干部、职工的安家费、退职费、退休工资、离休工资、离休生活补助费；

（8）依照我国有关法律规定应予免税的各国驻华使馆、领事馆的外交代表，领事馆官员和其他人员的所得；

（9）中国政府参加的国际公约、签订的协议中规定免税的所得；

（10）经国务院财政部门批准的免税所得。

《个人所得税法》还规定，有下列情形之一的，经批准可以减征个人所得税：残病、孤老人员和烈属的所得；因严重自然灾害造成重大损失的；其他经国务院财政部门批准减税的。

10.3.4　个人所得税的计算

个人所得税的计算公式见式（10-4）。

$$应纳所得税=应纳税所得额×适用税率 \qquad （10\text{-}4）$$

式中的"适用税率"可从个人所得税表（见表 10-3）中查得。

"应纳税所得额"计算如下：

（1）工资、薪金应纳税所得额为月工资、薪金收入额减去个人所得税起征点。

（2）个体工商户的生产、经营应纳税所得额为年生产、经营收入总额减去成本、费用以及损失。

（3）承包经营、承租经营所得应纳税所得额为年收入总额减去必要费用。

（4）劳务报酬所得、稿酬所得、特许权使用费所得及财产租赁所得，每次收入不超过 4 000元的，减除费用 800 元；4 000 元以上的减除 20%的费用，其余额为应纳税所得额。

（5）财产转让所得应纳税所得额为转让财产收入额减去财产原价再减去合理费用。

（6）利息、股息、红利所得，偶然所得和其他所得，以每次收入额为应纳税所得额。

个人将其所得对教育事业和其他公益事业捐赠的部分，按照国务院有关规定从应纳税所得中扣除。

对在中国境内无住所而在中国境内取得工资、薪金所得的纳税义务人和在中国境内有住所而在中国境外取得工资、薪金所得的纳税义务人，可以根据其平均收入水平、生活水平以及汇率变化情况确定附加减除费用，附加减除费用适用的范围和标准由国务院规定。

纳税义务人从中国境外取得的所得，准予其在应纳税额中扣除已在境外交纳的个人所得税税额，但扣除额不得超过该纳税义务人在境外所得依照本法规定计算的应纳税额。

10.3.5　企业在执行《个人所得税法》的过程中所承担的责任

个人所得税，以所得人为纳税义务人，以支付所得的单位或者个人为扣缴义务人。个人所得超过国务院规定数额的，在两处以上取得工资、薪金所得或者没有扣缴义务人的，以及具有国务院规定的其他情形的，纳税义务人应当按照国家规定办理纳税申报。扣缴义务人应当按照国家规定办理全员全额扣缴申报。

扣缴义务人每月所扣的税款，自行申报纳税人每月应纳的税款，都应当在次月 7 日前缴入国库，并向税务机关报送纳税申报表。

工资、薪金所得应纳的税款，按月计征，由扣缴义务人或者纳税义务人在次月 7 日前缴入国库，并向税务机关报送纳税申报表。特定行业的工资、薪金所得应纳的税款，可以实行按年计算、分月预缴的方式计征，具体办法由国务院规定。

个体工商户的生产、经营所得应纳的税款，按年计算，分月预缴，由纳税义务人在次月 7 日前预缴，年度终了后 3 个月内汇算清缴，多退少补。

对企事业单位的承包经营、承租经营所得应纳的税款，按年计算，由纳税义务人在年度终了后 30 日内缴入国库，并向税务机关报送纳税申报表。纳税义务人在一年内分次取得承包经营、承租经营所得的，应当在取得每次所得后的 7 日内预缴，年度终了后 3 个月内汇算清缴，多退少补。

从中国境外取得所得的纳税义务人，应当在年度终了后 30 日内，将应纳的税款缴入国库，并向税务机关报送纳税申报表。

10.3.6　其他有关规定

（1）各项所得的计算，以人民币为单位。所得为外国货币的，按照国家外汇管理机关规定的外汇牌价折合成人民币交纳税款。

（2）对扣缴义务人按照所扣缴的税款，付给 20% 的手续费。

（3）对储蓄存款利息所得征收个人所得税的开征时间和征收办法由国务院规定。

（4）个人所得税的征收管理，依照《中华人民共和国税收征收管理法》的规定执行。

📖 本章重点概念

最低工资制度　　恩格尔系数法　　工资指导价位制度　　工资增长指导线制度
经济补偿责任　　住房公积金　　个人所得税

 自测题

一、判断题

1. 企业用本单位生产的产品代替货币支付员工工资是违法的。（　　）
2. 用人单位应将工资支付给劳动者本人，劳动者本人因故不能领取工资时，可由亲属

或委托他人代领。（　　）

3. 无故拖欠是指用人单位无正当理由超过规定付薪时间未支付劳动者工资的。（　　）

4. 经济损失的赔偿，可从劳动者本人的工资中扣除，但每月扣除的部分不得超过劳动者当月工资的50%。（　　）

5. 用人单位解除劳动合同后，未按规定给予劳动者经济补偿的，除全额发给经济补偿金外，还须按该经济补偿金数额的50%支付额外经济补偿金。（　　）

二、单选题

1. （　　）对企业薪酬管理行为有着至高无上的指导作用，企业的一切薪酬管理行为都必须在它确定的基本原则内进行。

A. 劳动法　　　　　　B. 宪法　　　　　C. 企业法　　　　　　D. 劳动合同法

2. （　　）是国家通过对劳动力市场工资率的指导性管理，对宏观薪酬水平和各地区、各部门薪酬差异进行有效调控的重要手段。

A. 基本工资制度　　　　　　　　　B. 福利工资制度

C. 工资增长指导线制度　　　　　　D. 劳动力市场工资指导价位制度

3. 用人单位依法安排劳动者在法定休假节日工作的，按照不低于劳动合同规定的劳动者本人日或小时工资标准的（　　）支付劳动者工资。

A. 100%　　　　　　B. 150%　　　　　C. 200%　　　　　　D. 300%

4. 经济补偿责任主要是指（　　）在处理劳动权利、义务关系中所应承担的责任。

A. 劳动仲裁机构　　　B. 工会　　　　　C. 企业　　　　　　D. 政府

5. 单位录用员工的，应当自录用之日起（　　）日内到住房公积金管理中心办理缴存登记。

A．15　　　　　　　B. 20　　　　　　C. 30　　　　　　　D. 60

三、多选题

1. 用人单位依法自主确定单位的工资分配形式和工资水平，包括（　　）。

A. 用人单位可自主确定本单位的基本工资制度

B. 用人单位可自主确定本单位的工资形式

C. 用人单位可自主确定本单位的工资水平

D. 用人单位可自主确定本单位的工资结构

E. 用人单位可自主确定本单位的工资标准

2. 最低工资标准的测算方法有（　　）。

A. 恩格尔系数法和比重法   B. 累加法和平均数法

C. 分类综合计算法和超必需品别除法   D. 生活状况分析法和经济计量分析法

E. 经济计量分析法

3. 工资增长指导线的主要内容包括（   ）。

A. 经济形势分析   B. 员工工资标准分析

C. 对企业工资增长的要求   D. 工资增长建议

E. 国家政策分析

4. 工资增长指导线由（   ）组成。

A. 工资增长预警线   B. 工资增长基准线

C. 工资增长下线   D. 工资增长上线

E. 工资增长平衡线

5. 个人所得税的税率包括（   ）。

A. 工资、薪金所得适用超额累进税率   B. 个体工商户生产、经营所得

C. 劳务报酬所得   D. 特许权使用费所得

E. 出卖个人物品所得

四、简答题

1. 简述劳动力市场工资指导价位制度的作用。

2. 工资制度的主要内容包括哪些？

3. 哪些收入属于个人所得税的征收范围？

五、计算题

某公司固定费用为 2 亿元（含人工成本费 1 亿元），临界利益率为 40%，则盈亏平衡点的销售额为 5 亿元（2 亿元÷40%）。该公司的最高薪酬比率为 20%（1 亿元÷5 亿元×100%）。公司必须将薪酬支出控制在销售额的 20%以内，超过 20%公司就会亏损。如果其他条件不变，该公司决定实现 2 000 万元利润，其销售额和最高薪酬比率将发生怎样变化？

 ## 调查研讨题

1986 年某市两所学校合并，造成了"一校两制"现象，即一个学校两种工资制度，其中挣事业工资的 63 人，挣企业工资的 61 人。1998 年学校实行了所谓的岗位工资制度改革，但遭到了 83 人反对上访，主要是因为存在如下 3 个问题：

1. 在学校效益良好，国家照样拨款的情况下，人为地减少工资总额，如本应是 15 万～

17万元/月，实际执行的却是11.9万元/月。降低教职工的收入是否合法？

2. 企业61名教职工实行了养老保险，而事业的63名教职工国家到现在没有实行养老保险，可是学校也给办了养老保险。这种强行做法是否合理合法？是否属于套购国家社保基金？事业63名教职工退休如何结算养老金？

3. 现在甲事业教师缴个人所得税25元/月，乙企业教师缴个人所得税9元/月。试根据税收计算公式算出甲、乙老师的月收入。

 ## 案例分析

陈某2008年1月1日与地处某县城的国营饭店签订承包合同，承包期限为3年（2008年1月1日~2010年12月31日），承包费30万元（每年10万元）。合同规定，承包期内不得更改名称，仍以国营饭店的名义对外从事经营业务，有关国营饭店应交纳的相关税、费在承包期内由陈某负责，上缴的承包费在每年的经营成果中支付。2008年陈某的经营情况如下：

（1）取得餐饮收入280万元；

（2）取得歌厅娱乐收入120万元；

（3）应扣除的经营成本（不含工资和其他相关费用）210万元；

（4）年均雇用职工30人，支付年工资总额21.6万元；

（5）陈某每月领取工资0.4万元，当地税务机关确定的人均月计税工资为800元；

（6）其他与经营相关的费用30万元（含印花税）。

当地餐饮业营业税的税率为5%，娱乐业营业税的税率为20%，城市建设维护费为营业税的5%，教育附加费为营业税的3%。

案例思考题

根据上述案例给定的条件，请计算出：

1. 陈某承包经营成果是多少？

2. 陈某个人所得税应纳税所得额是多少？

3. 陈某应交纳个人所得税是多少？

参考文献

[1] 刘军胜. 薪酬管理实务手册[M]. 北京：机械工业出版社，2003.

[2] 仇雨临. 员工福利管理[M]. 上海：复旦大学出版社，2004.

[3] 安鸿章. 企业人力资源管理人员[M]. 北京：中国劳动社会保障出版社，2003.

[4] 杨剑，白云，朱晓红，郑蓓莉. 激励导向的薪酬设计[M]. 北京：中国纺织出版社，2002.

[5] 陈思明. 现代薪酬学[M]. 上海：立信会计出版社，2004.

[6] 王玺. 最新企业薪酬体系[M]. 北京：中国纺织出版社，2004.

反侵权盗版声明

　　电子工业出版社依法对本作品享有专有出版权。任何未经权利人书面许可，复制、销售或通过信息网络传播本作品的行为；歪曲、篡改、剽窃本作品的行为，均违反《中华人民共和国著作权法》，其行为人应承担相应的民事责任和行政责任，构成犯罪的，将被依法追究刑事责任。

　　为了维护市场秩序，保护权利人的合法权益，我社将依法查处和打击侵权盗版的单位和个人。欢迎社会各界人士积极举报侵权盗版行为，本社将奖励举报有功人员，并保证举报人的信息不被泄露。

举报电话：（010）88254396；（010）88258888

传　　真：（010）88254397

E-mail：　dbqq@phei.com.cn

通信地址：北京市万寿路 173 信箱

　　　　　电子工业出版社总编办公室

邮　　编：100036